Frankfurter Beiträge FBE
zur Erziehungswissenschaft

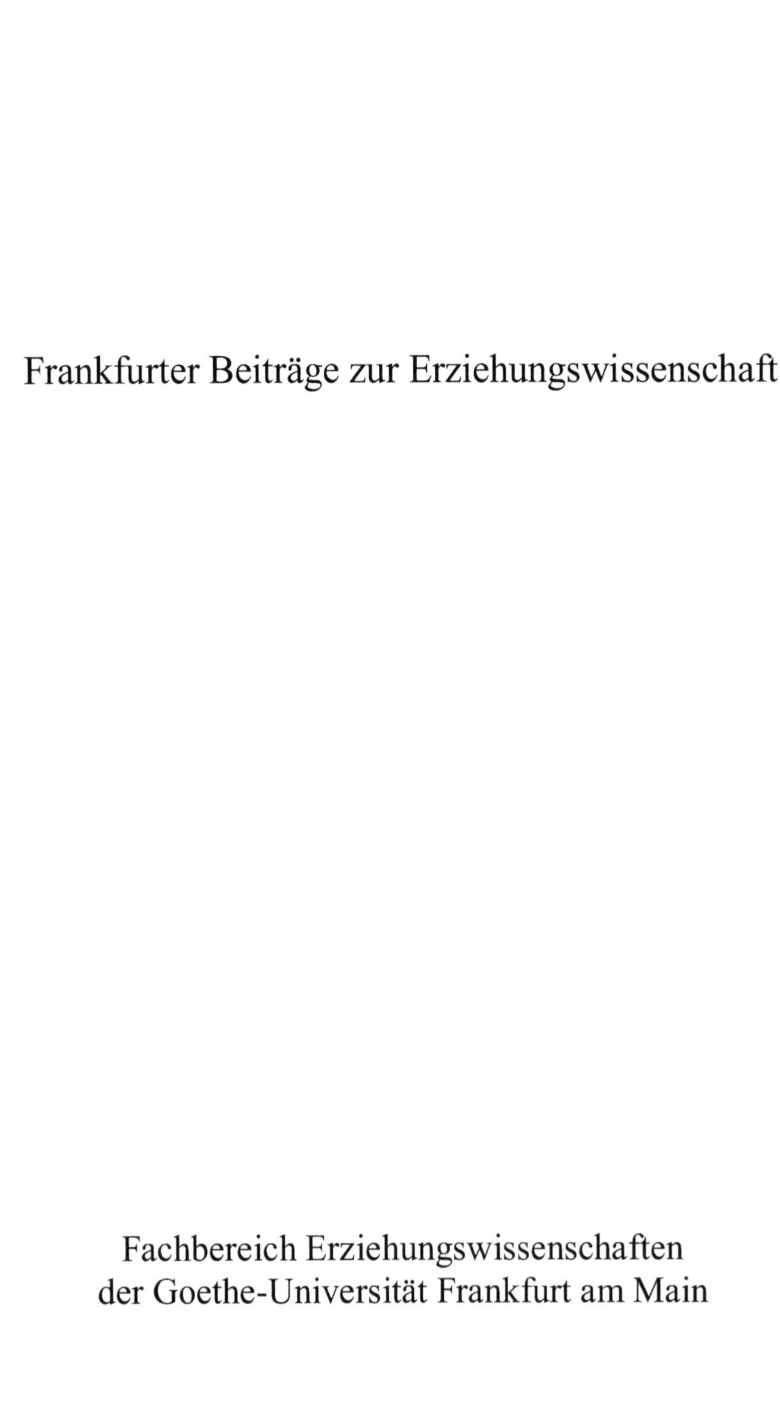

Frankfurter Beiträge zur Erziehungswissenschaft

Fachbereich Erziehungswissenschaften
der Goethe-Universität Frankfurt am Main

Evaluation der Modellregion inklusive Bildung Frankfurt am Main

Felix Buchhaupt
Lina Hahn
Dieter Katzenbach
Alexandra Klein
Sandra Landhäußer
Nadine Schallenkammer
Mirja Silkenbeumer

Diese Untersuchung und deren Publikation wurde durch die Förderung des Projekts durch das Stadtschulamt der Stadt Frankfurt am Main ermöglicht.

Bibliografische Information der Deutschen Nationalbibliothek:
Die Deutsche Nationalbibliothek verzeichnet diese Publikation in der Deutschen Nationalbibliografie; detaillierte bibliografische Daten sind im Internet über http://dnb.dnb.de abrufbar.

Herstellung und Verlag: BoD – Books on Demand, Norderstedt

ISBN: 978-3-9820454-5-0

Inhaltsverzeichnis

1. Einführung

Nicht nur die Bundesrepublik Deutschland befindet sich hinsichtlich der Organisation sonderpädagogischer Hilfen im Schulsystem in einer Umbruchsituation. Die Ratifizierung der UN-Behindertenrechtskonvention hat der Diskussion um den „richtigen" Förderort von Kindern und Jugendlichen mit besonderen Unterstützungsbedarfen, die sich geschichtlich bis zur Gründung der ersten Hilfsschulen zurückverfolgen lässt (Ellger-Rüttgardt, 2008; Hänsel & Schwager, 2003; Moser, 2013), weltweit eine neue Dynamik versetzt. Mit der Einrichtung von Modellregionen für Inklusive Bildung hat das Land auf die öffentliche Debatte um die UN-Konvention reagiert, und auch mit der Stadt Frankfurt einen entsprechenden Kooperationsvertrag geschlossen. Die Modellregion Inklusive Bildung kann dabei auf die seit den 1970er-Jahren gerade auch in Frankfurt gemachten Erfahrungen mit dem gemeinsamen Unterricht behinderter und nichtbehinderter Kinder aufbauen. Im Laufe der 1990er-Jahre erfolgte im Bundesland Hessen ein deutlicher Ausbau des gemeinsamen Unterrichts, an dem auch Frankfurt maßgeblich Teil hatte, der aber bereits zum Ende der 1990er Jahre zu einem abrupten Stillstand kam. Sowohl im Umfang als auch in konzeptioneller Hinsicht erfolgten in den 2000er-Jahren nur noch punktuelle Weiterentwicklungen, wie etwa der Ausbau von Förderschulen zu Beratungs- und Förderzentren (BFZ). Mit der Einrichtung Modellregionen soll nun den neuen, menschrechtlich fundierten Anforderungen der UN-Behindertenrechtskonvention Rechnung getragen werden, und dabei sollen die regionalen Erfahrungen mit ambulant arbeitenden sonderpädagogischen Unterstützungssystemen aufgegriffen und weiterentwickelt werden. Als wesentliche konzeptuelle Eckpunkte sind zum einen die Bestandsgarantie des Umfangs der sonderpädagogischen Ressourcen bei deren Verlagerung von den Förderschulen in die inklusive Bildung sowie die Einrichtung von Angeboten der Jugendhilfe an der Schule auch an den Grundschulen der Region.

Die hier dokumentierte Evaluation hat sich auf die Grundschulen der Bildungsregion West der Stadt Frankfurt fokussiert, ergänzt um fünf weitere ausgewählte Grundschulen der Bildungsregion Süd. Unser Interesse galt dabei drei Bereichen: Auf der institutionellen Ebene haben wir uns für die Organisationsformen der sonder- und sozialpädagogischen Angebote interessiert, auf der professionellen Ebene haben wir die Formate der Zusammenarbeit der verschiedenen beteiligten Berufsgruppen in den Blick genommen und unser besonderes Augenmerk lag darauf, wie die Schülerinnen und Schüler ihren Alltag in Schulen erleben, die sich den Herausforderungen inklusiver Bildung gestellt haben.

Überblick über den Aufbau des Berichts

Im folgenden Kapitel geben wir zunächst einen Überblick über die konzeptuellen Eckpunkte der Modellregion, gehen auf einige aus unserer Sicht wesentliche Rahmenbedingungen ein und stellen unseren Evaluationsauftrag dar. Im dritten Kapitel wird das methodische Vorgehen vorgestellt und im vierten Kapitel ein Überblick über den mittlerweile doch deutlich anwachsenden Forschungsstand zu den uns besonders beschäftigenden Fragen gegeben. Im fünften Kapitel finden sich die Ergebnisse unserer Untersuchungen, die wir im sechsten Kapitel dann noch einmal zu einem Fazit verdichten.

Vorab möchten wir uns allerdings herzlich bedanken bei

- den Schülerinnen und Schülern,
- ihren Eltern,
- allen an den Schulen tätigen Berufsgruppen,
- den Schulleitungen,
- sowie den Leitungen des Beratungs- und Förderzentrums West, des Zentrums für Erziehungshilfe und der Caritas Frankfurt

für Ihre Beteiligung an der Untersuchung und für die Bereitschaft, uns einen Einblick in ihren schulischen Alltag zu gewähren.

Zudem geht unser persönlicher Dank an die studentischen Mitarbeiter*innen, ohne deren tatkräftige Unterstützung die Arbeit nicht zu bewältigen gewesen wäre.

2. Modellregion Inklusive Bildung Frankfurt am Main

In Frankfurt besteht eine lange Erfahrung mit dem gemeinsamen Unterricht behinderter und nichtbehinderter Kinder. Erste Schulversuche wurden bereits in den 1980er Jahren eingerichtet und wissenschaftlich begleitet (Deppe-Wolfinger, Prengel & Reiser, 1990). Nach den erfolgreichen Modellversuchen und dem Ausbau des gemeinsamen Unterrichts in den 1990er Jahren stagnierte die Entwicklung allerdings und blieb, wie vielfach in Deutschland zu beobachten, punktuell auf einzelne Schulen beschränkt (Schnell, 2003). Die Verteilung der Schulstandorte hatte sich evolutionär entwickelt und blieb daher eher zufällig.

Mit der Ratifizierung der UN-Behindertenrechtskonvention und der sich hieraus ergebenden Verpflichtung, ein wohnortnahes Angebot inklusiver Bildung für alle Schülerinnen und Schüler vorzuhalten, ist im Jahr 2009 eine neue Situation entstanden. Die Erfahrungen des gemeinsamen Unterrichts gilt es nun in die Fläche zu tragen. Hierfür sind angemessene Organisationsformen zu entwickeln und neue Modelle der Arbeitsteilung, zwischen und innerhalb der beteiligten Institution und Schulen zu erarbeiten. Die Einrichtung der Modellregion Inklusive Bildung Frankfurt soll diesen Prozess befördern, der allerdings in einen breiteren bildungspolitischen Kontext eingebettet ist. Auf diesen werden wir im Folgenden kurz hinweisen.

2.1 Bildungspolitische Rahmung: Inklusion im Schulsystem

Es besteht ein breiter fachlicher Konsens, dass der Begriff der Inklusion nicht nur auf die Kategorie Behinderung zu beschränken sei, sondern alle Menschen adressiere, die von gesellschaftlicher Marginalisierung bedroht oder betroffen sind. So heißt es in einem vielzitierten Papier der UNESCO:

> "Although there are different categories of vulnerable and marginalized groups to consider—such as women and girls, linguistic minorities, indigenous peoples, children with disabilities—the nature of the concept of inclusive education is non-categorical and aimed at providing effective learning opportunities for every child, in particular tailored learning contexts" (UNESCO, 2008, S. 9).

Trotz dieser immer wieder zu hörenden Proklamation eines „breiten" Inklusionsverständnisses hat sich die Diskussion um Inklusion in der BRD doch im Wesentlichen auf die Differenzlinie Behinderung fokussiert. Im schulischen Kontext ist hier allerdings eher die Kategorie „sonderpädagogischer

Förderbedarf" von Relevanz, die zwar Überschneidungen mit dem Behinderungsbegriff aufweist, aber zweifellos nicht synonym zu verwenden ist. So stellen die drei sonderpädagogischen Förderschwerpunkte Lernen, Sprache und emotional-soziale Entwicklung etwa zwei Drittel aller Schülerinnen und Schüler mit sonderpädagogischem Förderbedarf. Das sind Kinder und Jugendliche, die in der Regel weder im sozialrechtlichen noch im fachlichen Verständnis als „behindert" gelten. Dies ist insofern zu beachten, als viele Anstrengungen um die Inklusion sich auf diese Gruppe von Schüler*innen beziehen, was zwar prinzipiell zu begrüßen ist, aber letztendlich zu dem paradoxen Ergebnis einer „Umsetzung" der UN-Behindertenrechtskonvention ohne Schüler*innen mit Behinderung zu führen droht (Klemm, 2018).

2.1.1 Die UN-Behindertenrechtskonvention

Die Behindertenrechtskonvention der Vereinten Nationen (UN-BRK) wurde 2006 durch die UN-Generalversammlung in New York verabschiedet. Sie basiert auf den allgemeinen Menschenrechten und definiert insofern keine Sonderrechte für Menschen mit Behinderung. Die UN-BRK beschreibt vielmehr staatliche Achtungs-, Schutz- und Gewährleistungspflichten sowie Ziel- und Förderpflichten, deren Einhaltung die Wahrung der universell gültigen Menschrechte auch für Menschen mit Behinderung sichern soll (Degener, 2015). Zentraler Bezugspunkt der Konvention ist ein Verständnis von Behinderung, nach dem „Behinderung aus der Wechselwirkung zwischen Menschen mit Beeinträchtigungen und einstellungs- und umweltbedingten Barrieren entsteht, die sie an der vollen, wirksamen und gleichberechtigten Teilhabe an der Gesellschaft hindern", (UN-BRK, 2006, Präambel Absatz (e)). Folgt man diesem sogenannten bio-psycho-sozialen Behinderungsbegriff, nach dem die Einschränkung der sozialen Teilhabe den Kern des Phänomens Behinderung ausmacht, so müssen folgerichtig die Barrieren, die an der Teilhabe hindern, in den Blick genommen und ausgeräumt werden.

Die UN-Konvention bezieht sich auf alle Lebensbereiche wie Wohnen, Arbeit, Freizeit, Politik, Recht oder Gesundheitsversorgung. Besonders folgenreich ist sie allerdings im Bereich Bildung, der in Artikel 24 thematisiert wird. Hier verpflichten sich die Vertragsstaaten dazu, ein inklusives[1] Bildungssystem auf allen Ebenen vorzuhalten (UN-BRK Artikel 24 (1). In Absatz (2) a wird weiterhin erklärt, dass „Menschen mit Behinderungen nicht

---

[1] Es sorgte für einige Irritation, dass in der deutschen Fassung der UN-BRK die englischen Begriffe „inclusive" bzw. „inclusion" mit „integrativ" bzw. „Integration" übersetzt wurden. Ungeachtet der Kontroverse, inwieweit diese Gleichsetzung von Integration und Inklusion fachlich angemessen ist, bleibt dies insofern folgenlos, als ohnehin die englische Textfassung rechtsverbindlich ist.

aufgrund von Behinderung vom allgemeinen Bildungssystem ausgeschlossen werden“ dürfen. Von Teilen der deutschen Bildungspolitik und Bildungsverwaltung wurde unter Bezugnahme auf diese Passage anfänglich noch argumentiert, dass sich für die Bundesrepublik aus der Ratifizierung der UN-BRK im Bildungssystem gar kein Handlungsbedarf ergebe, da die Sonder-/Förderschulen ja Teil des allgemeinen Bildungssystems seien. In Absatz (2) b der UN-BRK heißt es jedoch unmissverständlich, dass

> „Menschen mit Behinderungen gleichberechtigt mit anderen in der Gemeinschaft, in der sie leben, Zugang zu einem integrativen, hochwertigen und unentgeltlichen Unterricht an Grundschulen und weiterführenden Schulen haben“ (UN-BRK, 2006, Artikel 24 (2) b).

Bedeutungsvoll ist zudem die Zusicherung in Absatz (2) c, „dass angemessene Vorkehrungen für die Bedürfnisse des Einzelnen getroffen werden“ (UN-BRK, 2006, Artikel 24 (2) c). Auch wenn es vielfach strittig bleibt, was nun genau unter angemessenen Vorkehrungen zu verstehen ist, geht aus den Bestimmungen dennoch eindeutig hervor, dass Kinder und Jugendliche mit Behinderung nicht nur das Recht auf den Besuch einer Regelschule haben, sondern dass darüber hinaus ein Anspruch auf die Gewährung der nötigen Unterstützung zur Sicherung des Bildungserfolgs besteht.

Es ist zudem wichtig darauf hinzuweisen, dass die UN-Konvention keine Unterscheidungen hinsichtlich Art oder Umfang der Beeinträchtigung trifft, sie gilt umstandslos für alle Kinder und Jugendlichen. In der (fach-)öffentlichen Diskussion wird oftmals nicht berücksichtigt, dass die normative Grundlage der Programmatik der Inklusion auf dem allgemeinen Menschenrecht basiert und damit letztlich nicht verhandelbar ist.

Inklusion im deutschen Schulsystem

Gleichwohl stellen die Maßgaben der UN-Behindertenrechtskonvention das deutsche Bildungssystem mit seinem ausgebauten und ausdifferenzierten Förderschulsystem vor große Herausforderungen. Zwar ist das Konzept der gemeinsamen Unterrichtung von behinderten und nicht-behinderten Schülerinnen und Schülern alles andere als neu. In allen Bundesländern lagen bei der Einführung der UN-BRK mehr oder weniger umfangreiche Erfahrungen damit vor. Zudem zeigen internationale Vergleiche, dass sich der Anteil von Schülerinnen und Schülern mit sonderpädagogischem Förderbedarf in Deutschland im Durchschnittsbereich bewegt.

Ungewöhnlich hoch war und ist in Deutschland allerdings der Anteil von Schülerinnen und Schülern mit sonderpädagogischem Förderbedarf, die trotz der bestehenden Ansätze des gemeinsamen Unterrichts *nicht* an Regelschulen, sondern eben an Förder- bzw. Sonderschulen unterrichtet werden, wie die folgende Grafik verdeutlicht.

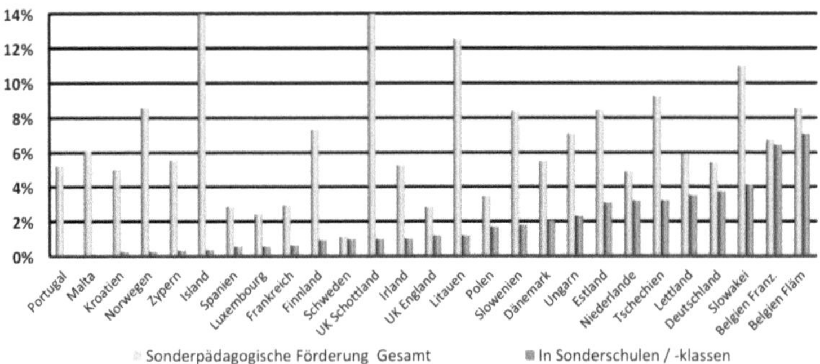

Abbildung 1: Sonderpädagogische Förderung in Europa (vgl. European Agency for Special Needs and Inclusive Education (2018), eigene Berechnungen)

Aktuelle Statistiken zeigen einen deutlichen Anstieg der Zahl von Kindern mit sonderpädagogischem Förderbedarf in der Regelschule seit der Ratifizierung der UN-BRK. Waren dies im Schuljahr 2008/09 noch knapp 89 Tausend Schülerinnen und Schüler, so stieg diese Zahl bundesweit auf 206 Tausend Kinder und Jugendliche im Schuljahr 2016/17 (Klemm, 2018, S. 18f.).

Allerdings ist es nicht zu einem entsprechenden Rückgang der Schülerzahlen in Förderschulen gekommen. So besuchten 393 Tausend Kinder und Jugendliche im Schuljahr 2008/09 eine Förderschule, diese Zahl ging im Jahr 2016/17 auf 318 Tausend zurück, bei insgesamt rückläufigen Schülerzahlen. Klemm zeigt, dass es in dem genannten Zeitraum bundesweit lediglich zu einem Rückgang der Sonderschulbesuchsquote um 0,6 Prozentpunkte (von 4,9% auf 4,3%) gekommen ist, dies wiederum bei deutlichen Unterschieden zwischen den Bundesländern. So ist in einzelnen Bundesländern (Baden-Württemberg, Bayern und Rheinland-Pfalz) sogar ein Anstieg der Förderschulbesuchsquote zu verzeichnen, für Hessen wird ein Rückgang um 0,2 Prozentpunkte von 4,3% auf 4,1% berichtet (Klemm, 2018, S. 10).

Diese Entwicklungen basieren aber im Wesentlichen darauf, dass immer mehr Schülerinnen und Schülern ein sonderpädagogischer Förderbedarf zugesprochen wird. Trotz insgesamt sinkender Schülerzahlen ist deren Zahl in dem genannten Zeitraum deutlich angestiegen (von 482.155 auf 523.813). Wurde im Schuljahr 2008/09 noch 6,03% aller Schülerinnen und Schüler ein sonderpädagogischer Förderbedarf zugesprochen, so war dies im Schuljahr 2016/17 bereits bei 7,14% aller Schüler*innen der Fall. Zudem ist bemerkenswert, dass sich der Rückgang der Schülerzahlen an Förderschulen in den meisten Bundesländern auf den Förderschwerpunkt Lernen beschränkt, so auch in Hessen. An den Förderschulen der anderen Förderschwerpunkte bleiben die Schülerzahlen mehr oder weniger konstant, oder sie steigen sogar an. Ähnliche Effekte wurden übrigens auch schon bei der ersten Welle des Ausbaus des Gemeinsamen Unterrichts in den 1990er Jahren beobachtet.

2.1.2 Entwicklung des inklusiven Bildungssystems in Hessen

Aufgrund der Kulturhoheit der Länder finden wir im Bereich der Inklusion, wie in anderen Bereichen des Schulsystems auch, gravierende Unterschiede zwischen den Bundesländern vor. Hessen und auch der Stadt Frankfurt kam hier eine gewisse Vorreiterrolle zu. Wie oben bereits erwähnt, fanden die ersten Modellversuche im Bereich der inklusiven Bildung bereits in den 1980er Jahren im Rahmen des gemeinsamen Unterrichts statt. Es folgte ein sukzessiver Ausbau in den 1990er Jahren. In dieser Zeit wurde der gemeinsame Unterricht vom Status des Schulversuchs in ein regelhaftes schulisches Angebot überführt, allerdings gleichzeitig unter den Finanzierungsvorbehalt gestellt. Dies führte zu einem höchst unterschiedlich ausgebauten Angebot (damals noch) integrativ arbeitender Schulen nicht nur in den verschiedenen Regionen Hessens, sondern auch innerhalb des Frankfurter Stadtgebiets. Seit Ende der 1990er Jahre stagnierte der quantitative Ausbau des gemeinsamen Unterrichts und auch das Thema Inklusion selbst schien, nicht zuletzt infolge der Aufregungen um die PISA-Ergebnisse zu Beginn der 2000er Jahre, aus der (fach-)öffentlichen Diskussion weitgehend verschwunden zu sein.

Diese Situation änderte sich dramatisch mit der Ratifizierung der UN-Behindertenrechtskonvention. In Hessen wurde darauf als erste Reaktion im Jahr 2010 im Kultusministerium das Projektbüro Inklusion mit Fachberater*innen aus den staatlichen Schulämtern eingerichtet, um die Vorgaben der BRK im Bereich der schulischen Bildung umzusetzen und die Schulentwicklungen fachlich zu begleiten. Im Jahr 2011 erfolgte eine Novellierung des hessischen Schulgesetzes, in dem in § 51 (1) die inklusive Beschulung zwar als Regelform eingeführt wird, die in § 54 aber durch die Fortschreibung des Finanzierungsvorbehalts wieder eine deutliche – und bis heute gültige – Einschränkung erfährt:

> (4) Kann an der zuständigen allgemeinen Schule die notwendige sonderpädagogische Förderung nicht oder nicht ausreichend erfolgen, weil die räumlichen und personellen Möglichkeiten oder die erforderlichen apparativen Hilfsmittel oder die besonderen Lehr- und Lernmittel nicht zur Verfügung gestellt werden können, bestimmt das Staatliche Schulamt auf der Grundlage einer Empfehlung des Förderausschusses nach Anhörung der Eltern, an welcher allgemeinen Schule oder Förderschule die Beschulung erfolgt (HSchG, 10. Juni 2011, § 54 (4)).

Mit dieser Novellierung des Hessischen Schulgesetzes wurde die Rolle der Beratungs- und Förderzentren deutlich gestärkt. Perspektivisch sollten sie in enger Zusammenarbeit mit den Regelschulen die fachliche Basis der inklusiven Beschulung von Kindern und Jugendlichen mit sonderpädagogischem Förderbedarf sichern. Bis heute kontrovers diskutiert wird die Entscheidung, die Beratungs- und Förderzentren regelhaft zur Stammschule der in der Inklusion tätigen Förderschullehrer*innen zu machen. Im gemeinsamen Unterricht war es an vielen Standorten üblich geworden, dass die Förderschullehrer*innen an die jeweilige Regelschule versetzt und damit Teil deren Kollegiums wurden. Begründet wird die Lozierung der Förderschullehrer*innen an den BFZs a) mit der Sicherung der Fachlichkeit, b) mit der Notwendigkeit der Aufrechterhaltung einer Außenperspektive und c) mit den flexibleren Steuerungsmöglichkeiten der ohnehin knappen Personalressourcen.

Details der sonderpädagogischen Förderung in Regelschulen und in Förderschulen werden durch die Verordnung über Unterricht, Erziehung und sonderpädagogische Förderung von Schülerinnen und Schülern mit Beeinträchtigungen oder Behinderungen (Hessisches Kultusministerium, 2012) geregelt. Hier werden vorbeugende Maßnahmen sowohl als – gemeinsame – Aufgabe der Regelschule wie auch der sonderpädagogischen Förderung genannt. Wenn bei einer Schülerin oder einem Schüler sonderpädagogischer Förderbedarf festgestellt wurde, so erfolgt eine schülergebundene Zuweisung von Förderschullehrerstunden (§ 13). Eine systemische Ressourcenzuweisung, wie sie mittlerweile international üblich ist (Katzenbach & Schnell, 2012), sieht die VOSB nicht dezidiert vor. Die Formulierung, wonach einer Schule für je sieben Schüler*innen mit Anspruch auf sonderpädagogische Förderung eine zusätzliche Förderschullehrerstelle zusteht, kann als eine vorsichtige Öffnung hin zu einer systemischen Ressourcenzuweisung gelesen werden.

Seit 2012 hat das Kultusministerium das Instrument der Modellregion eingeführt. Auf der Basis von Kooperationsvereinbarungen mit dem jeweiligen Schulträger sollte hiermit die Vernetzung der regionalen Unterstützungssysteme vorangetrieben werden. Kern der Kooperationsvereinbarungen, die zur Einrichtung von hessenweit neun Modellregionen geführt haben, ist seitens des Schulträgers die Nennung (mindestens) eines Förderschulstandorts, der auslaufen soll, und seitens des HKMs die Zusicherung, dass die dadurch frei werdenden Förderschullehrerstellen der Region erhalten bleiben. Hintergrund ist die bis dahin bestehende Praxis der Stellenzuweisung durch das HKM, nach der sich das Stellenkontingent der Förderschulen durch die Zahl ihrer Schülerinnen und Schüler ergibt, während die Zuweisung der Stellen für die inklusive Bildung pauschal erfolgte. Dies führte zu dem paradoxen Effekt, dass Förderschulen, die den Auftrag der Inklusion angenommen und auf eine Reduzierung ihrer Schülerzahl hingearbeitet haben, Lehrerstellen verloren, ohne dass diese dem inklusiven Unterricht zugutekamen, sondern einfach verloren gingen. Durch die im Rahmen der Einrichtungen einer Modellregion getroffenen Vereinbarungen konnte dieser Mechanismus ausgesetzt werden. Darüber hinaus sehen die Kooperationsverträge in der Regel Vereinbarungen hinsichtlich der Qualifizierung des pädagogischen Personals sowie den Ausbau sozialpädagogischer Angebote in den Schulen vor. Die Modellregionen waren auf eine Laufzeit von fünf Jahren angelegt und laufen derzeit hessenweit nach und nach aus.

Das Kultusministerium ist von der beschriebenen Praxis der Ressourcenvergabe abgerückt und hat stattdessen das Konstrukt der Inklusiven Schulbündnisse eingeführt und schulgesetzlich verankert. Künftig stehen einem Schulamtsbezirk eine festgelegte Anzahl von Förderschullehrerstellen zur Verfügung, über deren Verteilung zwischen Förderschulen und inklusiver Bildung auf regionaler Ebene entschieden werden soll.

2.1.3 Kommunale Rahmenbindungen der Modellregion

Die Stadt Frankfurt am Main gehört seit dem Schuljahr 2015/16 zu den neun Modellregionen Inklusive Bildung in Hessen. Die Projektlaufzeit beträgt 5 Jahre und endet für die Stadt Frankfurt mit dem Schuljahr 2019/20. Im Rahmen dieser Modellregion ist ein Kooperationsvertrag mit zentralen Zielen und Vorhaben zwischen dem Land Hessen und der Stadt Frankfurt geschlossen worden, die gemeinsam in staatlich-kommunaler Verantwortung verfolgt werden sollen und die in einem vom Staatlichen Schulamt – in Kooperation mit dem Stadtschulamt – erarbeiteten Konzeptpapier festgehalten sind (Staatliches Schulamt für die Stadt Frankfurt am Main, 2015). Diese Konzeption greift die lokalen Gegebenheiten, Voraussetzungen und Vorerfahrungen in Frankfurt auf.

Einbindung in die kommunale Bildungslandschaft und Schulentwicklungsplanung

Der Modellregion Inklusive Bildung ging die Einrichtung der Pilotregion-Frankfurt-Süd im Schuljahr 2013/14 voraus, welche das Ziel verfolgte, bestehende Regelungen der sonderpädagogischen Förderung gemäß dem hessischen Schulgesetz qualitativ weiterzuentwickeln. An die Erfahrungen, die an vier Schulen in Bezug auf die wohnortnahe inklusive Beschulung, das Aufbauen eines Verbundsystems sowie das Initiieren von ämterbezogenen inklusionsfördernden Rahmenbedingungen gesammelt werden konnten, sollte die Modellregion Inklusive Bildung anknüpfen, so das oben genannte Konzeptpapier (Staatliches Schulamt für die Stadt Frankfurt am Main, 2015).

Soziodemografische Rahmenbedingungen
Die engen statistischen Zusammenhänge zwischen dem sozio-kulturellen Hintergrund der Schülerinnen und Schüler und dem Vorliegen eines sonderpädagogischen Förderbedarfs sind hinlänglich bekannt, insbesondere gelten sie im Förderschwerpunkt Lernen (Dietze, 2011; Euen, Vaskova, Walzebug & Bos, 2015). Insofern ist ein Blick auf die Sozialstatistik der Stadt Frankfurt für die Konzeption der Modellregion von einigem Interesse.

Aus dem von der Dezernentin für Soziales, Senioren, Jugend und Recht der Stadt Frankfurt 2017 herausgegebenen Bericht mit dem Titel „Monitoring. Zur Sozialen Segregation und Benachteiligung in Frankfurt am Main" (Bolz, Jacobs & Lubinski, 2017) geht deutlich hervor, dass Bevölkerungs- und Haushaltsgruppen sehr ungleich auf die verschiedenen Frankfurter Stadtbezirke verteilt sind. Ein beträchtlicher Anteil der Bevölkerung der Stadt Frankfurt gilt als armutsgefährdet. Oftmals werden die Betroffenen in bestimmte Stadtteile gedrängt. Die Ergebnisse des Monitorings 2017 zeigen, dass im Wesentlichen immer dieselben Stadtteile von einem hohen Ausmaß sozialer Benachteiligung betroffen sind, auch wenn ein längerer Zeitraum in Betracht gezogen wird. Zu den Stadtteilen, in denen eine überdurchschnittliche hohe soziale Benachteiligung vorzufinden ist, zählen besonders Bezirke des Frankfurter Westen. Als am stärksten benachteiligte Stadtteile gelten unter anderem Griesheim, Nied, Höchst, Zeilsheim, Unterliederbach und Sossenheim. Die geringste soziale Benachteiligung ist in den zentrumsnahen Stadtteilen wie Westend, Nordend und Sachsenhausen-Nord zu finden (Bolz et al. 2017).

Die Stadtteile im Westen und Süden Frankfurts stellen somit Bezirke dar, in denen sich soziale Benachteiligungen entweder häufen oder nur in einem geringen Umfang auftreten. Die Bildungsregion West, welche die Stadtteile Sindlingen, Nied, Zeilsheim, Höchst, Unterliederbach, Sossenheim und (seit 2018/19) Griesheim umfasst, sowie die Bildungsregion Süd mit Oberrad, Sachsenhausen, Niederrad, Schwanheim und Flughafen, bieten somit gute Voraussetzungen für die Evaluation, um einen exemplarischen Überblick über Schulen der Modellregion zu erhalten, die unter sehr unterschiedlichen soziodemografischen Rahmenbedingungen arbeiten.

2.2 Konzeptionelle Eckpunkte der Modellregion

Die Modellregion Inklusive Bildung Frankfurt wurde, wie oben bereits erwähnt, im Schuljahr 2015/16 mit einer Laufzeit von fünf Jahren eingerichtet. Sie ist damit eine von neun Modellregionen in Hessen. Dazu wurde zwischen der Stadt Frankfurt und dem Land Hessen ein Kooperationsvertrag geschlossen und die inhaltliche Ausgestaltung in einem Konzeptpapier festgehalten (Staatliches Schulamt für die Stadt Frankfurt am Main, 2015).

2.2.1 Ziele

Im Kooperationsvertrag wird die zentrale Zielsetzung der Modellregion in einer Formulierung beschrieben, die sich eng an entsprechende Passagen der UN-Behindertenrechtskonvention anlehnt. Stadt und Land verpflichten sich hier gemeinsam darauf, dass sie…

> „…Schritt für Schritt sicherstellen (wollen), dass Kinder und Jugendliche mit Behinderungen aufgrund ihrer Behinderung weder vom Grundschulunterricht noch vom Besuch weiterführender allgemeiner Schulen ausgeschlossen sind, sondern Zugang zum inklusiven Unterricht an Grundschulen und weiterführenden Schulen gleichberechtigt mit anderen in der Gemeinschaft, in der sie leben, haben und dass ihnen innerhalb des allgemeinen Bildungssystems die notwendige Unterstützung geleistet wird, um ihre wirksame Bildung zu ermöglichen" (Staatliches Schulamt für die Stadt Frankfurt am Main, 2015, S. 10).

Für diese grundlegende Zielsetzung ist dann ein umfangreicher Katalog von Einzelzielen erarbeitet worden, der Aspekte der Schulentwicklungsplanung und Prozesssteuerung ebenso umfasst wie Fragen der inneren und äußeren Schulentwicklung, der Unterrichtsentwicklung, der Fortbildung und der sozialräumlichen Vernetzung (Staatliches Schulamt für die Stadt Frankfurt am Main, 2015, 7ff.)

Im Rahmen der Modellregion soll hierzu eine ämter- und institutionsübergreifende, an Regionen und Quartieren orientierte Organisationsstruktur von Schul- und Jugendhilfeträgern, Schulaufsicht, Schulen, Trägern und weiteren Institutionen aufgebaut werden (Staatliches Schulamt für die Stadt Frankfurt am Main, 2015, S. 15).

2.2.2 Maßnahmen

Die Kooperationsvereinbarung zwischen dem Land Hessen und der Stadt Frankfurt sieht unter anderem vor, dass

(1) zwei Förderschulen mit dem Förderschwerpunkt Lernen auslaufen und sukzessive in Beratungs- und Förderzentren umgewandelt werden,
(2) die Mittel- und Hauptstufe der Sprachheilschule in eine allgemeine Schule umgewandelt wird,
(3) die dadurch freiwerdenden Förderschullehrerstellen dem Einzugsbereich des Schulträgers Frankfurt erhalten bleiben und zum Ausbau des inklusiven Unterrichts verwendet werden,
(4) Investitionen in die Barrierefreiheit der Schulbauten getätigt werden und

(5) die Ausweitung der Angebote der Jugendhilfe in der Schule vorgenommen wird.

Ergänzend wurden weitere flankierende Maßnahmen wie die Einrichtung von regionalen Koordinierungsplattformen und eines Qualifizierungsnetzwerks vereinbart.

2.3 Fragestellung und Zielsetzung der Evaluation

Die wissenschaftliche Evaluation der Modellregion Inklusive Bildung hat Ende 2016 ihre Arbeit aufgenommen und wird von der Arbeitsstelle für Diversität und Unterrichtsentwicklung am Fachbereich Erziehungswissenschaften der Goethe-Universität Frankfurt am Main bis 2018 durchgeführt. Der zwischen dem Stadtschulamt, dem Staatlichen Schulamt, dem Caritasverband Frankfurt e.V. (als Träger der Jugendhilfemaßnahmen) und der Goethe-Universität bestehende Kooperationsvertrag beinhaltet die zentralen Forschungsfragen, das Forschungsdesign sowie die Aufgaben und Leistungen der beteiligten Kooperationspartner.

Die Finanzierung der Evaluation erfolgt durch die Stadt Frankfurt; das Stadtschulamt koordinierte die Einbettung des Evaluationsvorhabens in den Projektrahmen der Modellregion und das Staatliche Schulamt zeichnete für die Abstimmung mit dem hessischen Kultusministerium sowie die Teilnahme der Grundschulen an diesem Projekt verantwortlich.

Exemplarisch werden im Rahmen der Evaluation 13 Grundschulen in der Bildungsregion West und fünf Grundschulen der Bildungsregion Süd und deren Zusammenarbeit mit den Beratungs- und Förderzentren Frankfurt-West und Frankfurt-Süd, dem Zentrum für Erziehungshilfe und den sozialpädagogischen Diensten in den Blick genommen.

In einer Reihe von Veranstaltungen wurde über das Vorgehen der wissenschaftlichen Begleitung informiert und Ergebnisse wurden kontinuierlich an die Beteiligten und an die Fachöffentlichkeit zurückgespielt:

- Informationsveranstaltung am 27.01.2017 an der IGS West in Höchst mit der Vorstellung des Evaluationsvorhabens
- Rückmeldung zum Forschungsverlauf in der Schulleiterdienstversammlung der Grundschulen am 12.09.2017 im Medienzentrum Frankfurt
- Fachgespräch mit den beteiligten Jugendhilfeträgern, Trägern des Ganztages und des Zentrums für Erziehungshilfe am 26.02.2018 im Gemeindehaus St. Josef in Höchst.
- Abschlussveranstaltung und Vorstellung der Evaluationsergebnisse am 10.12.2018 in der Goethe-Universität.

Dem Evaluationsvorhaben der Modellregion Inklusive Bildung liegt eine mehr-dimensionale Perspektive zugrunde. Im Fokus der Evaluation stehen zum einen die Formate der (interdisziplinären) Zusammenarbeit, die sich zwischen den verschiedenen Berufsgruppen – Grundschullehrer*innen, Förderschullehrer*innen, Sozialpädagog*innen – entwickelt haben und zum anderen das Erleben des Schulalltags an Grundschulen, die sich dem Anspruch der Inklusion gestellt haben, aus Sicht der Schülerinnen und Schüler.

Die Details des methodischen Vorgehens werden im nächsten Kapitel beschrieben.

3. Methodisches Vorgehen

Aufgrund der Komplexität des Projekts Modellregion Inklusive Bildung wurde die grundlegende Entscheidung getroffen, die Evaluation zum einen auf Grundschulen und zum anderen auf die Bildungsregion West zu beschränken. Um die Erfahrungen aus der Pilotregion Süd mit zu berücksichtigen, wurde ergänzend eine Auswahl von Grundschulen aus dem Süden in die Evaluation mit einbezogen.

Die Grundlage der Evaluation bildeten insgesamt 18 Frankfurter Schulen, alle 13 Grundschulen aus dem Frankfurter Westen sowie fünf Grundschulen aus dem Süden, sowie deren im Kontext der Modellregion besonders relevanten Kooperationspartner, nämlich die jeweiligen Beratungs- und Förderzentren, das Zentrum für Erziehungshilfe sowie dem Caritasverband und dem Internationalen Bund als Träger der Maßnahmen der Jugendhilfe in der Schule.

Die große Zahl der Beteiligten und die Vielschichtigkeit der Modellregion Inklusive Bildung legten es nahe, einen mehrperspektivischen Forschungszugang zu wählen. Dies bedeutet, dass die verschiedenen, an der Herstellung des schulischen Alltags beteiligten Akteure in der Untersuchung Berücksichtigung finden sollten: (Schul-)Leitungen, Grundschullehrkräfte, Förderschullehrkräfte, sozialpädagogische Fachkräfte (aus der Jugendhilfe in der Schule, der Erweiterten Schulischen Betreuung und des Zentrums für Erziehungshilfe) und nicht zuletzt die Schüler*innen. Zur empirischen Analyse des Erlebens des schulischen Alltags in den unterschiedlichen Settings der „Modellregion Inklusive Bildung“ erwies sich ferner ein Mixed Methods Approach als angemessen, in dem qualitative und standardisierte Verfahren der Befragung eingesetzt und miteinander verschränkt werden.

Die Untersuchung ist in drei Themenkomplexe gegliedert:

Organisationale Rahmungen

- Interviews mit den Schulleitungen an allen Schulen, der Leitung des BFZ-West, des ZfE und der Regionalleitung der Caritas zur Erfassung vorhandener und geplanter Organisationsstrukturen und Rahmenkonzepte.

Multiprofessionelle und interinstitutionelle Zusammenarbeit

- Standardisierte Befragungen von Klassenlehrer*innen, Förderschullehrer*innen und sozialpädagogischen Fachkräften an allen Schulen zur Erfassung der multi- bzw. interinstitutionellen Kooperationsformen und der Teamstrukturen.

- Analyse spezifischer Praktiken der Zusammenarbeit von Regelschullehrkräften, Förderschullehrer*innen und Sozialpädagog*innen, die in Teams zusammenarbeiten anhand von Interviews an fünf ausgewählten Schulen.

*Schüler*innenperspektiven auf den schulischen Alltag in inklusiven Settings*

- Standardisierte Befragung zur Erfassung des Wohlbefindens, der sozialen Unterstützung und sozialen Netzwerke von Schüler*innen aller Grundschulen der Modellregion (unter Einbeziehung der Kontexte Schule, Jugendhilfe, Familie, Peerbeziehungen und Sozialraum sowie relevanter Heterogenitätsdimensionen, u.a. Geschlecht, soziale Herkunft, Förder- bzw. Unterstützungsbedarf).
- Interviews zum Erfassen der Schüler*innenperspektiven und dem Erleben der schulischen Settings an den gleichen fünf ausgewählten Schulen.

Die Evaluation zielt im Kern auf die Beantwortung folgender Forschungsfragen:

- Welche Formate der Zusammenarbeit werden realisiert und wie werden diese von den unterschiedlichen Akteuren bewertet?
- Wie erleben Grundschüler*innen in unterschiedlichen Settings ihren schulischen Alltag an Grundschulen der Modellregion Inklusive Bildung?

Im Folgenden wird das vor diesem Hintergrund gewählte Vorgehen in Bezug auf die eingesetzten Formen der Datenerhebung mit den jeweils untersuchten Akteuren sowie den genutzten Auswertungsstrategien dargestellt.

3.1 Organisationale Rahmungen

Im Zeitraum von Februar bis März 2017 wurden mit 17 Schulleitungen der beteiligten Grundschulen, der Leitung des BFZ-West, der Leitung des ZfE, sowie der Regionalleitung der Caritas teilstandardisierte überwiegend telefonische Experteninterviews zur Vorbereitung der Evaluation geführt. Dabei wurden Schülerzahlen und Informationen zu sozialen Hintergründen erhoben und die Zahl der Schüler*innen mit sonderpädagogischem Förderbedarf sowie deren Förderschwerpunkte erfragt. Die Befragten wurden gebeten, ihre Konzepte zur inklusiven Schulentwicklung zu skizzieren sowie die Möglichkeiten und Grenzen der Realisierung einzuschätzen. Die Ressourcenausstattung, wie der Stundenumfang, die konkrete Personalausstattung sowie die Organisation der sonderpädagogischen Förderung an den einzelnen Schulen, sollte dabei erläutert werden.

Diese Kontextinformationen wurden inhaltlich zusammengefasst, systematisiert und für die Berichtsform aufgearbeitet. So war es möglich, einen

Überblick über die wichtigsten Basisinformationen der Schulen, ihre strukturellen Unterschiede und Organisationsformen zu erstellen. Auf dieser Grundlage wurden einzelne Schulen ausgewählt, an denen dann vertiefende Interviews geführt wurden. Bei der Auswahl der fünf Schulen wurde darauf geachtet, dass diese ein möglichst breites Spektrum von Organisationsformen der sonderpädagogischen Förderung abbilden und dass die Bildungsregionen West und Süd berücksichtigt sind. Zudem sollten natürlich, in der uns aufgrund der folgenden Kinderbefragung besonders interessierenden dritten Jahrgangsstufe, Schüler*innen mit sonderpädagogischem Förderbedarf vertreten sein.

3.2 Multiprofessionelle und interinstitutionelle Kooperation

3.2.1 Standardisierte Befragung der Regelschullehrkräfte

Eine standardisierte Befragung aller Regelschullehrkräfte an den beteiligten 18 Schulen diente der Erfassung der Formen der multiprofessionellen und interinstitutionellen Zusammenarbeit. Der Fragebogen konnte entweder auf Papier oder als Onlinefragebogen ausgefüllt werden. Die Befragung fand zwischen Juni 2017 und Januar 2018 statt. Ein Schreiben mit dem Link zur Befragung sowie die Papierfragebögen wurden an die Schulleitungen versendet, diese gaben die Informationen an die Lehrkräfte ihrer Schule weiter.

Insgesamt haben sich 17 Schulen an der Befragung beteiligt. Laut Rückmeldung der Schulleitungen haben an diesen Schulen zu Beginn der Befragung 353 Regelschullehrkräfte unterrichtet. Insgesamt haben 115 Lehrkräfte (33%) den Fragebogen ausgefüllt. Die Zahl der Fragebögen pro Schule variiert dabei erheblich und zwar zwischen 0 und 13 Fragebögen (Abbildung 2). Damit streut der Rücklauf an den einzelnen Schulen zwischen 0 bzw. 3% und 100%.

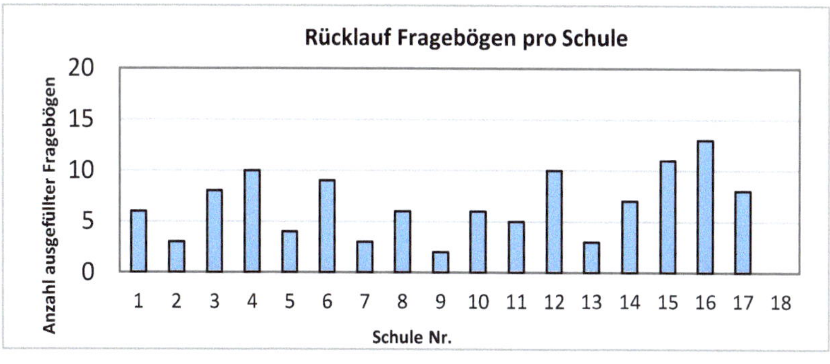

Abbildung 2: Anzahl der ausgefüllten Fragebögen pro Schule (Regelschullehrkräfte)

Im Fragebogen wurden folgende Themenbereiche abgefragt:

Themenbereiche zur Zusammenarbeit:

- Kontakt zu unterschiedlichen Berufsgruppen
- Umfang des Kontakts zu unterschiedlichen Berufsgruppen insgesamt
- Themen und Umfang des Kontakts zu unterschiedlichen Berufsgruppen
- Bewertung der Zusammenarbeit mit den unterschiedlichen Berufsgruppen
- Formate der Zusammenarbeit im Unterricht
- Schulische Rahmenbedingungen für Zusammenarbeit
- Zusammenarbeit im Sozialraum

Fragen zur Klasse und zur Lehrkraft:

- Anzahl der Kinder in der Klasse
- Anzahl der Kinder in der Klasse mit Förderbedarf
- Erfahrung mit inklusivem Unterricht/inklusiver Bildung

In der Analyse der Ergebnisse wurden zunächst die Häufigkeitsangaben zur interdisziplinären Kommunikation innerhalb der Schulen erfasst. Darüber hinaus wurden die Angaben zu den Formaten der Zusammenarbeit, zu den Rahmenbedingungen an den einzelnen Schulen und zur Zusammenarbeit im Sozialraum untersucht sowie Zusammenhänge zwischen den schulischen Rahmenbedingungen und der Zusammenarbeit zwischen den Berufsgruppen analysiert. Schließlich wurde geprüft, inwiefern sich die befragten Lehrkräfte in Gruppen einteilen lassen, und zwar nach dem Umfang ihrer Zusammenarbeit und den schulischen Rahmenbedingungen hierfür.

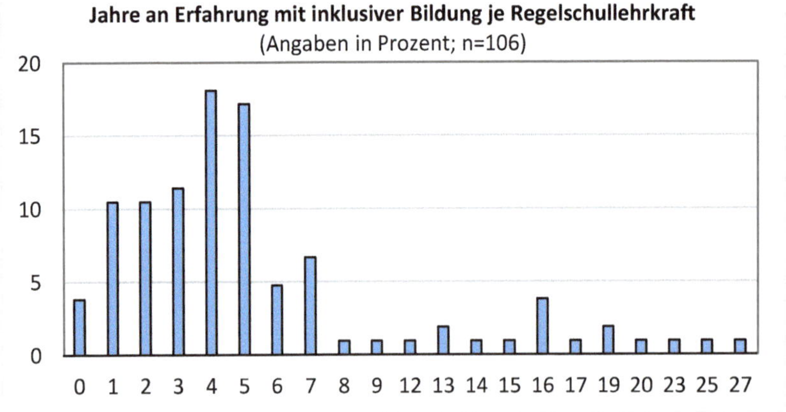

Jahre an Erfahrung mit inklusiver Bildung je Regelschullehrkraft
(Angaben in Prozent; n=106)

Abbildung 3: Erfahrung mit inklusiver Bildung in Jahren (Regelschullehrkräfte)

In Bezug auf die befragten Regelschullehrkräfte gilt es festzuhalten, dass die meisten von ihnen 7 Jahre oder weniger Erfahrung mit inklusiver Bildung haben (Abbildung 3). 19 Lehrkräfte verfügen über 8-27 Jahre Erfahrung. Im Durchschnitt weisen die befragen Lehrkräfte knapp 6 Jahre Erfahrung auf.

89% der befragten Lehrkräfte haben eine Klassenleitungsaufgabe inne. Darüber hinaus wurde gefragt, nur in Bezug auf Schüler*innen der zweiten und dritten Klasse, wie viele Schüler*innen sich in den Klassen der befragten Regelschullehrkräfte befinden. Etwa ein Viertel der 71 Lehrer*innen gaben an, weniger als 20 Kinder in der Klasse zu haben, ein weiteres Viertel hat 20 oder 21 Kinder in der Klasse. Die andere Hälfte der Lehrkräfte gab an, zwischen 22 und 26 Kinder in ihrer Klasse zu haben. Auf die Frage, wie viele Kinder davon einen diagnostizierten sonderpädagogischen Förderbedarf haben, verteilen sich die Angaben zwischen 0 und 7 Kindern. Dabei liegt kein Zusammenhang zwischen der Klassengröße und der Zahl der Kinder mit Förderbedarf vor.

3.2.2 Befragung der sonderpädagogischen Lehrkräfte und (sozial)pädagogischen Fachkräfte

In einem weiteren Erhebungsschritt wurde auch die Perspektive der sonderpädagogischen Lehrkräfte und der sozialpädagogischen Fachkräfte auf die Zusammenarbeit mit den relevanten Berufsgruppen analysiert. Vor diesem Hintergrund fand ebenfalls eine standardisierte Befragung an allen beteiligten 18 Schulen mithilfe eines Onlinefragebogens statt. Die Befragung wurde im Zeitraum von Dezember 2017 bis Mai 2018 durchgeführt. Einbezogen waren folgende Institutionen und Träger:

- Beratungs- und Förderzentrum Süd
- Beratungs- und Förderzentrum West
- Zentrum für Erziehungshilfe
- Erweiterte Schulische Betreuung und Ganztag
- Caritas
- Internationaler Bund

Insgesamt sind an den beteiligten Schulen 49 sonderpädagogisch ausgebildete Lehrkräfte des Beratungs- und Förderzentrums sowie des Zentrums für Erziehungshilfe beschäftigt.

17 Fragebögen wurden ausgefüllt, was einem Rücklauf von 35 % entspricht. Dabei liegen Rückmeldungen zu allen beteiligten Schulen von jeweils 1-3 sonderpädagogischen Lehrkräften vor (Abbildung 4).

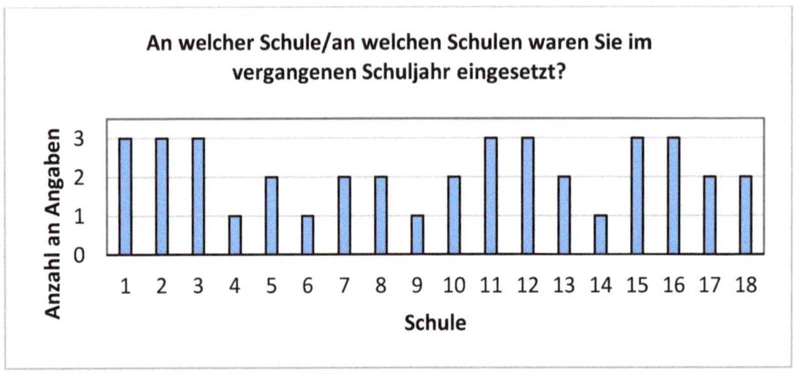

Abbildung 4: Einsatzschule(n) der befragten sonderpädagogischen Lehrkräfte

Unter der Kategorie „sozialpädagogische Fachkräfte“ wurden Fachkräfte, die im Rahmen von Jugendhilfe in der Grundschule beschäftigt sind, sozialpädagogische Fachkräfte des Zentrums für Erziehungshilfe, die Mitarbeitenden der Erweiterten Schulischen Betreuung sowie des Ganztags zusammengefasst. Insgesamt konnten hier 14 Personen erreicht werden. Vom Zentrum für Erziehungshilfe beträgt der Rücklauf 50%, in Bezug auf die Jugendhilfe in der Grundschule 75%. Ein Rücklauf für die Erweiterte Schulische Betreuung kann hier allerdings nicht berechnet werden, da keine Zahlen dazu vorliegen, wie viele Personen hier beschäftigt sind. Die Zahl der ausgefüllten Fragebögen variiert an den beteiligten Schulen zwischen 0 und 4 (Abbildung 5).

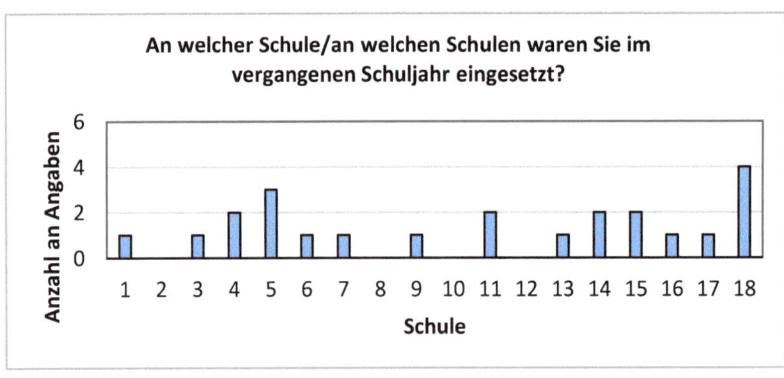

Abbildung 5: Schulen der befragten sozialpädagogischen Fachkräfte

Im Fragebogen wurden folgende Themenbereiche abgefragt:

Themenbereiche zur Zusammenarbeit:

- Kontakt zu unterschiedlichen Berufsgruppen
- Umfang des Kontakts
- Umfang und Thema des Kontakts zu unterschiedlichen Berufsgruppen
- Bewertung der Zusammenarbeit
- Zusammenarbeit im Sozialraum
- wöchentliche Aktivitäten; Zustandekommen der Verteilung

Fragen zur Klasse und zur Lehrkraft:

- Angaben zu den unterstützten Kindern
- Erfahrung mit inklusivem Unterricht/inklusiver Bildung
- Anmerkungen

In der Analyse der Ergebnisse wurden zunächst die Angaben zur interdisziplinären Kommunikation innerhalb der Schulen sowie in den Sozialraum erforscht. Darüber hinaus wurde die wöchentliche Zeit- und Aktivitätenverteilung untersucht.

In Bezug auf die befragten sonderpädagogischen Lehrkräfte gilt es festzuhalten, dass ihre Erfahrung mit inklusiver Bildung zwischen 0 und 29 Jahren variiert (Abbildung 6).

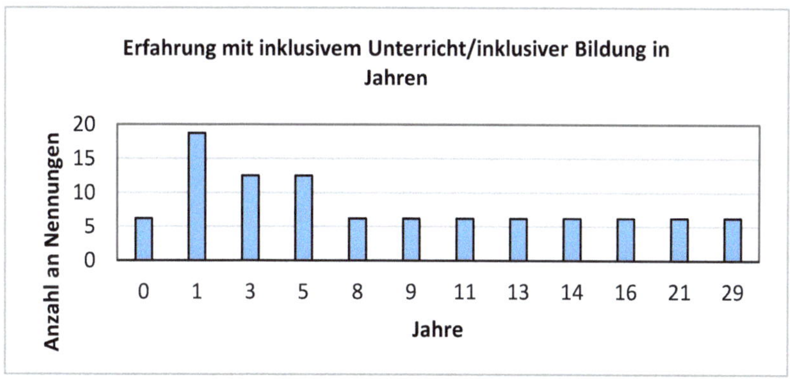

Abbildung 6: Erfahrung mit Inklusion (sonderpädagogische Lehrkräfte)

In Bezug auf die sozialpädagogischen Fachkräfte zeigt sich, dass deren Erfahrung mit Inklusion zwischen 0 und 9 Jahren liegt (Abbildung 7).

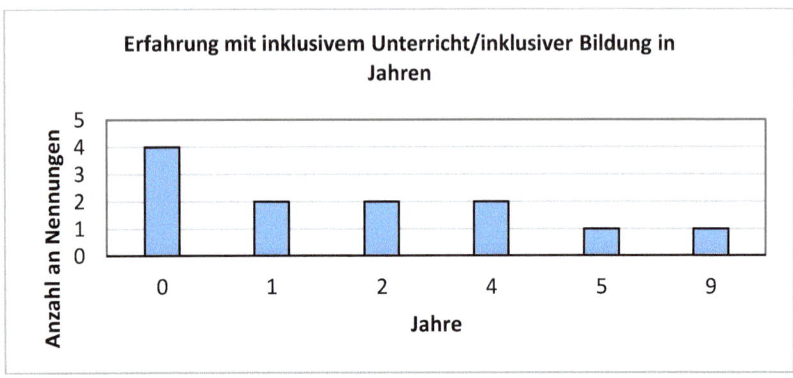

Abbildung 7: Erfahrung mit Inklusion (sozialpädagogische Fachkräfte)

3.2.3 Interviews mit Regelschullehrkräften, sonderpädagogischen Lehrkräften und sozialpädagogischen Fachkräften

Im Zeitraum von Januar bis März 2018 wurden 25 offene Leitfadeninterviews mit Regel- und Förderschullehrkräften an den fünf zuvor ausgewählten Schulen (vier der Bildungsregion West und eine der Bildungsregion Süd) geführt. Interviewt wurden insgesamt 14 Lehrkräfte der 3. Klassen und 11 Förderschullehrkräfte, die an diesen Schulen in den Förderschwerpunkten Lernen, Sprache, Geistige Entwicklung und Emotionale und Soziale Entwicklung tätig waren. Die Gruppe der interviewten Lehrkräfte setzte sich insgesamt aus 4 Männern und 21 Frauen zusammen, die sich in einem Alter zwischen 29 und 65 Jahren befanden.

Im August 2018 wurden 5 offene Leitfadeninterviews mit sozialpädagogischem Fachpersonal geführt, die an Schulen im Frankfurter Westen eingesetzt waren. Es wurden 4 Frauen und ein Mann interviewt, die sich in einem Alter von 25 bis 48 Jahren befanden. Auf Interviews mit Mitarbeiter*innen der schulischen Betreuung wurde im Rahmen der Evaluation verzichtet. Diese Entscheidung beruhte auf der Schwerpunktsetzung der qualitativen Erhebung auf die durch die Modellregion veränderten Kooperationsbeziehungen und damit auf die ‚neuen' Professionen an den Grundschulen.

Gegenstand der Interviews waren die wahrgenommenen Veränderungen durch die Modellregion, die Organisation der sonderpädagogischen Förderung an den einzelnen Schulen, Praktiken des Zusammenarbeitens und die individuellen Erfahrungen und Einstellungen zur Inklusion. Im Fokus stand der Themenkomplex der Kooperation und Praktiken der Zusammenarbeit, weshalb näher auf die organisatorischen Rahmen- und Gelingensbedingungen, Erfahrungen und das individuelle Verständnis von Kooperation und Zusammenarbeit eingegangen wurde. Der Einfluss dieser Themen auf die pädagogische Qualität und das Schulklima sowie die Rollenwahrnehmung der Förderschullehrkräfte und des sozialpädagogischen Personals an den Schulen war ebenfalls Gegenstand der Interviews.

Die Auswertung der offenen Leitfadeninterviews erfolgte durch die Methode der Qualitativen Inhaltsanalyse nach Mayring (2015). Die Richtung der Analyse wurde durch die zuvor erwähnten Fragestellungen bestimmt. Als qualitative Technik wurde die Zusammenfassung und induktive Kategorienbildung festgelegt. Das gesamte Material konnte so berücksichtigt werden, indem es systematisch auf das Wesentliche reduziert und in Kategorien eingeteilt wurde. Anhand der erfolgten Kategorienbildung konnten so zentrale Aussagen aus den Interviews herausgearbeitet und unter allgemeineren Themenkomplexen zusammengefasst werden, ebenso wie Meinungen, die nur von wenigen interviewten Personen vertreten wurden. So wurde versucht, ein breites Bild an Erfahrungen und Einstellungen darstellbar zu machen.

3.3 Schüler*innenperspektiven auf den schulischen Alltag in inklusiven Settings

3.3.1 Standardisierte Befragung der Schülerinnen und Schüler

Die Befragung der Kinder aller 3. Klassen in den teilnehmenden Schulen fand im Februar und März 2018 mittels Papierfragebogen statt. Die Fokussierung der Befragung auf die 3. Klassen folgte den Überlegungen, dass zu diesem Zeitpunkt in allen Bereichen sonderpädagogischer Förderbedarf festgestellt werden kann, die soziale Struktur in den Klassen gefestigt und der Übergang in die weiterführende Schule noch nicht das überlagernde Thema ist. Im Vorfeld der Befragung wurde durch die Klassenlehrkräfte ein Flyer an die Eltern mit Informationen zum Projekt und zur Befragung weitergegeben. Diesem heftete eine Einverständniserklärung an, die unterschrieben zurück an die Klassenlehrkraft gegeben werden sollte.

Am Befragungstag gingen zwei Personen des Projektteams in die entsprechenden 3. Klassen. Die Kinder wurden meist im Klassenverband befragt. Kinder, für die keine Einverständniserklärung vorlag oder die nicht teilnehmen wollten, konnten sich während der Befragung mit Rätsel- und Malvorlagen beschäftigen. Die Fragebögen wurden durch die Klassenlehrkraft verteilt. Es lagen Bögen mit unterschiedlicher Tackerung vor, mit denen unterschieden werden sollte, ob ein Kind einen diagnostizierten Förderbedarf hat oder nicht. Die befragungsleitende Person ging mit den Kindern Frage für Frage durch und las diese laut vor, jedes Kind konnte dann jeweils individuell die Beantwortung vornehmen. Die zweite Person des Projektteams stand zur Verfügung, um einzelnen Kindern bei Bedarf zu assistieren.

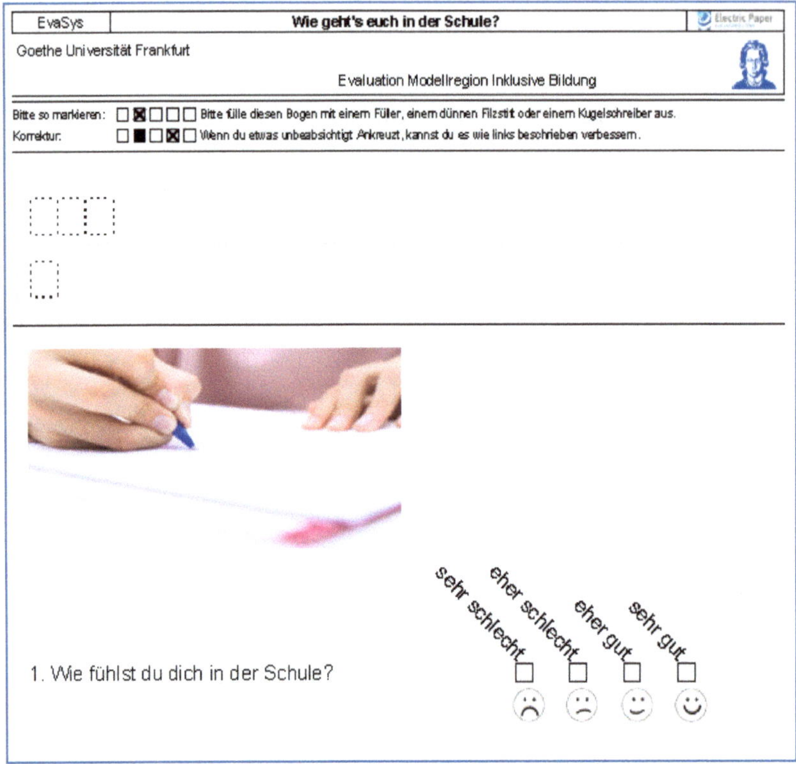

EvaSys | **Wie geht's euch in der Schule?** | Electric Paper

Goethe Universität Frankfurt

Evaluation Modellregion Inklusive Bildung

Bitte so markieren: ☐ ☒ ☐ ☐ ☐ Bitte fülle diesen Bogen mit einem Füller, einem dünnen Filzstift oder einem Kugelschreiber aus.

Korrektur: ☐ ■ ☐ ☒ ☐ Wenn du etwas unbeabsichtigt Ankreuzt, kannst du es wie links beschrieben verbessern.

1. Wie fühlst du dich in der Schule? sehr schlecht ☐ eher schlecht ☐ eher gut ☐ sehr gut ☐

Abbildung 8: Kinderfragebogen

Der Fragebogen besteht aus 30 Einzelfragen. Er war mit EvaSys programmiert, so dass die Antworten nach der Befragung eingescannt verarbeitet werden konnten. Die meisten Fragen und auch Antwortoptionen wurden grafisch unterstützt.

Bezüglich der Frageformulierung orientierten wir uns an dem Fragebogen der Bielefelder Längsschnittstudie zum Lernen in inklusiven und exklusiven Förderarrangements (BiLieF), da diese Fragen in der sprachlichen Komplexität reduziert und umfassend an Kindern mit Förderschwerpunkt Lernen im Einzelsetting getestet worden waren (Schwinger et al., 2015). Auch wurden Fragen aus den World Vision Studien (Andresen & Hurrelmann, 2010, 2013;

Andresen, Neumann & Public, 2018; Hurrelmann & Andresen, 2007) adaptiert. Die grafische Veranschaulichung der Fragen wurde inspiriert durch die Arbeit von Börner (2014).

allgemeines Wohlbefinden	Wie fühlst du dich in deinem Leben insgesamt?
schulisches Wohlbefinden	Wie fühlst du dich in der Schule? Mir macht Schule Spaß.
allgemeiner Selbstwert	Ich mag mich.
schulisches Selbstkonzept	Ich bin gut in der Schule.
schulische Selbstwirksamkeit	Ich kann Probleme in der Schule immer lösen.
Klassenklima	Ich gehe gerne in meine Klasse. In meiner Klasse machen sich andere Kinder lustig über mich.
Wertschätzung durch die Lehrperson	Was glaubst du, ist deinem Lehrer deiner Meinung nach eher wichtig oder eher unwichtig? Meine Lehrer helfen mir, wenn ich Hilfe brauche. Meine Lehrer mögen mich. Meine Lehrer sind gerecht zu mir.
Unterstützung durch die Eltern	Meine Eltern helfen mir, wenn ich Hilfe brauche. Meine Eltern haben Zeit für mich.
Einbindung in einen Freundeskreis	Wie viele Freunde hast du? Wie zufrieden bist du mit deinem Freundeskreis? Wirst du eher oft oder eher selten zu Kindergeburtstagen eingeladen?
Unterstützung in der Schule	Wer hilft dir in der Schule, wenn du Ärger hast? Wer hilft dir in der Schule, wenn du im Unterricht eine Aufgabe nicht verstehst?
Einschätzung der Befragung Verständnis der Fragen	Wie fandest du diese Befragung? Ich habe alle Fragen verstanden.

Tabelle 1: Items des Kinderfragebogens

In der Analyse der Ergebnisse wurden zunächst die Angaben der Kinder zu ihrem (schulischen) Wohlbefinden, zum Klassenklima, ihre Einschätzung zur Lehrkraft sowie zum Freundeskreis untersucht. Außerdem wurde die Unterstützung durch Lehrkräfte, sozialpädagogische Fachkräfte und Eltern in den Blick genommen. In einem weiteren Auswertungsschritt ging es darum, Zusammenhänge zwischen dem Wohlbefinden der Kinder in Bezug auf ihre soziodemografischen Merkmale zu beleuchten. Darüber hinaus wurde abschließend geprüft, inwiefern sich die befragten Kinder in Gruppen einteilen lassen, und zwar nach ihrer Einschätzung der Situation in der Schule, des Freundeskreises sowie der Eltern.

Insgesamt haben sich 14 Schulen an der Befragung beteiligt, die zwei- bis fünfzügig ausgebaut waren. Damit schwankte die Zahl der Kinder in der 3.

Klasse pro Schule zwischen 29 und 108. Insgesamt haben 379 Kinder an der Befragung teilgenommen. Der Rücklauf pro Schule lag bei 25 bis 60%. Damit ist die Aussagekraft bezogen auf einzelne Schulen eingeschränkt. An den beteiligten Schulen waren 962 Kinder in der 3. Klasse, das ergab einen Gesamtrücklauf, bezogen auf alle beteiligten Schulen, von 39%.

Der Anteil von Mädchen und Jungen war in der Stichprobe ausgewogen. Es bestand die Option „anderes bzw. weiß nicht" anzugeben, was aber nur von einem Kind gewählt wurde.

Von den befragten 379 Kindern wiesen 10 Kinder einen diagnostizierten sonderpädagogischen Förderbedarf auf. Unter Einbeziehung der vom Hessischen Kultusministerium aus der LUSD (Lehrer- und Schülerdatenbank) bereitgestellten Daten konnte für diese Gruppe eine Rücklaufquote von 35% berechnet werden. Kinder mit sonderpädagogischem Förderbedarf waren dementsprechend in der Stichprobe nur geringfügig unterrepräsentiert. Dennoch konnten auf der Basis der absoluten Zahl von 10 Kindern nur eingeschränkt statistische Aussagen zu dieser Gruppe getroffen werden.

Eine familiäre Migrationserfahrung wurde durch das jeweilige Geburtsland beider Eltern sowie die zu Hause gesprochene Sprache abgefragt. Die überwiegende Mehrheit der Kinder spricht zu Hause meistens deutsch: 34% immer, 36% oft, 25% manchmal und nur 4% nie. Als Geburtsland der Mutter geben 37% der Kinder Deutschland an, 59% ein anderes Land und 3% können hierzu keine Angaben machen. Das Geburtsland des Vaters verteilt sich ähnlich: 32% sagen in Deutschland, 61% in einem anderen Land und 7% wissen hierüber nicht Bescheid. Vor diesem Hintergrund wird deutlich, dass ein Großteil der Kinder Eltern hat, die außerhalb Deutschlands geboren wurden. Dennoch spricht die Mehrheit der Kinder zu Hause zumindest teilweise deutsch, in vielen Fällen jedoch parallel in einer anderen Sprache. Auf der Basis dieser drei Fragen wurde mittels Hauptkomponentenanalyse die neue Variable „familiäre Migrationserfahrung" gebildet.

Familiäre Migrationserfahrung	
Wo ist dein Papa geboren?	,812
Wie oft sprecht ihr zu Hause deutsch?	,809
Wo ist deine Mama geboren?	,804

Tabelle 2: Dimension „familiäre Migrationserfahrung": Ausgangsvariablen und Faktorladungen

Darüber hinaus wurde die finanzielle Situation der Familie mit zwei Fragen untersucht. Die Mehrheit der Kinder gibt an, dass die Familie genügend Geld hat für alles, was sie brauchen. 63% antworten mit ‚stimmt genau', 27% mit

‚stimmt ziemlich', 8% mit ‚stimmt kaum' und 1% mit ‚stimmt nicht'. Umgekehrt äußern 16% (58 Kinder) der Kinder, dass das Geld in der Familie meistens knapp ist. 67% sagen ‚stimmt nicht', 18% ‚stimmt kaum', 10% ‚stimmt ziemlich' und 6 % ‚stimmt genau'.

Finanzielle Situation der Familie	
Wir haben genügend Geld für alles, was wir brauchen.	,810
In meiner Familie ist das Geld meistens knapp.	-,810

Tabelle 3: Dimension „finanzielle Situation der Familie": Ausgangsvariablen und Faktorladungen

Und schließlich wurde der familiäre Bildungshintergrund über die geschätzte Anzahl der Bücher zu Hause abgefragt. Hierbei wird deutlich, dass ein Großteil der Kinder angibt, dass zu Hause 26-100 (32%) bzw. 101-200 Bücher (24%) vorliegen.

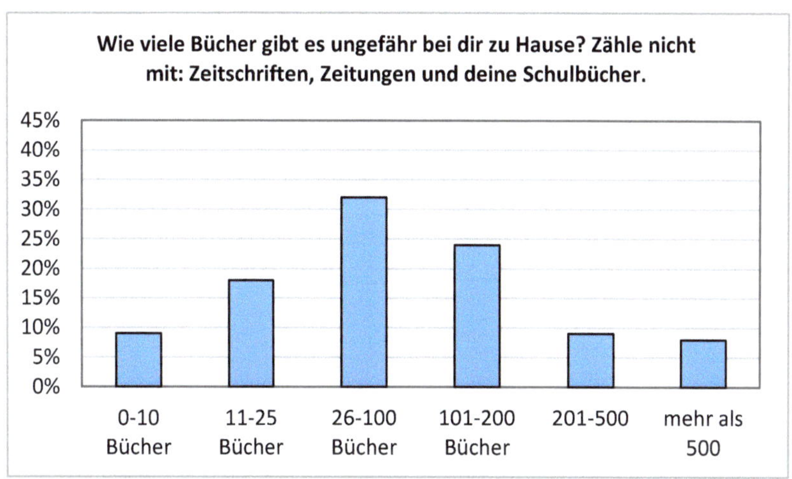

Abbildung 9: Familiärer Bildungshintergrund der befragten Kinder

Schließlich wurden die Kinder auch um eine Einschätzung der Befragung gebeten. Ein Großteil der Kinder gibt an, alle Fragen verstanden zu haben (Abbildung 10).

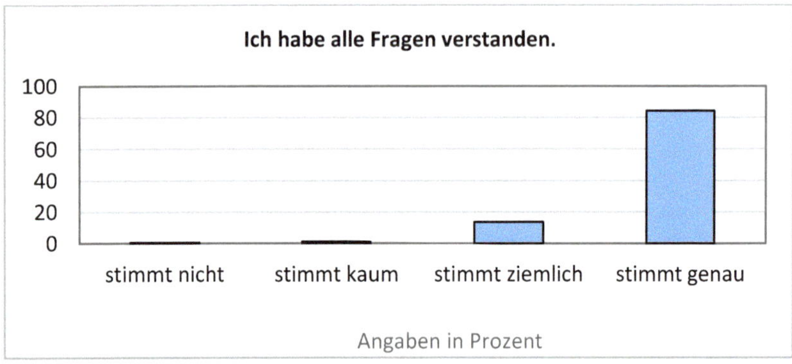

Abbildung 10: Verständnis der Fragen (Kinder)

Darüber hinaus schätzen die meisten befragten Kinder die Befragung positiv ein (Abbildung 11).

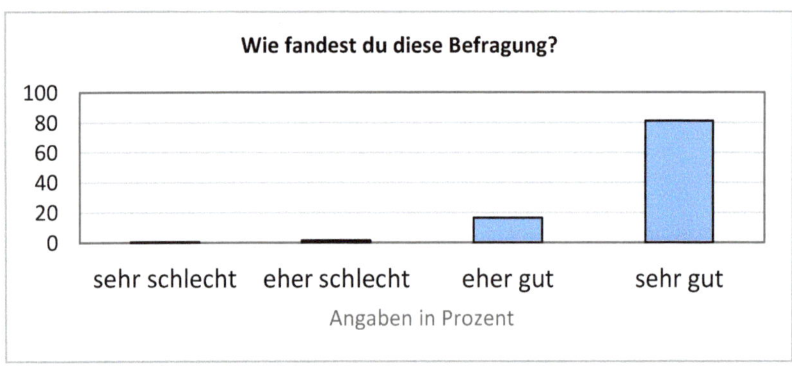

Abbildung 11: Einschätzung der Befragung (Kinder)

3.3.2 Interviews mit den Schülerinnen und Schülern

Ergänzend zu den standardisierten Erhebungen der Schüler*innenperspektiven wurden im Mai und Juni 2018 an den fünf für die Fachkräftebefragung ausgewählten Schulen (siehe oben Kap. 3) 49 offene Leitfadeninterviews mit Kindern der 3. Klasse zum Erleben der schulischen Situation geführt. Inhaltlich bezogen sich die Interviews auf die Räumlichkeiten in der Schule, den Unterricht, Förderangebote, an denen die Kinder teilnehmen oder die sie kennen, Beziehungen zu Lehrkräften und Mitschüler*innen und das Wohlbefinden in der Schule.

Die Auswahl der Kinder erfolgte abschließend über die Klassenlehrkräfte, wobei von Seiten des Evaluationsteams der Wunsch geäußert wurde, möglichst Kinder mit festgestelltem sonderpädagogischen Förderbedarf oder der Teilnahme an zusätzlichen Fördermaßnahmen zu interviewen. Zunächst wurden die Einverständniserklärungen der Eltern über die Klassenlehrkräfte eingeholt und daraufhin folgte eine Terminvereinbarung zur Befragung über die Schulleitungen bzw. die Klassenlehrkräfte. Die Befragung fand im Rahmen eines persönlichen Gespräches zwischen einem bzw. einer Projektmitarbeiter*in und einem Kind statt, wobei die Gespräche nur nach der Zustimmung der Kinder mit digitalen Aufnahmegeräten aufgezeichnet wurden.

Die befragten Schülerinnen und Schüler besuchten alle eine 3. Klasse einer Grundschule. Insgesamt 27 Schüler und 22 Schülerinnen wurden interviewt, wobei vier Schüler*innen einen diagnostizierten sonderpädagogischen Förderbedarf aufwiesen, neun weitere Kinder nahmen an Vorbeugenden Maßnahmen oder anderen Förderangeboten teil.

Auch diese offenen Leitfadeninterviews wurden zuerst transkribiert und anschließend mit der Methode der Qualitativen Inhaltsanalyse ausgewertet. Auch hier bestand das Ziel der Auswertung darin, die Aussagen der Kinder unter allgemeinen Themen zusammenzufassen, um so allgemeine Erfahrungen, aber auch mögliche Einzelmeinungen erfassen und darstellen zu können.

4. Theoretische Rahmung und Stand der Forschung

Nach einer ersten Welle wissenschaftlicher Begleitforschung zur Einrichtung integrativer Schulmodelle in den 1980er und 1990er Jahren (Schnell, 2003) wurden in jüngerer Zeit eine Reihe umfassender Evaluationsstudien zur Implementierung inklusiver Schulmodelle durchgeführt, so zum Beispiel im Stadtstaat Hamburg und in den Bundesländern Niedersachsen, Nordrhein-Westfalen und Rheinland-Pfalz. Wir werden im Folgenden (1) zunächst einen Überblick über die für uns zentralen Befunde dieser Studien geben und danach vertiefend den Erkenntnisstand der im vorliegenden Zusammenhang besonders interessierenden Aspekte, nämlich (2) der Inklusiven Schulentwicklung, (3) der inner- und überschulischen Organisation von Unterstützungssystemen, (4) der professionellen Zusammenarbeit sowie (5) des schulischen Wohlbefindens von Kindern darstellen.

4.1 Ergebnisse aktueller Begleitforschungen zur Implementierung inklusiver Schulmodelle in Deutschland

4.1.1 Nordrhein-Westfalen: Bielefelder Längsschnittstudie zum Lernen in inklusiven und exklusiven Förderarrangements (BiLIEF)

Die Bielefelder Längsschnittstudie zum Lernen in inklusiven und exklusiven Förderarrangements (BiLIEF) (Lütje-Klose, Neumann, Gorges & Wild, 2018) untersuchte die psychosoziale Befindlichkeit und die Entwicklung der Lese- und Rechtschreibleistung bei Kindern mit dem sonderpädagogischen Förderbedarf Lernen von der 3. bis zur 5. Klasse in unterschiedlichen Fördersettings. Beteiligt waren Schüler*innen aus Nordrhein-Westfalen in den Fördermodellen Gemeinsamer Unterricht an Grundschulen, Unterricht in Förderschulen und Unterricht in Grundschulen mit Unterstützung von Kompetenzzentren für sonderpädagogische Förderung. Neben der Entwicklung der Schüler*innen wurde zudem ein Fokus auf die Realisierung gelingenden Unterrichts für diese Schüler*innen gelegt. Neben der Kompetenz- und Wohlbefindensentwicklung der Kinder wurden in der quantitativen Teilstudie relevante Kontextfaktoren durch Befragungen der Lehrkräfte, Schulleitungen und Eltern erfasst. In der anschließenden qualitativen Teilstudie wurden Merkmale auf der Ebene der Einzelschule in systematisch ausgewählten Fallstudien vertiefend untersucht.

Als einer der zentralen Befunde kann festgehalten werden, dass insgesamt ein durchschnittlich hohes Wohlbefinden und Selbstkonzept von Kindern mit

Förderbedarf festgestellt wurde und dass hierbei keine Unterschiede zwischen den Förderorten Grundschule und Förderschule erkennbar sind. Zudem bauen alle Schüler*innen in allen schulischen Settings ihre Lese- und Rechtschreibkompetenzen aus, auch wenn sie überwiegend nicht an das Kompetenzniveau von Gleichaltrigen anschließen können. Gleichwohl kann ein deutlicher Leistungsvorsprung von Schüler*innen mit Lernbeeinträchtigung in inklusiven Settings gegenüber Kindern in Förderschulen bestätigt werden.

Die Ergebnisse der quantitativen und qualitativen Zugänge zeigen nach Einschätzung der Autor*innen, dass vor allem proximale Faktoren auf der Ebene der Einzelschule und weniger die Form der Beschulung für die Entwicklung der Kinder relevant sind.

In unserem Kontext ebenfalls von Bedeutung ist der Befund, dass Schulen mit besonders hohen Wohlbefindens- und Leistungswerten der Schüler*innen sich dabei vor allem durch ein hohes Maß an etablierten multiprofessionellen Kooperationsstrukturen und gemeinsam entwickelten Konzepten zur Unterrichtung und Förderung von heterogenen Lerngruppen auszeichnen.

4.1.2 Niedersachsen: Wissenschaftliche Begleitung der inklusiven Bildung

Die Begleitforschung in Niedersachsen zur inklusiven Bildung untersuchte im Zeitraum von 2014 bis 2017 die Umsetzung, die Gelingensbedingungen und die Herausforderungen der inklusiven Schule, welche 2013 in diesem Bundesland eingeführt wurde (Werning & Mackowiak, 2017; Werning, Mackowiak, Rothe & Müller, 2018). Die Studie mit einem Mixed-Methods-Design und bestehend aus drei Teilstudien bezieht sich auf inklusive Grundschulen und Schwerpunkt-Grundschulen, denen pauschal zwei Förderschullehrerstunden pro Klasse und Woche zugewiesen werden.

Die Zielgruppe setzte sich in dieser Studie aus den Leitungen von Grund- und Förderschulen, Klassenlehrkräften, Sonderpädagog*innen, Kindern und deren Eltern zusammen. Die Teilstudien beschäftigten sich mit den Fragestellungen, wie die Lehrkräfte und Sonderpädagog*innen inklusive Bildung in Schulen, deren Umsetzung und ihre Rolle in diesem Prozess wahrnehmen, welche Rolle die Kooperation spielt und wie der Unterricht in der inklusiven Grundschule gestaltet ist.

Die Studie macht deutlich, dass die Umsetzung von Inklusion an den Grundschulen durch die geringe Zuweisung von sonderpädagogischen Ressourcen einschränkende Effekte erfährt. Auch wenn Lehrkräfte und Leitungen die Idee einer inklusiven Beschulung grundsätzlich positiv bewerten, berichten sie dennoch von Problemen in der alltäglichen praktischen Umsetzung und an einigen Schulen werden ganz deutlich Überforderungstendenzen erkennbar. Zudem sind unterschiedliche Wahrnehmungen in Bezug auf Kooperation bei Grundschullehrer*innen und Sonderpädagogen*innen erkennbar, welche einen Entwicklungsbedarf hin zu mehr kooperativen Strukturen sowie der Notwendigkeit von fest eingerichteten Unterrichtteams und einer Rollenklärung im Rahmen der Zusammenarbeit aufzeigen. Bezüglich der Unterrichtsgestaltung zeigen sich die Lehrkräfte als sehr kompetent in den Bereichen Klassenführung und Klassenklima, während Entwicklungsbedarf im Bereich der adaptiven Lernunterstützung benannt wird.

4.1.3 Hamburg: Evaluation der inklusiven Bildung in Schulen - EiBiSch

In der Studie „Evaluation der inklusiven Bildung in Schulen (EiBiSch)" in Hamburg wurden in den Jahren 2013 bis 2017 35 ausgewählte Grundschulen und drei Regionale Bildungs- und Beratungszentren mit Schüler*innen aus den 2., 3. und 4. Klassen untersucht (Schuck, Rauer & Prinz, 2018; Schuck & Rauer, 2018a). Geprüft werden sollte, inwieweit die Schüler*innen in den allgemeinen Schulen und Regionalen Bildungs- und Beratungszentren durch die Einführung der Inklusion in der Entwicklung ihrer fachlichen und überfachlichen Kompetenzen in Mathematik und Leseverstehen und in ihrer emotional-sozialen Entwicklung unterstützt werden konnten.

Die Ergebnisse zeigen, dass alle Kinder durch das gemeinsame Lernen Kompetenzzuwächse erzielen konnten, dennoch erreichten am Ende der 4. Klasse 22,7% der Kinder nicht den Mindeststandard in einen oder beiden Fächern. Kinder, welche sich am unteren Ende des Leistungsspektrums befanden und keine sonderpädagogische Förderung oder adaptive Sprachförderung erhielten, konnten oftmals keinen Kompetenzzuwachs vorweisen und es bestand sogar die Gefahr eines Kompetenzabbaus.

Bezogen auf die sozial-emotionale Dimension der Schulerfahrungen der Kinder wurde in der Untersuchung festgestellt, dass Schüler*innen mit sonderpädagogischem Förderbedarf im Bereich Lernen sich in den inklusiven Grundschulen zwar als weniger leistungsstark einschätzten, sich aber dennoch in der Schule wohler fühlten als die Schüler*innen, die an den Regionalen Bildungs- und Beratungszentren unterrichtet wurden.

Aufgrund ihrer Befunde stellen die Autor*innen die diagnostische Qualität und den pädagogischen Nutzen der Kategorie sonderpädagogischer Förderbedarf nachdrücklich infrage. Es konnte nämlich gezeigt werden, „dass es nur einen mäßigen Zusammenhang zwischen niedrigen fachlichen Leistungen und einer sonderpädagogischen Förderung im Bereich ‚Lernen' gibt. Damit wird deutlich, dass die schulorganisatorisch verwendeten Kategorien sonderpädagogischer Förderungen kaum eine brauchbare prognostische Qualität und Differenzierungskraft für die Entwicklung der Schülerinnen und Schüler haben", so Schuck und Rauer (2018b, S. 225).

In der Studie wurden zudem erhebliche Unterschiede in der Gestaltung des Unterrichts festgestellt, mit der Folge deutlich unterschiedlicher Lern- und Entwicklungsbedingungen für einzelne Schüler*innen. Zur Weiterentwicklung der inklusiven Schulen empfehlen die Autor*innen die Unterstützung der Lehrer*innen bei der Realisierung eines adaptiven Unterrichts, damit das Lernen für alle Kinder auf ihrem jeweiligen Niveau möglich wird.

4.1.4 Rheinland-Pfalz: „Gelingensbedingungen des gemeinsamen Unterrichts an Schwerpunktschulen" (GeSchwind)

Das in Rheinland-Pfalz durchgeführte Forschungsprojekt „Gelingensbedingungen des gemeinsamen Unterrichts an Schwerpunktschulen in Rheinland-Pfalz (GeSchwind)" aus den Jahren 2011 bis 2014 ging der Fragestellung nach, wie die beteiligten Akteur*innen den gemeinsamen Unterricht von Schüler*innen mit und ohne Förderbedarf bewerten und wie dieser weiterentwickelt werden müsste, um den Anforderungen eines inklusiven Schulsystems zu genügen (Laubenstein, Lindmeier, Guthöhrlein & Scheer, 2015). Befragte Akteure waren Vertreter*innen der Schulaufsicht, Schulleitungen, Lehrkräfte, pädagogische Fachkräfte, Berater*innen für Inklusionsklassen und auch Schüler*innen.

Als zentrales Ergebnis wurde festgehalten, dass die Entwicklung von inklusiven Schulen durch das Etikettierungs-Ressourcen-Dilemma behindert werden würde. Ressourcenzuweisung sei an individuelle Diagnostik geknüpft, die bereits mit Platzierungsfragen zusammenhänge, weshalb auch inklusive Schulen als Teil des Fördersystems wahrgenommen werden.

Auch die Probleme der Umsteuerungsprozesse wurden benannt: Ein parallel bestehendes inklusives Förderschulsystem sei dauerhaft nicht finanzierbar, eine rasche Schließung der Förderschulen aus Platzmangel nicht umsetzbar und eine ausreichende Anzahl von Förderschullehrkräften sei nicht vorhanden.

Prinzipiell bestand in den inklusiv arbeitenden Schulen der Konsens, dass die Unterrichtung von Schüler*innen mit Förderbedarf zur Aufgabe aller Lehrkräfte zähle und eine inklusive Schulentwicklung über die Einzelschule hinaus Kooperation erfordere. Beklagt wurden von den meisten Schulen mangelnde räumliche Möglichkeiten für inklusiven Unterricht und als besondere Herausforderung wurden Schüler*innen mit dem Förderschwerpunkt emotionale und soziale Entwicklung angesehen.

4.1.5 Zusammenfassung zentraler Befunde aktueller Evaluationsstudien

Aus der Vielzahl der Einzelergebnisse der zitierten Studien stechen im Kontext der hier untersuchten Fragestellungen die folgenden Befunde besonders heraus:

- Nicht nur der Umfang, sondern auch die Art und Weise der Steuerung der (sonderpädagogischen) Ressourcen beeinflussen die Qualität der pädagogischen Arbeit.
- Es besteht ein erkennbarer Zusammenhang zwischen dem Ausmaß und der Qualität der professionellen Zusammenarbeit auf der einen und der Qualität des Unterrichts auf der anderen Seite.
- Es werden Gefühle der Überforderung der Regelschullehrkräfte berichtet, die in Zusammenhang gesehen werden können mit dem noch unzureichend eingelösten Anspruch der Gestaltung einer den individuellen Lernbedürfnissen aller Schüler*innen angepassten, adaptiven Lernumgebung.
- In älteren Untersuchungen wurde bis in die beginnenden 2000er Jahre festgestellt, dass Schüler*innen mit sonderpädagogischem Förderbedarf in inklusiven Settings zwar tendenziell bessere Schulleistungen erzielen als Schüler*innen an Förderschulen, dass sie sich aber in ihren Klassen schlechter integriert und weniger wohl fühlen (so z.B. Haeberlin, Bless, Moser & Klaghofer, 1991; Huber, 2009, davon abweichend bereits 2007 die Studie von Sauer, Ide & Borchert, 2007). Die hier jetzt referierten neueren Untersuchungen bestätigen die Befunde in der Leistungsentwicklung, berichten aber – im Unterschied zu den früheren Untersuchungen – ebenfalls ein mindestens genauso hohes oder sogar ein höheres Wohlbefinden inklusiv beschulter Kinder mit Förderbedarf im Vergleich zu den Schüler*innen an Förderschulen.

Nach dieser Zusammenfassung der zentralen Erkenntnisse der bis hierhin referierten Untersuchungen setzen wir uns im Folgenden noch einmal dezidiert mit dem wissenschaftlichen Kenntnisstand zu den bei uns im Vordergrund stehenden Aspekten der schulischen Organisationsformen, der professionellen Zusammenarbeit und des schulischen Wohlbefindens auseinander.

4.2 Inklusive Schulentwicklung

Die Programmatik inklusiver Bildung stellt Schulen vor komplexe Entwicklungsaufgaben, denn sie greift nicht nur tief in die organisationalen Abläufe der Schulen ein, sondern sie führt darüber hinaus zu Irritationen beruflicher Routinen und sie verlangt zudem eine grundlegende Reflexion des eigenen beruflichen Selbstverständnisses.

Mit dem Index für Inklusion (Booth & Ainscow, 2017), dem Aargauer Bewertungsraster (Landwehr, 2012) oder auch der vom Hessischen Kultusministerium vorgelegten „Checkliste Inklusion" (HKM, 2016) liegen einige – mehr oder weniger aufwendige – Instrumente zur Unterstützung der Schulen in ihrem Entwicklungsprozess vor. Systematische Studien zum Einsatz dieser Instrumente fehlen hingegen. So ist, trotz der Vielzahl der wissenschaftlichen Begleituntersuchungen im Kontext inklusiver Bildung, zu konstatieren, dass Prozesse der Schulentwicklung auf der Ebene der Einzelschule bis heute wissenschaftlich noch kaum in den Blick genommen worden sind (Moser, 2017).

Zudem ist die innere Schulentwicklung auch stets eingebettet in den weiteren Kontext bildungspolitischer und bildungsadministrativer Entscheidungen. Daraus ergibt sich die Frage, wie Prozesse der inneren Schulentwicklung von der Bildungspolitik und der Bildungsverwaltung angeregt, begleitet, unterstützt oder gar gesteuert werden können. In der neueren Schulforschung haben dabei die Ansätze der Educational Governance an Bedeutung gewonnen, die auch zunehmende Beachtung in der Inklusionsforschung finden (Gasterstädt, 2019). Da auch die Modellregion Inklusive Bildung in ein komplexes Gewebe unterschiedlicher Akteure und Akteursinteressen eingelassen ist, scheint es uns hilfreich, einen kurzen Überblick über diesen Forschungsansatz zu geben.

Die sozialwissenschaftlich ausgerichtete Educational Governance-Forschung untersucht Steuerungsgeschehen in Bildungssystemen, in denen Akteurskonstellationen mit unterschiedlichen Beteiligungs- und Einflusschancen mitwirken (Preuß, 2018). Jedem Akteur werden hierbei Beobachtungs- und Beeinflussungsfähigkeiten sowie Interventions-, Gestaltungs- und Sanktionsmöglichkeiten zugesprochen. Der spezifische Steuerungsbegriff in diesem Forschungszweig grenzt sich zum traditionell hierarchischen Steuerungsverständnis ab (Preuß, 2018). Somit bestimmt nicht nur ein Steuerungsakteur das Schicksal seiner Steuerungspläne im Sinne einer top-down-Regulierung, sondern alle beteiligten Akteure wirken an der Steuerung im System mit. Einzelne Akteure, wie beispielsweise der Staat, stellen keine alleinige Steuerungsinstanz dar, sondern sind einer unter vielen Akteuren mit heterogenen Handlungsstrategien und einer wechselseitigen Abhängigkeit.

In diesem Forschungsansatz werden Schulen als institutionelle Mehrebenensysteme beschrieben, wobei davon ausgegangen wird, dass die einzelnen Akteure, wie Staat, Bildungsverwaltung, Schulleitungen, Lehrkräfte, Schüler*innen oder Eltern, nicht ohne den Leistungsbeitrag der anderen Akteure handeln können. Die Leistung des Bildungssystems resultiert letztlich aus den Leistungsbeiträgen aller beteiligten Akteure und ihrem Zusammenspiel. Schulen sind aus der Educational Governance-Perspektive eine Organisation mit einer wechselseitigen Beeinflussung aller beteiligten Akteure und Ebenen. Eine wirksame Steuerung ist im schulischen Kontext nach diesem Ansatz dann vorzufinden, wenn Akteure auf den operativen Ebenen, wie Lehrkräfte oder Schüler*innen, Steuerungsimpulse aus anderen Systemebenen, wie z.B. der Bildungspolitik oder Schulaufsicht, rezipieren und in Handlungen, angepasst an ihre Ebene, übersetzen. Die Steuerung beinhaltet aus dieser Perspektive einen aktiven Vorgang der Koordinierung, bei der die Wahl zwischen Handlungsalternativen besteht.

Für die Umsetzung von Reformen, wie auch Inklusion, können Schnittstellen und grenzüberschreitende Koordinationen zwischen Akteuren und Ebenen notwendig sein (Preuß, 2018). Die Herstellung und Umsetzung schulischer Inklusion beruht nach diesem Ansatz, so Preuß, auf einer Koordination zwischen der Organisation Schule, Aufsichtsbehörden, Zivilgesellschaft, Kommunen und weiteren Ebenen, für die jeder der Beteiligten die Initiative ergreifen kann oder muss. Inklusion wird somit durch die Leistungsbeiträge der Akteure gestaltet, wobei diese Akteure innerhalb eines gesetzlichen Rahmens handeln, untereinander zwingend aufeinander angewiesen sind, sich gegenseitig beeinflussen und ihren spezifischen differenzierten Handlungslogiken folgen.

In den 1990er Jahren lag der Fokus der Schulentwicklung auf Einzelschulen und erst in den letzten Jahren gewann die Perspektive auf das Gesamtsystem, also das Bildungssystem als Mehrebenensystem, erhöhten Stellenwert (Altrichter & Feyerer, 2017). Einzelschulen sollen nicht mehr isoliert in ihren Entwicklungen betrachtet, sondern viele weitere Akteure, wie Schulaufsicht, Berater und Fortbildungsmöglichkeiten, werden in Bezug auf ihre Funktion und Leistung für die Steuerung und Weiterentwicklung von Einzelschulen und Unterricht mit in Betracht gezogen. Durch mediale Rezeption und öffentliche Diskussionen bildungspolitischer Themen können zusätzlich noch weitere Akteure mit ihren Ressourcen, Energien, Ideen und Erfahrungen in Entwicklungsprozesse an Schulen eingebunden werden. Im Kontext der inklusiven Schulentwicklung wird eine erhöhte Partizipation aller Beteiligten als explizites Ziel angestrebt, obgleich die Vervielfachung der Akteure auf der Ebene des Gesamtsystems mehr Koordination und Ausgleich zwischen den verschiedenen Ansprüchen unterschiedlicher Interessengruppen erfordert. Allerdings ist die Vielzahl der unterschiedlichen Akteure im System Schule sehr komplex und diese können daher nie vollständig in der wissenschaftlichen Forschung abgebildet werden.

Auf der analytischen Basis der Educational Governance-Forschung gewonnene Erkenntnisse können relevante Impulse für eine Ebenen übergreifende Schulentwicklung und Schulentwicklungsforschung geben und verdeutlichen, dass bildungspolitische Reformen nicht zwangsläufig zu qualitätsvollen Unterrichts- und Schulentwicklungen führen.

Holtappels (2013) beschreibt hierzu drei Einsichten, die den aktuellen Forschungsstand kennzeichnen:

> „Erstens übernehmen Schulen nicht einfach vorbereitete Lösungen und Konzepte, eher versuchen sie, neue Ansätze für die eigene Schulsituation behutsam zu adaptieren und kompatibel an ihre spezifischen Organisationsbedingungen anzupassen. Erfolgreiche Implementation in einzelnen Schulen setzt dabei lokales Wissen

und spezielle Strategien darüber voraus, wie unter Berücksichtigung spezifischer Bedingungen eine Verbesserung der Qualität erzielt werden kann.
Zweitens sind Innovationen nicht von oben zielgetreu und technokratisch zu implementieren, da dies oft Widerstände erzeugt und Innovationen an der Basis vielfach anders verstanden oder situationsbezogen umgesetzt und verändert werden, wobei Schulen einer eigenen Entwicklungsdynamik folgen.
Drittens arbeiten Schulen unter recht unterschiedlichen Bedingungen (Lernkultur, organisatorische Voraussetzungen, Schülerkomposition, Schulumfeld), so dass standardisierte Modelle zum Scheitern verurteilt sind" (Holtappels, 2013, S. 53).

Die systematische Erforschung inklusiver Schulentwicklung steckt, laut Moser, dabei noch in ihren Anfängen und die Erkenntnislage sei nach wie vor äußerst schmal (Moser, 2017). Zudem wird deutlich, dass Strategien zur inklusiven Schulentwicklung hauptsächlich auf die interne Schulentwicklung und Evaluation ausgerichtet sind (so z.B. Bayerisches Staatsinstitut für Unterricht und Kultus, 2012; Boban & Hinz, 2015). Untersuchungen zur inklusiven Entwicklung an Schulen sind dabei vorwiegend auf Teilaspekte der Entwicklungsnotwendigkeiten zentriert und nehmen nur selten unterschiedliche Akteursgruppen und Handlungsebenen in den Blick, weshalb die Komplexität und Dynamik oftmals nicht erfasst werden kann (Fickermann & Fuchs, 2018). Auch Moser bestätigt, dass bisher nur wenige Studien unter steuerungstheoretischer Fragestellung, unter akteurstheoretischen Aspekten und in Bezug auf die Entwicklung der Schulkulturen vorgelegt worden seien, die über Erfahrungsberichte hinausgehend forschten (Moser, 2017). Eine der wenigen Ausnahmen stellt die schon erwähnte Untersuchung von Gasterstädt dar (Gasterstädt, 2019). Sie konnte zeigen, dass die von Pijl und Frissen (2009) vorgenommene idealtypische Unterscheidung zwischen dem Modell einer „machine bureaucracy" und einer „professional bureaucracy" sich im Vergleich der Schulsysteme zweier Bundesländer tendenziell wieder finden lässt. „Machine bureaucracy" meint hier den Einsatz von Steuerungsinstrumenten, die von den Akteuren im Sinne hierarchischer top-down-strukturierter Anordnungen verstanden werden, und die, so Pijl und Frissen, immer Gefahr laufen, von der Einzelschule zwar formal erfüllt zu werden, die aber letztlich keine substanzielle Veränderung bewirken:

> If the management of change is machine bureaucratic in approach, schools will create the illusion of change. The semantics in the external communication, reports and plans are in order, but in reality this means disconnection again. If the school is obliged to place students with special needs it will do so, but not by changing the educational offering, but by creating a separate unit next to the regular programme with a special teacher (Riddell, 2007). Externally everything is in order; internally nothing has changed. If additional funding is made available for special needs education, schools re-allocate individual special needs funding as

> the school sees fit (Crowther et al., 1998). The intended changes are realized by implementing other changes that fit in better with the school's existing practice (Pijl & Frissen, 2009, S. 370).

Es steht zu erwarten, dass die von Pijl und Frissen beschriebenen Prozesse und Mechanismen auch in der Modellregion Inklusive Bildung zu beobachten sein werden.

4.3 Organisationsformen sonder-/sozialpädagogischer Unterstützungssysteme

Die Organisation und Gestaltung der sonder- und sozialpädagogischen Unterstützungssysteme und somit die Umsetzung von Inklusion an deutschen Schulen sind vielfältig und vielgestaltig (Blanck, 2015). Maßgeblich bestimmt, aber wie gesehen nicht vollständig determiniert, werden die Unterstützungssysteme durch die jeweiligen bildungspolitischen und schuladministrativen Vorgaben. Auch unsere Studie zeigt, wie unterschiedlich – trotz gemeinsamer Rahmenvorgaben – die Ausgestaltung der sozial- und sonderpädagogischen Unterstützungssysteme an den jeweiligen Schulen der Modellregion erfolgt.

4.3.1 Überschulisch / in der Region

Neuere Überblicksarbeiten (Blanck, 2014, 2015; Preuß, 2018) zeigen, dass sich in den Bundesländern eine Vielzahl von Formen der Gestaltung, der Umsetzung, des Ausbaus sowie der Ressourcenbereitstellung der integrativen/inklusiven Beschulung entwickelt haben. Zudem nehmen auch die Kommunen im Rahmen ihrer rechtlichen Zuständigkeit Aufgaben der regionalen Innovations- und Bildungspolitik wahr, auch wenn sie in der Ausgestaltung ihres kommunalen Bildungssektors durch die Landespolitik stark reguliert werden (Preuß, 2018). Die regionale Ebene stellt aber dennoch im Kontext der inklusiven Beschulung einen relevanten Steuerungsakteur dar, denn hier kann, so Preuß (2018), in der Bildungslandschaft auf dieser Ebene, z.B. sozial-räumlicher Segregation. entgegengewirkt werden und der Aufbau von Kooperations- und Netzwerkbeziehungen in und zwischen den Schulen kann Unterstützung finden – so auch in der Modellregion Inklusive Bildung Frankfurt.

In den meisten Bundesländern und Kommunen sind sonderpädagogische Dienste, ambulante, mobile Dienste, Förderzentren oder Kompetenzzentren, für die Unterstützung von Schüler*innen mit diagnostiziertem sonderpädagogischen Förderbedarf in Regelschulen eingerichtet worden (Preuß, 2018). Häufig sind diese Dienste an Förderschulen angegliedert, gehören fest zu ihnen oder sind aus ehemaligen Förderschulen („Schulen ohne Schüler") hervorgegangen. Die dort angestellten Förderschullehrkräfte werden für ihre Arbeit an inklusiven Schulen entweder stundenweise verschiedenen Regelschulen und Klassen zugeteilt oder dauerhaft und mit ihrer gesamten Stundenzahl Einzelschulen zugeordnet (Blanck, 2015).

Die Frage, ob das sonderpädagogische Personal besser an den Beratungs- und Förderzentren oder besser direkt an der jeweiligen Regelschule als Stammschule angestellt sein soll, wird nicht nur in Hessen kontrovers diskutiert. Für die Lozierung an den Förderzentren spricht die Möglichkeit der flexibleren Einsatzmöglichkeiten an verschiedenen Schulen und es wird das Argument vorgebracht, dass auf diese Weise die Fachlichkeit besser zu sichern und weiterzuentwickeln sei. Schließlich sei der „Blick von außen" bei dieser Organisationsform eher möglich, als wenn die Sonderpädagog*innen Teil des Kollegiums der Regelschule seien. Auf der anderen Seite wird vorgebracht, dass das für die Zusammenarbeit wichtige Vertrauen und die dafür notwendige Kontinuität der Arbeitsbeziehung sehr viel eher gewährleistet ist, wenn die sonderpädagogischen Fachkräfte fest an der Regelschule angestellt sind. Zudem sei es kaum erwartbar, dass von außen kommende Fachkräfte dazu in der Lage sind, in der Einzelschule Schulentwicklungsprozesse anzustoßen oder sich gar aktiv an diesen zu beteiligen.

Ebenfalls kontrovers diskutiert wird die Frage der Zuweisung der Lehrerwochenstunden von Förderschullehrkräften. Einige Bundesländer haben auf eine systemische Ressourcenzuweisung umgestellt, nach der die Bemessung des Ressourcenumfangs über vorab festgelegte Parameter (wie etwa der Gesamtschüler*innenzahl, eventuell korrigiert durch einen Sozialindex) erfolgt, unabhängig von der Zahl der Kinder mit diagnostiziertem Förderbedarf. Andere Länder halten an der kindbezogenen Ressourcenzuweisung fest, wobei sich allerdings Mischformen der beiden Verfahren durchzusetzen scheinen.

Bereits in den KMK-Empfehlungen zur sonderpädagogischen Förderung von 1994 wurden Organisationformen genannt, die unter dem Titel kooperativer Modelle geführt werden. Hier wurden sehr unterschiedliche Ausgestaltungen entwickelt: Das kann die stundenweise Teilnahme von Schüler*innen mit sonderpädagogischem Förderbedarf am Unterricht einer Regelklasse bedeuten, vielerorts wurden auch Sonder- bzw. Kooperationsklassen, Außenklassen, Partnerklassen an Regelschulen, eingerichtet. Diese Klassen werden ausschließlich von Schüler*innen mit Förderbedarf besucht, sind allerdings räumlich in einer Regelschule untergebracht. Diese Klassen sollen mit einer zugewiesenen Regelschulklasse kooperieren, wobei in diesem Kontext auch gemeinsamer Unterricht erfolgen kann. Problematisch an diesen Organisationsmodellen ist, dass die Schüler*innen immer nur einen Gast- bzw. Besucherstatus in den Regelklassen haben können und so der in der UN-BRK niedergelegte Anspruch auf die „volle, wirksame und gleichberechtigte Teilhabe“ (UN-BRK, Präambel Satz e) kaum eingelöst werden kann.

4.3.2 In der Einzelschule

Im Rahmen der neuen Steuerungsmodelle wurden bildungsadministrative Vorgaben gelockert und den Einzelschulen Gestaltungsspielräume eröffnet. Damit war die Erwartung an die Einzelschulen verknüpft, spezifische Profile auszubilden, die es erlauben, auf die regionalen Gegebenheiten zu reagieren, sich von Nachbarschulen abzugrenzen und die eigenen Ressourcen und fachliche Kompetenz effektiv zu nutzen (Altrichter & Feyerer, 2017). Die Entwicklung der Einzelschule ist bei der Implementierung von Bildungsreformen in Prozesse der Rekontextualisierung eingebettet (Preuß, 2018) (siehe oben Kapitel 4.2). Fend (2008, 26ff.) nutzt diesen Begriff, um den aktiven, eigendynamischen Gestaltungsanteil von Akteuren auf der jeweiligen Handlungsebene zu beschreiben und zu verdeutlichen, dass Rahmenvorgaben einer übergeordneten Ebene in Einklang mit den Handlungsbedingungen einer untergeordneten Ebene gebracht werden müssen. So entwickeln Einzelschulen im Hinblick auf Vorgaben und bereitgestellte Ressourcen unterschiedliche Modelle zur Umsetzung, Organisation und Koordination der sonderpädagogischen Förderung an Schulen (Böttinger, 2017).

Als zentrale Organisationsformen sind dabei das Team-Teaching, die Einzel- und Kleingruppenförderung und verschiedene Formen der Beratung zu nennen.

Beim Team-Teaching wird die Lerngruppe von zwei oder auch mehr Personen gemeinsam in einem multiprofessionellen Team einer Lerngruppe unterrichtet. Team-Teaching erweitert die Möglichkeiten der inneren Differenzierung und individueller Hilfestellungen. Zudem besteht die Möglichkeit, den Unterricht gemeinsam vorzubereiten, durchzuführen und zu reflektieren, wobei jedes Teammitglied seine Erfahrungen und Fähigkeiten einbringen kann. Diese Zusammenarbeit kann sehr entlastend sein, wenn die Etablierung einer „Kultur des Sich-Beratens“ zwischen den Lehrkräften gelingt (Böttinger, 2017). Das Team-Teaching im Sinne einer gemeinsamen Klassenführung von Regelschullehrkraft und Sonderpädagoge*in galt lange Zeit gleichsam als Königsweg des gemeinsamen Unterrichts behinderter und nichtbehinderter Kinder. Die gemeinsame Klassenführung verlangt aber eine massive Form der Ressourcenbündelung, was dazu führt, dass möglichst viele (oder alle) Schüler*innen mit sonderpädagogischem Förderbedarf eines Jahrgangs in einer Klasse konzentriert werden. Damit kann dann zwar eine weitgehende Doppelsteckung in dieser Klasse realisiert werden, allerdings steht die sonderpädagogische Ressource dann aber auch nur dieser Klasse zur Verfügung. Eine inklusive *Schul*entwicklung wird dadurch nicht befördert, vielmehr besteht die Gefahr, dass die Inklusion auf den Strang der sogenannten „I-Klassen“ beschränkt bleibt. Zudem ist dies nur um den Preis der formalen Etikettierung von Schüler*innen mit sonderpädagogischem Förderbedarf zu haben. Gleichwohl genießt dieses – im gemeinsamen Unterricht entwickeltes und erprobtes – Modell unter Praktiker*innen ein hohes Ansehen. Die im Kontext inklusiver Bildung oftmals nur noch stundenweise bestehende Möglichkeit der Doppelsteckung wird demgegenüber oftmals als defizitär wahrgenommen. Zuweilen wird Team-Teaching als eine Variante des „Co-Teaching“ bezeichnet (Johnson, 2015). Während beim Team-Teaching die Lehrkräfte den Unterricht gemeinsam leiten, wird beim Modell des „One teach – one assist“ der Unterricht von einer/m Lehrer*in geführt, während die/der andere Lehrer*in einzelnen Schüler*innen Unterstützung anbietet. Im „Parallel Teaching“ wird die Klasse (in zwei etwa gleich große, heterogene) Lerngruppen geteilt und von je einer/m Lehrer*in unterrichtet, während beim „Alternative Teaching“ ein/e Lehrer*in mit dem Großteil der Klasse arbeitet und die zweite Lehrkraft ein spezifisches Angebot für eine Kleingruppe macht. Welche dieser Formen wann und wie oft zum Einsatz kommen, hängt sowohl von den Rahmenbedingungen (Umfang der sonderpädagogischen Ressource) wie auch von den individuellen Aushandlungen zwischen den Lehrkräften und nicht zuletzt von deren beruflichem Rollenverständnis ab.

Es gehört zwar zum Idealbild der inklusiven Beschulung, auf Maßnahmen äußerer Differenzierung zu verzichten. In der Praxis finden aber die sogenannten Pull-Out-Strategien gleichwohl ihre Anwendung. Auch hier besteht eine Vielzahl möglicher Organisationsformen. Das Spektrum reicht von der Einrichtung von Sonderklassen innerhalb der Regelschule, die dauerhaft oder vorübergehend von Schüler*innen mit sonderpädagogischem Förderbedarf besucht werden, bis hin zu stundenweisen Stütz- und Förderkursen. Eine im Kontext der Modellregion hervorzuhebende Organisationsform stellt die sogenannte „Lerninsel“ dar: hier wird innerhalb der Schule ein Raum zur Verfügung gestellt, der mit besonderem Fördermaterial ausgestattet ist und in dem die Schüler*innen mit sonderpädagogischem Förderbedarf in den Kernfächern (Mathematik und Deutsch) außerhalb ihres Klassenverbandes von den sonderpädagogischen Lehrkräften unterrichtet werden. Idealtypisch liegen die Zeiten, in denen die Schüler*innen die Lerninsel besuchen, auf einem Band, in dem ihre Mitschüler*innen ebenfalls Mathematik- und/oder Deutschunterricht haben. Dies stellt allerdings die Schulen vor einen erheblichen Koordinationsaufwand.

Die (kollegiale) Beratung stellt ein drittes zentrales Element sonderpädagogischer Unterstützung in der Regelschule dar. Die Notwendigkeit, sonderpädagogische Expertise qua Beratung in die Regelschule zu bringen, wird kaum bestritten. Weit weniger klar ist hingegen der Inhalt, die Form und der Rahmen der Beratung. Konstitutiv ist hier die Unterscheidung zwischen Experten- und Prozessberatung: Während in der Expertenberatung die Berater*in ihr spezifisches Fachwissen den Ratsuchenden zur Verfügung stellen, geht es in der Prozessberatung eher darum, unterschiedliche Wissensbestände, bezogen auf das jeweilige Fallgeschehen, zu mobilisieren und zu synchronisieren. Ältere von uns durchgeführte Untersuchungen zeigen, dass im Kontext inklusiver Bildung die Regelschullehrkräfte eher dazu tendieren, die Beratung als Expertenberatung zu verstehen, während die Sonderpädagog*innen eher eine Prozessberatung anstreben. Dies eröffnet die Gefahr grundlegender Missverständnisse und verweist auf die hohe Bedeutung der Auftrags- und Rollenklärung nicht nur zu Beginn des Beratungsprozesses (Olde, Kauz & Katzenbach, 2009).

In Anlehnung an das in Kanada praktizierte Modell des „Methods- & Resource Team", wurde von Köpfer das Modell „Schulinterne Unterstützungs- und Beratungsteams (Subs)" entwickelt (Köpfer & Mejeh, 2017), welches hier beispielhaft genannt werden kann. Das Konzept sieht vor, dass (mindestens) zwei Lehrpersonen ein schulinternes Beratungsteam bilden. Diese Lehrpersonen sollten über langjährige Unterrichtserfahrungen verfügen, Kompetenzen im Bereich der Didaktik aufweisen, im Bereich der Inklusion weitergebildet und mit schulorganisatorischen Vorgängen vertraut sein. Diese Teams dienen somit als Unterstützung für Lehrkräfte und stellen eine Schnittstelle zwischen Schulleitung, Administration oder auch externen Fachdiensten und Lehrpersonen dar. Zudem soll die Unterstützungsfunktion der Lehrkräfte sich auf alle Kinder und nicht ausschließlich auf Kinder mit Förderbedarf beziehen. Diese Teams ersetzen nicht die sonderpädagogische Expertise, sondern koordinieren diese und schaffen allgemeine Unterstützungsstrukturen.

Beratung kann zudem von externen Beratungs- und Förderzentren bzw. sonderpädagogischen Kompetenzzentren angeboten werden. Diese Organisationsform findet sich vorrangig in den Förderschwerpunkten emotional-soziale Entwicklung und bei den Sinnesbeeinträchtigungen. Bei Letzteren begründen letztlich organisatorische Gründe, nämlich die niedrigen Fallzahlen, diese Angebotsform, beim Förderschwerpunkt emotional-soziale Entwicklung wird dagegen ein fachliches Argument vorgebracht, dass hier nämlich eine exzentrische Position der Berater*in, d.h. ein Blick von außen auf das Fallgeschehen, geboten sei.

Ein umfassendes innerschulisches Unterstützungssystem umfasst neben der Sonderpädagogik auch Angebote der Sozialpädagogik und ist auf die jeweiligen Besonderheiten der Einzelschule abgestimmt (Katzenbach & Schnell, 2012). Es besteht die Möglichkeit, dass Schulen mit den örtlichen Jugendhilfeträgern oder der Jugendarbeit kooperieren oder sozialpädagogische Fachkräfte, als Angebot der Jugendhilfe, kontinuierlich an einer Schule tätig sind (Olk & Speck, 2009). Die sozialpädagogischen Fachkräfte können bei freien Jugendhilfeträgern, dem Jugendamt oder der Schulbehörde angestellt sein. Auch wenn oftmals ein flächendeckender Bedarf besteht, sind Maßnahmen der Schulsozialarbeit oftmals nur an Brennpunktschulen und bestimmten Schultypen zu finden. Einheitliche Regelungen oder Vorgaben in Bezug auf Ziele, Zielgruppen, Methoden, Angebote und Arbeitsprinzipien sind ebenfalls nicht vorzufinden, sondern ganz individuell an den einzelnen Schulen ausgearbeitet worden.

Auch wenn üblicherweise von einer gemeinsamen Aufgabe von Schule und Jugendhilfe ausgegangen wird, so war und ist deren Verhältnis doch auch stark von Abgrenzungsdiskursen geprägt. Die Schulsozialarbeit wehrte sich dagegen, von der Handlungslogik der Institution Schule vereinnahmt und in die Funktion eines bloßen „Reparaturbetriebs" gedrängt zu werden. So wurde und wird auf ein eigenes – sozialpädagogisches – Bildungsverständnis ebenso verwiesen und es wird ein eigenständiger Bildungsauftrag ins Feld geführt. Weniger der Schulerfolg als vielmehr die Gesamtpersönlichkeit des Kindes in ihrem lebensweltlichen Bezug stellen hier den zentralen Referenzpunkt pädagogischer Bemühungen dar (vgl. hierzu z.B. Thiersch, 2011).

Spies und Pötter kritisieren eine polarisierende Gegenüberstellung der Aufgaben von Schule und Jugendhilfe und beschreiben daher die Aufgabe der Schulsozialarbeit,

> „[...] als die Sicherstellung und Unterstützung der Anschlussfähigkeit der Kinder und Jugendlichen sowohl in Richtung Lebenswelt als auch in Richtung Erziehungs- und Bildungssystem. Schulsozialarbeit steht damit an der Schnittstelle zwischen dem Funktionssystem ‚Erziehung und Bildung' und der Lebenswelt der Kinder und Jugendlichen und muss zwischen den unterschiedlichen, selbstreferentiellen Logiken dieser Lebenssphären vermitteln" (Spies & Pötter, 2011, S. 169).

Dass diese Aufgabe der Vermittlung in der Praxis alles andere als trivial ist, wird häufig auf formale bzw. organisationale Aspekte zurückgeführt, wie unterschiedliche Ausbildungsgänge von Lehrer*innen und Sozialpädagog*innen, unterschiedliche arbeitsrechtliche Rahmenbedingungen (Arbeitszeiten, Urlaubsregelungen, Entlohnung) oder das fehlende Wissen um die Handlungslogiken der anderen Profession. Maykus diskutierte bereits 2004 in diesem Zusammenhang die innerinstitutionellen Machtverhältnisse, die von Schulsozialarbeiter*innen häufig als wenig gleichberechtigt erlebt werden, was die Entwicklung tragfähiger Kooperationsbeziehungen nachhaltig beeinträchtigt. Dies führt, so Maykus, dazu, dass Lehrer*innen und Sozialpädagog*innen zwar kooperieren wollen, aber „möglichst ohne den eigenen Blickwinkel zu (bedrohlich) weit zu öffnen und eigene Positionen grundlegend neu zu justieren“ (2004, S. 350). Kooperationsbeziehungen hätten dann häufig den Charakter einer „opportun-wohlwollend-distanzierten Begegnung“ (ebd., vgl. auch aktuell Maykus & Beck, 2016).

Dies gilt umso mehr an inklusiv arbeitenden Schulen, da hier Kooperationsbeziehungen zwischen den *drei* Berufsgruppen der Regelschullehrer*innen, den Sonderpädagog*innen und den Sozialpädagog*innen austariert werden müssen. Dies wurde durch unsere Untersuchung des Modellversuchs *Begabungsgerechte Schule* weitgehend bestätigt (Katzenbach & Buchhaupt, 2014, S. 56–67). Mithin ist ein immenser Aushandlungsbedarf im Hinblick auf die Ausgestaltung der Zusammenarbeit der verschiedenen Berufsgruppen an den Schulen der Modellregion zu erwarten.

4.4 Kooperation an inklusiven Schulen

Kooperation von Lehrer*innen und verschiedene Formen der Zusammenarbeit von Lehrkräften mit weiteren sozial- und sonderpädagogischen Fachkräften sowie weiteren Mitarbeiter*innen, wie Assistenzkräften, sind bereits mit der Einführung integrativen Unterrichts und des schulischen Ganztags zu einer notwendigen Gestaltungsaufgabe für die Organisation Schule geworden. Gerade Formen der Kooperation von Jugendhilfe und Schule (Maykus et al., 2016) haben in den bildungspolitischen Reformvorhaben der letzten Jahre eine wachsende Bedeutung erhalten. Diese zur Notwendigkeit gewordene Anforderung gewinnt angesichts von Schul- und Unterrichtsentwicklung mit dem Anspruch schulischer Inklusion weitere Relevanz auf der Ebene der Diskurse und Forschung. Dabei dominieren positive Wirkungsannahmen den Diskurs über Lehrerkooperation wie über multiprofessionelle Kooperation. In den normativ ausgerichteten rezenten Studien gilt Kooperation als Merkmal professioneller Kompetenz. So wird Kooperation als Voraussetzung dafür betrachtet, damit „gute“ schulische Inklusion im Sinne einer Maximierung von Teilnahme und des Verzichts von Aussonderung überhaupt stattfindet (Lütje-Klose & Urban, 2014) und Schulentwicklung hin zur Inklusion entsprechend gestaltet werden kann (Haas & Arndt, 2017). Dies wird verbunden mit der Forderung nach einer hochwertigen und egalitär zwischen den Akteuren auszugestaltenden Form der Kooperation, die für die Gestaltung inklusiven Unterrichts effektiv sei. So wird entsprechend in verschiedenen Studien zur Kooperation zwischen Lehrkräften auf die Unterscheidung verschiedener Formen und Niveaustufen der Kooperation von Gräsel, Fußangel und Pröbstel (2006) zurückgegriffen. Demnach wird „Austausch" als niedrigschwellige und häufig anzutreffende Form der Kooperation betrachtet, in der wechselseitiges Informieren über berufliche Inhalte und Weitergabe von Materialien dominieren (ebd.). Demgegenüber ist die „arbeitsteilige Kooperation" mit einer präzisen Zielsetzung, Aufgabenteilung und -zusammenführung verbunden, in der u.a. verschiedene berufliche Kompetenzen zu berücksichtigen sind, die berufliche Handlungsaufgabe gemeinsam verantwortet wird und Abstimmungsprozesse erforderlich werden (ebd.). Bei der als besonders zeitintensiv beschriebenen „Ko-Konstruktion" erfolgt der Idee nach ein intensiver aufgabenbezogener Austausch und gemeinsam gestalteter Problembearbeitungsprozess, in dem Wissenstransfer erfolgen könne (ebd.). Gerade mit dieser Form der Zusammenarbeit gehe ein „hohes Kooperationsniveau" einher (ebd.), welches in inklusiven Settings als bedeutsam für die gemeinsame Unterrichtung und individuelle Förderung aller Schüler*innen, auch mit sonderpädagogischem Förderbedarf, betrachtet wird. Lütje-Klose und Urban definieren „inklusive Kooperation" als stetig neu zu aktualisierende Entwicklungsaufgabe im normativen Horizont einer egalitär auszugestaltenden Kooperationsbeziehung:

> „Auf demokratischen Werten basierend, auf der Gleichwertigkeit und gegenseitigem Vertrauen der Kooperationspartner*innen beruhendes, zielgerichtetes und gemeinsam verantwortliches Geschehen interpretiert, in dem aufgrund von Aushandlungsprozessen die Schaffung bestmöglicher Entwicklungsbedingungen für alle Kinder einschließlich derjenigen mit besonderen Bedürfnissen angestrebt wird" (Lütje-Klose & Urban, 2014, S. 115).

Im Kern zielen verschiedene Formen der Zusammenarbeit aller beruflichen Akteure im Kontext inklusiver Schul- und Unterrichtsentwicklung, also dem Anspruch nach auf den Austausch und die Abstimmung spezialisierter fachlicher Perspektiven, auf eine Problem- bzw. Aufgabenstellung (Haas & Arndt, 2017), etwa mit dem Ziel der Gestaltung teamorientierter fallbezogener Diagnose- und Beratungs- sowie Entscheidungsprozesse. Mit der Thematisierung und Erforschung von Kooperation pädagogischer und weiterer Berufsgruppen verbunden sind Fragen zu berufskulturellen Selbstverständnissen, individuellen Deutungsmustern und spezifischen Wissensbeständen, auf die Professionelle zurückgreifen können zur funktionalen Arbeitsteilung sowie zur Differenzierung von insbesondere an Professionsgrenzen orientierter Aushandlung von Zuständigkeiten (u.a. Breuer, 2015; Reh & Breuer, 2012) und damit verbundenen komplexen Aushandlungs- und Positionierungsdynamiken (vgl. u.a. Kunze, 2017; Kunze & Silkenbeumer, 2018). Somit geraten die Veränderungen in der professionellen Anforderungsstruktur für Lehrkräfte und pädagogische Fachkräfte in der Inklusion und organisationsstrukturelle und interinstitutionelle Vorgaben (u.a. rechtliche Bestimmungen; Ausstattungsbedingungen) in den Blick der Forschung (Katzenbach, Klein & Silkenbeumer, 2016; Steinert et al., 2006). Dabei verdeutlichen Ergebnisse aus dem Forschungsfeld schulischer Kooperation Spannungsfelder und Entwicklungsbedarfe auf den miteinander verbundenen Ebenen Individuum, Institution, Organisation und Interaktion.

Zunächst ist hervorzuheben, dass die überwiegenden Studien auf Befragungen basieren, selten die Interaktionen innerhalb und außerhalb des Unterrichts im praktischen Vollzug der Akteure erhoben und analysiert werden. Auch deshalb ist die empirische Wissensbasis darüber, was eigentlich im Rahmen pädagogischer Teamarbeit und im Kontext erweiterter Akteurskonstellationen durch Assistenzkräfte, Förderschullehrkräfte, Erzieher*innen oder auch Sozialpädagog*innen im und außerhalb des inklusiven Unterrichts geschieht, noch rudimentär.

In der Bielefelder Längsschnittstudie zum Lernen in inklusiven und exklusiven Förderarrangements (BiLieF) wurden die psychosoziale und Leistungsentwicklung bei Schüler*innen mit sonderpädagogischem Förderbedarf im Förderschwerpunkt Lernen von der 3. bis zur 5. Klasse in unterschiedlichen Fördersettings untersucht (Lütje-Klose et al., 2018). Hierbei wurden ihr Wohlbefinden und die Kooperation der verschiedenen Lehrkräfte an den Schulen ebenfalls berücksichtigt, so dass verschiedene Rollen, die sonderpädagogische Lehrkräfte an Schulen übernehmen, herausgearbeitet werden konnten. An Förderschulen sind Sonderpädagog*innen als „Allrounder" tätig und übernehmen alle Aufgabenbereiche, die als Lehrkraft ausgeführt werden können, wie Unterrichten, Erziehen, Diagnostizieren, Fördern, Beraten und Innovieren (Lütje-Klose et al., 2018). In inklusiven Schulen sind dagegen andere Rollenverständnisse von sonderpädagogischen Lehrkräften vorzufinden. In Schulen mit dem Unterrichtsmodell des „gemeinsamen Unterrichts" ist der Typus „gleichberechtigter Sonderpädagoge*in" vorzufinden, wobei Sonderpädagog*innen häufig als zusätzliche Lehrer*innen mit gemeinsamer Zuständigkeit für alle Kinder angesehen werden (ebd.). Sind diese Lehrkräfte allerdings in Kompetenzzentren eingebunden, ist eine stärkere Aufteilung der Zuständigkeiten zu beobachten und eher der Typus „sonderpädagogischer Experte*in" vorzufinden (ebd.). Den sonderpädagogischen Lehrkräften wird eine beratende Rolle zugeschrieben, da sie eine besondere Expertise und eine andere Perspektive einbringen. Bei diesem Typus stehen Aufgabenfelder wie

Diagnostizieren, Fördern und Beraten im Vordergrund. An inklusiven Schulen ist neben diesen bereits beschriebenen Typen zudem der Typus einer „marginalisierten sonderpädagogischen Lehrkraft" vorzufinden (ebd.). Förderangebote und -maßnahmen werden von Regelschulkolleg*innen mitunter diskreditiert und müssen von Sonderpädagog*innen verteidigt werden, es drohe zudem häufig eine Abwertung im Kollegium und das verstärkte Aufkommen der Forderung nach ausschließlich äußerer Leistungsdifferenzierung. Dies kann zu einer Marginalisierung der Rolle des/der Sonderpädagogen*in führen, welche in Abhängigkeit zu den Einstellungen der Regelschulkollegen*innen steht und eine hohe Flexibilität der Förderplanung erfordere (ebd.). Unterschiedliche Organisationsmodelle an Schulen und die oftmals geringen Anwesenheitszeiten der sonderpädagogischen Lehrkräfte an den Regelschulen tragen offenbar dazu bei, dass diese als „unsichere Partner" (ebd.) wahrgenommen werden, also nicht regelmäßig verlässlich zur Verfügung stehen.

Arndt und Werning arbeiten in ihrer qualitativen Studie zur unterrichtsbezogenen Kooperation an einer integrativen Gesamtschule, aus der Perspektive von Regelschullehrkräften und Lehrkräften für Sonderpädagogik, verschiedene Spannungsfelder im Kontext der schulische Kooperation heraus (Arndt & Werning, 2013). Ein Problemfeld entsteht im Bedingungsgefüge von Flexibilität, Diffusität bzw. Ungeklärtheit der Rollen und Aufgabenverteilungen und der Relevanz von Strukturgebern auf organisationaler und institutioneller Ebene, die flexible und spezifische Möglichkeitsräume eröffnet, aber auch Handlungsmöglichkeiten begrenzt (ebd.). Als ein weiteres Spannungsfeld wird die „De-Privatisierung" auf der Ebene der etablierten Formen der Öffnung der Unterrichtspraxis von Regelschullehrkräften und die stärkere „Privatisierung" von Unterrichtsvorbereitungen, Zusammenarbeit und schulinterne Zielsetzungen für Inklusion benannt (ebd.). Daneben wird auf Herausforderungen beruflicher Selbstverortungen für Förderschullehrkräfte in inklusiven schulischen Settings hingewiesen, wenn diese überwiegend eine assistierende Rolle gegenüber Regelschullehrkräften einnehmen (ebd.); dadurch freilich auch Unterricht gewährleisten helfen können. Äußere Differenzierung wird auch in dieser Untersuchung als nicht ausreichende Entwicklung im Kontext schulischer Inklusion betrachtet, auch wenn Schüler*innen so eine effektive Lernzeit und umfassende Hilfestellung ermöglicht werden könne (ebd.). Denn dadurch werde eine Unterrichtsgestaltung aufrechterhalten, die dem Umgang mit heterogenen Lerngruppen nicht gerecht werde (ebd.).

Fallrekonstruktive Studien analysieren die Handlungskoordination im Zuge veränderter Akteurskonstellationen und betrachten Lehrerkooperation und berufsgruppenübergreifende Kooperation als „nicht stillstellbare Herausforderungen" (Bender & Heinrich, 2016, S. 92; Kunze, 2015, 2016; Kunze & Silkenbeumer, 2018). Es handelt sich nicht nur um Problemstellungen, die auf der Ebene der Professionsdifferenzen verortet werden können, sondern mit einer Strukturproblematik von Kooperation und der Struktur professionellen pädagogischen Handelns überhaupt verknüpft sind (Bender & Heinrich, 2016, 91ff.). Denn die Nicht-Standardisierbarkeit professionellen pädagogischen Handelns erfordert eine jeweils individuell zu leistende Bearbeitung von widersprüchlich strukturierten Handlungsanforderungen und Ungewissheit durch die jeweiligen Akteure und führt somit beim Zusammenwirken mehrerer Fachkräfte zu differenten Mustern der Bearbeitung. In der Analyse von Bender und Heinrich zur Interaktion zwischen einer Klassenlehrerin und einer weiteren Lehrkraft im inklusiven Unterricht konnte gezeigt werden, dass mit der zu leistenden Abstimmungsarbeit der Akteure eine Distanzierung von den Schüler*innen einhergehen kann, „weil die Krise der Autorität in der Kooperation dazu zwingt, sich selbst extrem rollenförmig zu verhalten, um die Repräsentation der allgemeinen Ordnung nicht brüchig werden zu lassen" (ebd.). Mit dieser empirisch weiter nachzugehenden These wäre auch der vielfach geforderte normative Anspruch an eine an Übereinstimmung orientierte und egalitär ausgestaltete Kooperation noch einmal anders zu bestimmen. Zudem legt eine solche Perspektive, gegenüber vereinseitigenden Verantwortungszuschreibungen zulasten einzelner Akteure bzw. Akteursgruppen für Prozesse der Kooperation, die Fokussierung stärker auf nur gestaltbare, nicht aber lösbare Dynamiken in der Bearbeitung von Strukturproblemen der Kooperation innerhalb und außerhalb des Unterrichts nahe.

Hinsichtlich der Kooperation von Schule und Jugendhilfe als Institutionen mit je differenten, wenngleich sich auch überschneidenden, Aufträgen ist festzuhalten, dass diese Form der Zusammenarbeit als „Gelingensbedingung" für Inklusion in rezenten normativ ausgerichteten Diskursfeldern thematisiert wird. So gehört zum Aufgabenspektrum der Schulsozialarbeit, neben der Gruppen- und Projektarbeit, die Unterstützung einzelner Schülerinnen und Schüler, die Beratung von Lehr*innen und Eltern sowie die Kooperation und Vernetzung mit dem Gemeinwesen (Braches-Chyrek, Fischer, Mangione, Penczek & Rahm, 2015). Die Rolle der Jugendhilfe in der Kooperation mit der Schule als einer Institution mit einer Leitprofession wird oftmals als untergeordnet und von der Aufgabenzuordnung der Schule abhängig im multiprofessionellen Gefüge beschrieben (Bauer, 2014). In der Praxis zeigt sich, dass immer wieder Probleme in der Zusammenarbeit mit anderen Professionellen auftauchen, wenn es um die Durchsetzung differenter, d.h. genuin sozialpädagogischer Perspektiven auf Problemstellungen geht (ebd.). Sozialpädagog*innen selbst thematisieren in Befragungen zu ihren Erfahrungen mit

Kooperation erfahrene Subordination und mangelnde Anerkennung, wobei Kreis et al. (2016) hervorheben, dass professionelle Differenzen gegenüber Lehrkräften, bezogen auf spezifische Inhalte, Arbeitsformen und Methoden, bestehen (Kreis, Wick & Kosorok Labhart, 2016). Zudem erscheine die sozialpädagogische Arbeit an Schulen und ihre Effekte und Ergebnisse kaum fassbar, weshalb für Schulen die Schulsozialarbeit mitunter einen Kooperationspartner mit unklaren Zielen darstelle (Maykus et al., 2016). Dabei befindet sich Schulsozialarbeit (nach Olk, Speck und Stimpel) in dem Spannungsfeld zwischen Schulpädagogik und Sozialpädagogik (Olk, Speck & Stimpel, 2011). Ausgehandelt werden muss deshalb, welche Rolle die Jugendhilfe und die je konkreten Akteure einnehmen, welche Zuständigkeiten sie übernehmen und welche nicht, was sich nicht allein über Kooperationsvereinbarungen lösen lässt, sondern Gegenstand von Aushandlungen darstellt. Inhaltlich geht es dabei um Vergewisserungen darüber, ob die Jugendhilfe in der Schule stärker einen schulpädagogischen oder sozialpädagogischen Auftrag übernehmen soll(te)/will/kann (vgl. dazu Otto & Thiersch, 2011; Thieme, 2018). Ein weiteres Spannungsfeld wird darin gesehen, dass zur zentralen Aufgabe der Schulsozialarbeit sowohl Problem- und Krisenintervention gehöre, sie aber in einem umfassenderen Sinne für alle Schüler*innen ihrer Bildungs- und Sozialisationsfunktion nachgehen müsse (vgl. dazu Olk et al., 2011).

In der vorliegenden Studie ging es aus forschungspragmatischen Erwägungen um eine sinnvolle Eingrenzung auf ausgewählte Fragestellungen und einen entsprechend praktikablen forschungsmethodischen Zugriff auf die interessierenden Themenkomplexe (vgl. Kap. 3). Angesichts interner und externer Ausdifferenzierung der Schule, u.a. eben durch erweiterte Akteurskonstellationen und interinstitutionelle Kooperation, war es in erster Linie zuvörderst ein Ziel, die Unübersichtlichkeit des Feldes erst einmal zu systematisieren und einen deskriptiven Überblick über Modelle der Kooperation und Vernetzungsaktivitäten der Akteure zu erarbeiten. Die Frage „was kommt bei dem/der Schüler*in eigentlich an?“ lässt sich jedoch nur über Fallanalysen, in denen die je konkrete Schule als „Fall“ und spezifische Fallbearbeitungsprozesse in und außerhalb des Unterrichts näher betrachtet werden, präziser beantworten.

4.5 Schulisches Wohlbefinden von Kindern (in der Inklusion)

In den letzten Jahren rückte das Wohlbefinden von Kindern zunehmend in den Blickpunkt der erziehungswissenschaftlichen Kindheitsforschung im Allgemeinen (Andresen et al., 2018), der empirischen Schul- und Bildungsforschung (Gysin, 2017; Lütje-Klose, Miller, Schwab & Streese, 2017; Schwab, 2014; Steinmayr, Crede, McElvany & Wirthwein, 2016; Venetz,

Tarnutzer, Zurbriggen & Sempert, 2012) und in Bezug auf schulische Inklusion im Besonderen (Hascher 2017; Rathmann und Hurrelmann 2018b; Schwab 2014; Schwab et al. 2015)). Das Konzept des kindlichen Wohlbefindens hat sich in den letzten Jahren in der nationalen und internationalen Kindheitsforschung zunehmend etabliert und auch zur empirischen Erfassung des subjektiven Wohlbefindens von Kindern liegt inzwischen eine große Anzahl unterschiedlicher quantitativer und qualitativer Instrumente vor (Hascher, Morinaj & Waber, 2018; Wirthwein, Steinmayr & Bergold, 2018). Wohlbefinden wird dabei in der Regel als multidimensionales Konzept verwendet, das im Anschluss an die World Vision Studien folgendermaßen operationalisiert werden kann (Andresen et al., 2018, S. 44):

- Fürsorge durch Elternteile
- Anerkennung und Mitbestimmung, d.h. wird nach Erfahrung der Kinder ihre Meinung respektiert
- generelle Zufriedenheit mit den Institutionen, d.h. Zufriedenheit mit Schule, Unterricht, Lehrpersonen und Wohlbefinden in der Klasse
- Freundschaften mit anderen Kindern
- subjektives Wohlbefinden, d.h. generelle Lebenszufriedenheit

Während in den vorliegenden Arbeiten zum allgemeinen Wohlbefinden aus der Kindheitsforschung Kinder mit sonderpädagogischem Förderbedarf gegenwärtig entweder gänzlich unberücksichtigt oder nur am Rande einbezogen werden (Börner, 2014), liegen insbesondere aus dem Kontext der sonderpädagogischen bzw. inklusiven Schulforschung empirische Befunde zum schulischen Wohlergehen von Kindern mit und ohne Förderbedarf vor.

Mit schulischem Wohlbefinden wird dabei zunächst einmal ganz allgemein das subjektive Gefühl der Schüler*innen bezeichnet, sich in der Institution Schule in einem „angenehmen und wertschätzenden Raum zu befinden, dessen Regeln nachvollziehbar und verständlich sind, und der dadurch auch Sicherheit und Stabilität bietet" (Rathmann & Hurrelmann, 2018c, S. 11). Kindliches Wohlbefinden wird dabei als Indikator von Schulqualität und als Grundbedingung gelingender Lernprozesse bei Schüler*innen und damit auch als Indiz für das Gelingen der Inklusion erachtet (Hascher, 2017). Wohlbefinden stellt somit zunehmend einen „Gradmesser der Schulqualität" unter den Bedingungen von Inklusion dar (Külker et al., 2017; Kullmann, Geist & Lütje-Klose, 2015; Rathmann & Hurrelmann, 2018b).

In diesem Sinne lässt sich schulisches Wohlbefinden allgemein „als die individuellen emotionalen und kognitiven Bewertungen eines Portfolios schulischer bzw. schulbezogener Erlebnisse und Erfahrungen [definieren]. Die Ausprägung des schulischen Wohlbefindens beruht auf der Balance des Erlebens positiv konnotierter Emotionen und Kognitionen sowie der relativen

Freiheit von negativen Emotionen und Kognitionen“ (Kullmann et al., 2015, S. 304). Schulisches Wohlbefinden von Schüler*innen wird dabei als multidimensionales Konstrukt mit kognitiven, emotional-affektiven und physischen Anteilen konzeptualisiert, das als situationsübergreifendes Merkmal aufgefasst wird und auf eine spezifische emotional-kognitive Grundhaltung gegenüber der Schule abhebt (Wild et al., 2015).

Rathmann und Hurrelmann (2018a, S. 400) gelangen auf der Basis der Zusammenschau der aktuellen empirischen Befundlage zum Wohlergehen in inklusiven Schulen zu einer insgesamt positiven Bilanz: Kinder ohne Förderbedarf hätten keine Nachteile durch gemeinsame Beschulung in inklusiven Schulen, werden in inklusiven Schulen in ihrem Lernen nicht gebremst und fühlen sich im Unterricht genauso wohl wie Mitschüler*innen mit Förderbedarf. Schüler*innen mit Lernschwierigkeiten würden dagegen bessere Leistungen in inklusiven Schulen als Gleichaltrige im separaten Lernort der Förderschule erzielen. Als neuralgische Punkte erscheinen in dieser aktuellen Zusammenschau ein gefährdetes Selbstkonzept und eine niedrige Lebenszufriedenheit für einen Teil der Kinder mit spezifischem Förderbedarf in inklusiven Schulen. Die Befundlage ist diesbezüglich nicht einheitlich. So macht etwa die breit rezipierte, qualitative Studie von Schumann (2007) darauf aufmerksam, dass der separierte Lernort der Förderschule durchaus auch einen spezifischen „Schonraum“ – wenngleich mitunter auch in Form einer Beschämung, Benachteiligung und Beschädigung verschärfenden „Schonraum-Falle“ – für die Schüler*innen mit spezifischen Förderbedarfen darstellen kann, gerade weil sie sich dort in besonderem Maße sicher und wohl fühlen würden. Diese Befunde stehen in Einklang mit jenen empirischen Untersuchungen, die darauf hinweisen, dass Schüler*innen mit sonderpädagogischem Förderbedarf innerhalb der Schule durchgängig über ein deutlich geringeres Ausmaß an Anerkennungs- und Wertschätzungserfahrungen auf unterschiedlichen Ebenen verfügen und sich insgesamt deutlich weniger wohl fühlen (Schwab et al., 2015, S. 266).

Gleichzeitig liegen allerdings auch empirische Studien vor, die aufzeigen, dass Kinder mit sonderpädagogischem Förderbedarf im gemeinsamen Unterricht über ein realistischeres Selbstkonzept verfügen und sich die Zusammensetzung in Förderschulen nachteilig auf ihr Selbstkonzept auswirkt (Zurbriggen, 2018). Unterstützt werden diese Befunde durch die „BiLieF“-Studie, die neben der Leistungsentwicklung von Grundschulkindern zusätzlich deren psychosoziale Entwicklung in den Bereichen Selbstwirksamkeit, schulisches Wohlbefinden und soziale Integration analysiert (Lütje-Klose, Wild, Schwinger, Yotyodying & Gorges, 2015; Lütje-Klose et al., 2018). Für die psychosoziale Entwicklung von Schüler*innen mit sonderpädagogischem Förderbedarf im Förderschwerpunkt „Lernen“ in Grund- und in Förderschulen zeigen sich keine markanten Differenzen im psychosozialen Erleben, sondern vielmehr ein hoher Grad an Wohlbefinden und sozialer Integration. Auch bei Venetz, Tarnutzer, Zurbriggen und Sempert (2010) zeigten sich keine Unterschiede im schulischen Wohlbefinden zwischen Schüler*innen mit und ohne Förderbedarf. Insgesamt zeigen sich für die Schul- und Lebenszufriedenheit von Kindern mit und ohne Förderbedarf in der Forschungslandschaft gemischte Befunde zum Zusammenhang zwischen schulischem Setting auf der einen und schulischem und allgemeinem Wohlbefinden auf der anderen Seite (McCoy & Banks, 2012; Rathmann et al., 2018; Schwab et al., 2015; Venetz, 2015).

Wird Inklusion in einem weiten Sinne über das gemeinsame Lernen von Kindern mit und ohne sonderpädagogischen Förderbedarf hinaus als „Education for all“ unter Bezugnahme auf weitere Aspekte von Ungleichheit konzipiert (Lütje-Klose, 2018), dann gelangen ebenfalls Zusammenhänge zwischen (schulischem) Wohlbefinden und weiteren Differenzkategorien in den Blick, z.B. Geschlecht, soziale Lage und ethnische Differenz/Migrationserfahrung. In Bezug auf allgemeines Wohlbefinden zeigen die World Vision Studien (Andresen & Hurrelmann, 2010, 2013; Andresen et al., 2018; Hurrelmann & Andresen, 2007) einen Zusammenhang zur Herkunftsschicht. Die Zahl der Kinder, die mit ihrem Leben nicht zufrieden ist, ist in der unteren Schicht deutlich höher als in der Mittel- und Oberschicht. Überdies zeigen sich Effekte der Herkunftsschicht auf die soziale Einbindung in Gleichaltrigengruppen. Darüber hinaus zeigen sich Zusammenhänge zum Geschlecht der Kinder: Mädchen äußern sich in den World Vision Studien zufriedener mit verschiedenen schulischen Bereichen und fühlen sich auch in ihrem Leben häufiger wohl. Auch bewerten jüngere Kinder die Schule tendenziell positiver als ältere.

5. Ergebnisse

In diesem Kapitel werden die Ergebnisse der Untersuchung entlang folgender Systematik vorgestellt.

(1) Organisationale Rahmungen
(2) Multi- und interinstitutionelle Kooperation
(3) Schüler*innenperspektiven auf den schulischen Alltag in inklusiven Settings

Zuvor möchten wir allerdings einen Überblick über die quantitative Entwicklung der inklusiven Beschulung in Frankfurt vom Schuljahr 2014/15, d.h. *vor* Einrichtung der Modellregion, bis zum Schuljahr 2017/18 geben.

Die folgende Grafik zeigt die Entwicklung der Zahlen der Schüler*innen mit sonderpädagogischem Förderbedarf an Förderschulen und in der inklusiven Beschulung in den Jahrgangsstufen 1 bis 9 im ganzen Stadtgebiet Frankfurt. Zur Interpretation der nachfolgenden Daten ist zu beachten, dass die Gesamtschüler*innenzahl in diesen Jahrgangsstufen um knapp 3% gestiegen ist.

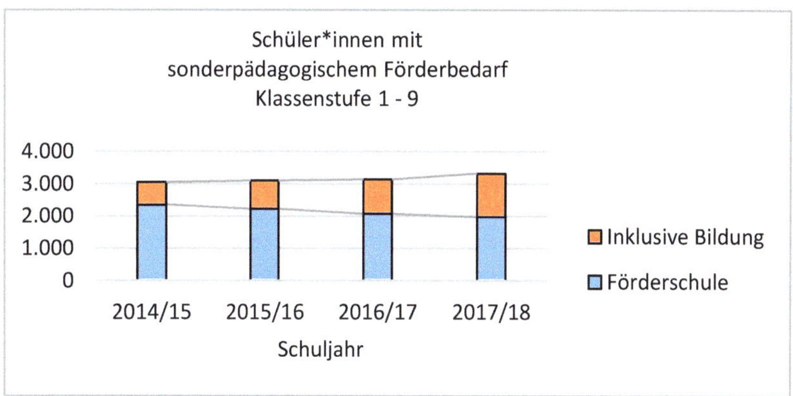

*Abbildung 12: Entwicklung der Zahl der Schüler*innen mit sonderpädagogischem Förderbedarf in Frankfurt am Main (Quelle: HKM, eigene Berechnungen)*

Es wird deutlich, dass es in den betrachteten vier Schuljahren zu einem deutlichen Ausbau der inklusiven Beschulung gekommen ist, die Zahl der inklusiv beschulten Schüler*innen mit sonderpädagogischem Förderbedarf hat sich in diesem Zeitraum von 696 auf 1344 nahezu verdoppelt. Zeitgleich ist es zu einem Rückgang der Schüler*innenzahl an den Förderschulen gekommen, allerdings mit 371 Schüler*innen nicht im gleichen Umfang, wie es dem Zuwachs in der inklusiven Bildung entsprechen würde.

Insgesamt lässt sich auch für Frankfurt ein Zuwachs der sogenannten Förderquote feststellen, das heißt der Anteil von Kindern mit sonderpädagogischem Förderbedarf in der Gesamtschüler*innenschaft hat in diesem Zeitraum um 0,2 Prozentpunkte zugenommen.

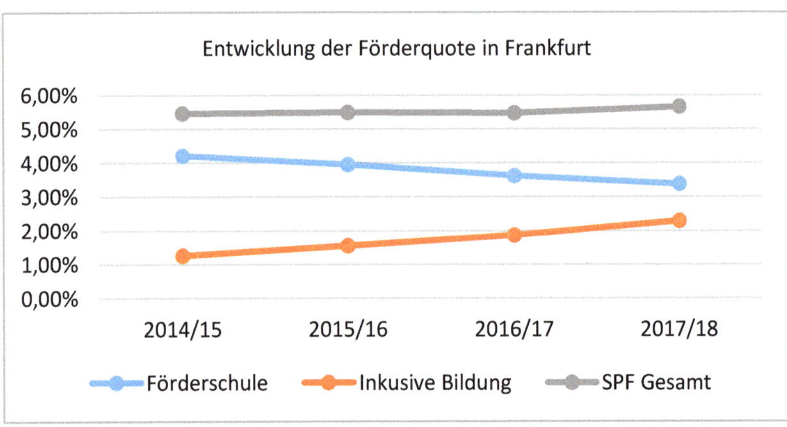

*Abbildung 13: Anteil der Schüler*innen mit sonderpädagogischem Förderbedarf in den Jahrgangsstufen 1-9 in Frankfurt am Main (Quelle: HKM, eigene Berechnungen)*

Der Rückgang der Schüler*innenzahlen an den Förderschulen basiert dabei im Wesentlichen auf den Veränderungen in den Förderschwerpunkten Lernen und Sprache, in den anderen Förderschwerpunkten bleiben die Zahlen weitgehend konstant, wie folgende Tabelle zeigt.

	Lernen	Sprache	ESE	GE	KM	Hören	Sehen	Kranke
Förderschule	-293	-69	-2	17	-6	5	-5	-18
Inklusiv	356	80	47	126	36	6	-1	-2
Gesamt	63	11	45	143	30	11	-6	-20

*Tabelle 4: Differenz der Schüler*innenzahlen zwischen den Schuljahren 2014/15 und 2017/18 an den Förderschulen in den Jahrgangsstufen 1-9 in Frankfurt am Main (Quelle: HKM, eigene Berechnungen)*

Der Rückgang der Schüler*innenzahlen an den Förderschulen Lernen ist zu knapp 80% auf den konzeptgemäßen Rückbau zweier Förderschulen zurückzuführen. Aber auch die verbliebenen Förderschulen Lernen verzeichnen rückläufige Schüler*innenzahlen (zwischen 5% und 10%), mit der Ausnahme einer Schule, bei der die Zahlen in diesem Zeitraum leicht angestiegen sind.

Auffällig ist zudem der deutliche Anstieg der Schüler*innenzahlen im *Förderschwerpunkt Geistige Entwicklung (GE)* um über 40%, der vor allem im Bereich der inklusiven Beschulung und hier wiederum vorrangig an den Grundschulen stattfindet. Während die Schüler*innenzahl an den Förderschulen in der Grundstufe um 13% gewachsen ist (was weit über dem Anstieg der Gesamtschüler*innenzahl im Grundschulbereich von 4,5% liegt), hat sich die Zahl der Schüler*innen im Förderschwerpunkt GE in der inklusiven Beschulung an den Grundschulen fast verdreifacht. Im Grundschulalter werden in diesem Förderschwerpunkt mittlerweile mehr Kinder inklusiv als an Förderschulen unterrichtet (155 zu 126).

In den *Grundschulen der Bildungsregion West*, die im Fokus unserer Untersuchung liegen, haben sich die bislang genannten Entwicklungen selbstverständlich auch gezeigt. So liegt der Anteil der Schüler*innen mit sonderpädagogischem Förderbedarf im Grundschulalter im Schuljahr 2017/18 Frankfurt-weit bei 2,1%, in der Bildungsregion West liegt dieser Wert deutlich höher, nämlich bei 2,62%. Die folgende Tabelle zeigt die Entwicklung der Zahl der Schüler*innen mit sonderpädagogischem Förderbedarf in den 13 Grundschulen der Bildungsregion West.
Auch hier findet sich eine deutliche Zunahme der Schüler*innenzahlen im Förderschwerpunkt Geistige Entwicklung, wenn auch nicht in dem Ausmaß wie im übrigen Stadtgebiet und, gemessen an den absoluten Zahlen, auch nicht so massiv. Es fällt zudem auf, dass der Anstieg im Förderbedarf Lernen trotz des Rückbaus einer Förderschule Lernen moderat ausfällt.

Schuljahr	Lernen	Sprache	ESE	GE	KM	Hören	Sehen	Σ
2014/15	43	8	1	7	2	1	1	63
2015/16	50	13	4	8	1	1	1	78
2016/17	54	16	4	11	6	1	2	94
2017/18	54	10	4	16	4	1	2	91
Veränderung von 2014/15 zu 2017/18	**11**	**2**	**3**	**9**	**2**	**0**	**1**	**28**

*Tabelle 5: Schüler*innen mit sonderpädagogischem Förderbedarf in allen Grundschulen der Bildungsregion West*

Im folgenden Abschnitt wird der Frage nachgegangen, wie die Schulen mit diesen Veränderungen umgegangen sind.

5.1 Organisationale Rahmung

Bereits im Vorfeld der Untersuchung wurde deutlich, dass die beteiligten Schulen mit sehr unterschiedlichen Voraussetzungen in die Modellregion eingetreten sind. So verfügten einige Schulen über langjährige Erfahrungen mit dem gemeinsamen Unterricht behinderter und nicht-behinderter Schüler*innen, für andere Schulen stellte die inklusive Bildung fachliches und organisatorisches Neuland dar. Es stand daher zu erwarten, dass die Schulen die mit der Inklusion verknüpften Herausforderungen unterschiedlich bearbeiten und einzelschulspezifische Formen der Bearbeitung dieser auf mehreren Ebenen verortbaren Herausforderungen entwickeln.

In einem ersten Erhebungsschritt wurden daher Interviews, in der Regel telefonisch, mit den Leitungen der beteiligten Institutionen, i.e. Schulleitungen der Grundschulen, der Leitung des beteiligten Beratungs- und Förderzentrums West, der Leitung des Zentrums für Erziehungshilfe sowie des Trägers der Maßnahmen der Jugendhilfe in der Grundschule geführt. In diesen Interviews wurden zum einen die Eckpunkte organisatorischer Rahmenbedingungen der einzelnen Schulen erfragt und zum anderen ging es um die Frage, wie die im Rahmen der Modellregion zugewiesenen sonder- und sozialpädagogischen Fachkräfte in der jeweiligen Schule eingesetzt werden. Die hier folgend berichteten Daten basieren auf den Auskünften der interviewten Leitungen und wurden, wo dies möglich war, mit den vom Kultusministerium zur Verfügung gestellten Statistiken rückgekoppelt. Die Interviews wurden zu Beginn des Jahres 2017 geführt und spiegeln den Diskussions- und Entwicklungsstand zu diesem Zeitpunkt wider.

5.1.1 Schüler*innenzahlen, Zusammensetzung der Schüler*innenschaft und Aspekte des Einzugsgebiets

An der Untersuchung nahmen insgesamt 18 Grundschulen teil, darunter alle Grundschulen der Bildungsregion West, sowie fünf ausgewählte Grundschulen der Bildungsregion Süd.

Zunächst ist festzuhalten, dass sich die beteiligten Grundschulen in ihrer Größe (im Sinne ihrer Gesamtschüler*innenzahl) erheblich unterscheiden. An der kleinsten Schule wurden zu dem Erhebungszeitpunkt (Frühjahr 2017) 191 Schüler*innen beschult, an der größten Schule mehr als doppelt so viele, nämlich 470 Schüler*innen.

Ebenso deutlich variierte die Zahl der Schüler*innen, bei denen ein sonderpädagogischer Förderbedarf festgestellt wurde. Diese Zahl bewegte sich zwischen 1 Schüler*in und 20 Schüler*innen mit sonderpädagogischem Förderbedarf pro Schule.

Aufgrund der genannten erheblichen Unterschiede in der Gesamtschüler*innenzahl ist diese Angabe allerdings nur von begrenzter Aussagekraft. Bedeutsamer erscheint der prozentuale Anteil der Schüler*innen mit sonderpädagogischem Förderbedarf an der Gesamtschüler*innenzahl der Schule, der ebenfalls deutliche Unterschiede aufweist, wie die folgende Grafik zeigt:

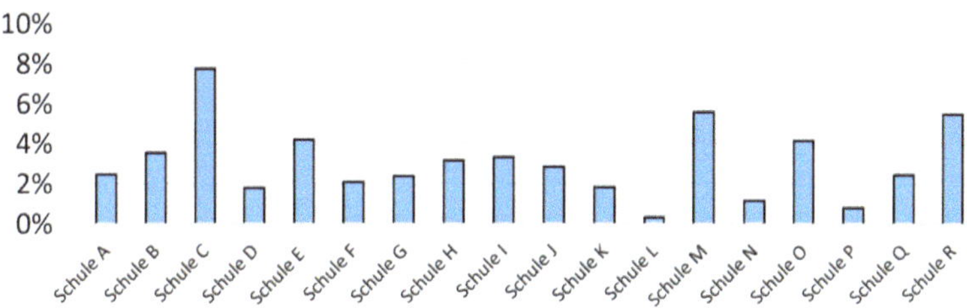

*Abbildung 14: Anteil der Schüler*innen mit festgestelltem sonderpädagogischen Förderbedarf an den beteiligten Schulen im Schuljahr 2017/18 (Quelle: HKM; eigene Berechnungen)*

Mit Ausnahme des Förderschwerpunkts Kranke wurden an den beteiligten Schulen Schüler*innen aller sonderpädagogischen Förderschwerpunkte beschult. Im Förderschwerpunkt Geistige Entwicklung wurde eine Schwerpunktbildung vorgenommen, da nach Auffassung des BFZ-West nicht alle Schulen die Voraussetzungen erfüllten, um diese Kinder aufzunehmen. Dabei spiele neben der Bereitschaft zur Aufnahme von Kindern im Förderschwerpunkt Geistige Entwicklung mitunter auch die Barrierefreiheit und die räumliche Ausstattung der Schulen eine Rolle. Daher wurden im Schuljahr 2017/18 nur an neun der 18 Schulen Kinder im Förderschwerpunkt Geistige Entwicklung gefördert. Hier bestand dann von Seiten des BFZ auch die Maßgabe, dass eine entsprechend qualifizierte Förderschullehrkraft an diesen Schulen tätig sein solle. An den neun Schulen mit Kindern im Förderschwerpunkt Geistige Entwicklung lag deren Zahl zwischen 1 und 6.

Auffällig sind die Unterschiede zwischen den Schulen in der Benennung von Schüler*innen, die an den Vorbeugenden Maßnahmen teilnehmen. Dies drückt sich sowohl in den absoluten Zahlen aus, wie auch in der Relation zwischen Vorbeugenden Maßnahmen und sonderpädagogischem Förderbedarf. Im Schuljahr 2018/19 wurden an den 18 beteiligten Schulen in den Klassenstufen eins bis vier insgesamt 174 Kinder mit sonderpädagogischem Förderbedarf gemeldet. Mit 370 Schüler*innen nahmen etwas mehr als doppelt so viele an Vorbeugenden Maßnahmen an diesen Schulen teil. Die Spannweite reichte dabei allerdings von einer Schule, an der kein Kind für Vorbeugende Maßnahmen gemeldet wurde, an der aber 33 Schüler*innen mit sonderpädagogischem Förderbedarf unterrichtet wurden, bis hin zu einer Schule, an der 26 Schüler*innen an Vorbeugenden Maßnahmen teilnahmen, an der aber nur ein Kind mit sonderpädagogischem Förderbedarf unterrichtet wurde. Die anderen Schulen bewegten sich zwischen diesen beiden Polen, ohne dass hier eine Spezifik der Schulen der Bildungsregion West oder beteiligten Schulen der Bildungsregion Süd zu erkennen wäre.

Um einen Eindruck von den unterschiedlichen sozialen Milieus der Schulen zu bekommen, wurden die Schulleitungen aufgefordert, die Besonderheiten ihres Einzugsgebiets zu beschreiben. Hierzu zählten die Schulleitungen im Allgemeinen ähnliche aus ihrer Sicht bedeutsame Faktoren auf. Die deutliche Mehrheit der Schulleitungen nannte einen hohen Anteil an Familien mit Migrationshintergrund sowie Familien mit niedrigem sozioökonomischem Status. Als problematisch empfanden einige Schulleitungen darüber hinausgehend z.B. Analphabetismus, finanzielle Probleme und Kindeswohlgefährdungen. Von einzelnen Schulleitungen wurde auch ein überwiegend akademisches Umfeld beschrieben. Es konnte an dieser Stelle kein Zusammenhang zwischen diesen Beschreibungen und dem Anteil an Schüler*innen mit festgestelltem sonderpädagogischen Förderbedarf festgestellt werden. Das bedeutet, sowohl an Schulen, an denen von den Schulleitungen ein aus ihrer Sicht herausforderndes Umfeld beschrieben wurde, als auch an Schulen mit akademischem Umfeld, schwankten die Zahlen im oben dargestellten Bereich.

5.1.2 Ressourcenausstattung der Schulen

Mit der Modellregion Inklusive Bildung ist die Ausstattung der Grundschulen mit Förderschullehrkräften verbunden. Daher wurde in den Interviews mit den Schulleitungen danach gefragt, wie viele Unterrichtsstunden durch die entsprechenden Lehrkräfte der Beratungs- und Förderzentren an ihren Schulen geleistet werden.[1] Aufgrund der geringen Fallzahlen, werden hier die Spannweiten zweier relativer Werte angegeben: Zunächst wurde die Gesamtschüler*innenzahl in Beziehung gesetzt zu der Anzahl an BFZ-Unterrichtsstunden an der Schule:

---

[1] Die hier genannten Zahlen basieren auf den Mitteilungen der Schulleitungen und liegen mitunter deutlich unter der eigentlichen Zuweisung an BFZ-Unterrichtsstunden, da Stellen entweder nicht besetzt seien oder Lehrkräfte kurz- oder langfristig nicht unterrichten konnten.

Gesamt: 3,5 Schüler*innen – 13,9 Schüler*innen pro BFZ-Stunde
Mittelwert: 9,3

West: 6,1 Schüler*innen – 13,9 Schüler*innen pro BFZ-Stunde
Mittelwert: 9,9

Süd: 3,5 Schüler*innen – 11,6 Schüler*innen pro BFZ-Stunde
Mittelwert: 7,9

Als zweiter Wert wurden die von den Schulleitungen angegebenen Unterrichtsstunden der Förderschullehrkräfte in Beziehung gesetzt zu den angegebenen Zahlen von Kindern mit einem festgestellten sonderpädagogischen Förderbedarf an den jeweiligen Grundschulen:

Gesamt: 2,1 – 8,3 BFZ-Stunden pro Schüler*in mit Förderbedarf
Mittelwert: 4,1

West: 2,1 – 8,3 BFZ-Stunden pro Schüler*in mit Förderbedarf
Mittelwert: 3,9

Süd: 2,8 – 8,0 BFZ-Stunden pro Schüler*in mit Förderbedarf
Mittelwert: 4,6

Wie die Leitung des BFZ-West berichtete, stehen den Grundschulen grundsätzlich die folgenden sonderpädagogischen Ressourcen zur Verfügung: Im Förderschwerpunkt Geistige Entwicklung ist die Zuweisung eine kindgebundene Ressource, die pro Kind eine Zuweisung von 4,9 Stunden beträgt. Die weiteren Förderschwerpunkte haben dagegen keine kindgebundene Ressource, sie berechne sich systemisch anhand der Schüler*innenzahl der Schule. So habe z.B. eine Schule mit 200 Kindern einen Anspruch auf die Zuweisung von 24 Förderschullehrkraft-Stunden.

Von Seiten des ZfE sieht die Verteilung der sonderpädagogischen Ressourcen insgesamt noch differenzierter aus. In der Region West sind 6 Schulen mit jeweils einer Präventionslehrkraft im Umfang zwischen 8 und 14 unterrichtswirksamer Stundenverpflichtung ausgestattet. Hinzu kommen die Ressourcen der Station West mit 3 Förderschullehrkräften, die eine Unterrichtsverpflichtung von insgesamt 68 Stunden haben, aber auch für alle weiterführenden Schulen der Bildungsregion zuständig sind. Dazu kommen in der Region West noch zwei volle Sozialarbeitsstellen. In der Region Süd sind die 5 Grundschulen mit jeweils einer Präventionslehrkraft im Umfang zwischen 3,5 und 17 unterrichtswirksamer Stundenverpflichtung ausgestattet. In der Station Gallus war zur Zeit des Interviews eine Förderschullehrerstelle vakant, so dass mit einer Unterrichtsverpflichtung von 53,5 Stunden auch alle weiteren Schulen der Region versorgt werden. Auch hier sind zusätzlich zwei volle Sozialarbeitsstellen angesiedelt.

Ausstattung mit sozialpädagogischen Fachkräften / Jugendhilfe in der Grundschule

Zusätzlich zu den sonderpädagogischen Lehrkräften wurden die Schulen der Modellregion durch das Förderprogramm „Jugendhilfe in der Grundschule“ mit sozialpädagogischen Fachkräften ausgestattet. Dabei wurden zwei unterschiedliche Modelle eingesetzt, die an manchen Schulen parallel, an manchen nur ein Modell und an manchen Schulen erst das Modell 2 und dann Modell 1 zum Einsatz kamen. Im Modell 1 wird einer Schule eine halbe Stelle fest für die Dauer der Modellregion zugeteilt, die dann flexibel die Schule sozialpädagogisch unterstützt. Im Modell 2 wird einer Schule temporär ein Stundenkontingent einer oder mehrerer sozialpädagogischer Fachkräfte zur Verfügung gestellt, um konkrete Projekte an den Schulen auszurichten, wie z.B. die Unterstützung bei der Einrichtung von Abläufen bei dem Verdacht der Kindeswohlgefährdung.

Den Grundschulen wurde insgesamt gemäß der Kooperationsvereinbarung ein Stellenkontingent zur Verfügung gestellt, das der Hälfte der Zahl der Förderschullehrkräfte an den Grundschulen entsprach. Bei der Besetzung der Stellen zeigten sich allerdings Schwierigkeiten, wie die Leitung des Trägers berichtete. Dabei spielte sowohl die teilweise Begrenzung der Stellen auf halbe Stellen eine Rolle, die für viele Personen nicht attraktiv gewesen sei. Zudem müsse eine gewisse Passgenauigkeit zwischen den Personen, ihren Qualifikationen und den jeweiligen Schulen erreicht werden, was nicht immer gelang. Zudem sei die Arbeit an den Schulen sehr anspruchsvoll, weshalb nach Möglichkeit keine Berufsanfänger*innen eingesetzt werden sollten.

Im Interview wurde zudem die Bedeutung der Erfahrung mit Jugendhilfe an den Schulen thematisiert, die einen hohen Einfluss darauf habe, wie lange es dauere, bis Leistungsvereinbarungen und Kooperationsverträge mit den Schulen ausgehandelt worden seien. Die Grundschulen verfügen hier über keine oder kaum Erfahrungen, so dass sich auch der Start der Maßnahmen z.T. verzögert habe.

Von organisatorischer Bedeutung ist für die Jugendhilfe in der Grundschule auch die Frage eines eigenen Raums, der an vielen Schulen nicht zur Verfügung gestellt werden (könne), was für viele Büroarbeiten ein Ausweichen in die Räume des Trägers notwendig mache, was auch Zeit koste.

5.1.3 Organisationsmodelle des Einsatzes sonderpädagogischer Ressourcen

Bezugnehmend auf die im Rahmen der Modellregion zur Verfügung gestellten Ressourcen wurden die Schulleitungen um Hinweise darauf gebeten, welche Formen der Verwendung an ihren Schulen entwickelt wurden. In der Auswertung der Interviews hat sich gezeigt, dass es nicht möglich ist, die von den Schulleitungen beschriebenen, an den einzelnen Schulen entwickelten, Modelle zu typisieren, da sie auf die jeweils individuellen Begebenheiten zugeschnitten sind. Im Folgenden versuchen wir nun, die ‚Bausteine' der Modelle in ihrem übergreifenden Kern zu beschreiben und dabei auf verschiedene Aspekte hinzuweisen, die in den Interviews benannt bzw. angedeutet wurden.

Doppelsteckung / Co-Teaching
Das Modell des gemeinsamen Unterrichtens von Regelschullehrkräften und Förderschullehrkräften in einem Klassenraum wird von vielen Schulleitungen als die ideale Organisationsform beschrieben. Hier seien die Unterstützungsmöglichkeiten im gemeinsamen Handeln und Planen am größten und es lasse sich am besten ein besonderer Status der Kinder in ihrer Klasse vermeiden. Diese Form des Einsatzes sonderpädagogischer Ressourcen lasse sich aufgrund des hohen zeitlichen bzw. personellen Aufwands oft aber nur dann ermöglichen, wenn viele Kinder mit festgestelltem sonderpädagogischen Förderbedarf in einer Klasse sind, da dann Ressourcen gebündelt werden können. Insgesamt wurde daher beschrieben, dass es aufgrund der mitunter sehr angespannten personellen Situation an den Schulen kaum mehr möglich sei, eine Doppelsteckung verlässlich auf Dauer einzuplanen.

Lerninsel und Kleingruppenförderung
Das Konzept der Lerninsel, wie es von den verschiedenen Schulleitungen beschrieben wurde, basiert auf der regelmäßigen Herausnahme von Kindern mehrerer Klassen aus dem Klassenunterricht, damit sie im Rahmen einer kleineren Gruppe von einer Förderschullehrkraft in Deutsch und Mathematik unterrichtet bzw. gefördert werden können. Idealerweise wurde dies so geplant, dass die Lerninsel parallel zum Klassenunterricht in Deutsch und Mathematik stattfand. Mitunter verschwammen aber offenbar die Grenzen der Lerninsel zur Kleingruppenförderung, die grundsätzlich nicht so fokussiert auf diese Fächer ist, insbesondere aber nicht die feste Parallelität zum Klassenunterricht aufweist. Diese Parallelität der Lerninsel zum entsprechenden Klassenunterricht in mehreren Klassen konnte nicht in allen Schulen realisiert werden, trotzdem werden die dort stattfindenden regelmäßigen Kleingruppenförderungen häufig als Lerninsel bezeichnet.

Deutliche Unterschiede zwischen den Schulen wurden in der Häufigkeit der sogenannten Lerninsel beschrieben, die von mehreren Unterrichtsstunden täglich bis zu einer Stunde in der Woche reichten. Auch die Bewertung der Lerninsel schien sich in den Interviews z.T. deutlich zu unterscheiden. So sahen einige Schulleitungen in der Lerninsel ein positives Konzept, das zielgenaue und intensive Förderung ermögliche, während in anderen Interviews deutlich wurde, dass die Lerninsel nur eine Notlösung darstelle, die aufgrund des Mangels an ausreichenden Ressourcen notwendig sei. Eine Rolle spielte bei der Bewertung auch die räumliche Situation an den Schulen, die eine Differenzierung außerhalb des Klassenzimmers möglich mache oder auch verhindere. Einige Schulleitungen berichteten im Zusammenhang mit dem Modell der Lerninsel bzw. der Förderung in Kleingruppen, dass dieses aufgrund des häufigen Wechsels der Förderschullehrkräfte an ihren Schulen nicht möglich sei, da keine regelmäßigen Zeiten/Gruppen etabliert werden konnten. Das Konzept benötige eine gewisse personelle Konstanz, die bis zum Zeitpunkt der Interviews nicht gegeben war.

Im Vergleich der Bildungsregionen West und Süd war auffällig, dass nur an einer Schule im Süden das Konzept der Lerninsel von der Schulleitung angeführt wurde, während dies im Westen in den meisten Schulen der Fall war.

Die Angebote der Kleingruppenförderung wurden von den Schulleitungen als sehr unterschiedlich und an den jeweiligen Bedarfen der Schüler*innen orientiert beschrieben, die von den Regelschullehrkräften in Absprache mit den Förderschullehrkräften festgestellt wurden. Auch diese wurden so weit wie möglich als regelmäßige Angebote konzipiert, weshalb die synonyme Verwendung des Begriffes scheinbar nahelag.

Individualisierung / Flexibles Konzept

Von den Schulleitungen von vier Schulen wurden über die Modelle der Doppelsteckung und der Lerninsel/Kleingruppenförderung hinaus bzw. alternativ zu diesen weniger formalisierte und damit auch konkret beschreibbare Konzepte formuliert. Diese setzen vorwiegend darauf, dass die zur Verfügung stehenden Ressourcen frei und bedarfsorientiert in die Klassen bzw. an die Lehrkräfte verteilt werden. Stichworte hierzu waren z.B. das Ansetzen an den Bedürfnissen der Kinder und Regelschullehrkräfte oder die Stärkung der individuellen Entwicklung durch fachübergreifende Sprachförderung. Allerdings stellten diese freieren Konzepte scheinbar auch eine Reaktion auf den Personal- und Raummangel dar, der keine andere Planung möglich mache.

Beratung
In allen Schulen bieten die Förderschullehrkräfte verschiedene Formen der Beratung an, die von Regelschullehrkräften und sozialpädagogischen Fachkräften in Anspruch genommen werden können. Für eine erste Beratung bei dem Verdacht auf das Vorliegen eines sonderpädagogischen Förderbedarfs ist eine formale Beratungsanfrage notwendig, darüber hinaus gibt es aber auch noch niedrigschwelligere Angebote. Für diese, sowie auch andere Tätigkeiten außerhalb des konkreten Unterrichts, stehen den Förderschullehrkräften des BFZ-West 30% ihrer Arbeitszeit zur Verfügung. So werden in vielen Schulen auch sogenannte Beratungsteams angeboten, die multiprofessionell besetzt sind und eine regelmäßige Möglichkeit der Beratung bieten. Abgesehen davon berichteten die meisten Schulleitungen auch von vielen Tür- und Angel-Gesprächen der Kolleg*innen, die für den Austausch genutzt würden.

5.1.4 Zusammenfassung zur organisationalen Rahmung

Ein zentrales Ergebnis zur organisationalen Rahmung ist die Feststellung des sehr unterschiedlichen Einsatzes der sonderpädagogischen Ressourcen. Dies geht einher mit einer, bezogen auf die Gesamtschüler*innenzahl, breiten Streuung des Anteils an Kindern mit sonderpädagogischem Förderbedarf zwischen 0,4% und 7,8%. Trotz der systemischen Zuweisung der BFZ-Lehrkräfte anhand der Gesamtschüler*innenzahl der Schulen, kommen nach Aussage der Schulleitungen in der Praxis auch hier deutlich gestreute Ausstattungen mit sonderpädagogischen Ressourcen zwischen 3,5 und 13,9 Schüler*innen pro BFZ-Stunde an. Dass sich daraus und aus der Berücksichtigung der sozialen Rahmenbedingungen der Schulen sehr unterschiedliche Organisationsmodelle des Einsatzes der sonderpädagogischen Ressourcen entwickelt haben, ist wenig überraschend.

5.2 Multiprofessionelle und interinstitutionelle Kooperation

Im Zentrum des folgenden Abschnittes steht die Frage nach der Zusammenarbeit unterschiedlicher Berufsgruppen innerhalb einer Schule sowie mit verschiedenen Institutionen im Sozialraum der Modellregion. Dabei werden unterschiedliche Perspektiven eingenommen, das heißt die Zusammenarbeit wird aus der Sicht von Regelschullehrkräften, sonderpädagogischen Lehrkräften und sozialpädagogischen Fachkräften analysiert.

5.2.1 Die Perspektive der Grundschullehrkräfte

In der vorliegenden Befragung wurde zunächst erfragt, ob Kontakt zu bestimmten Berufsgruppen und Einrichtungen im Sozialraum besteht. Das ‚in Kontakt sein' wurde dabei als basale Vorbedingung für verschiedene Formen der Zusammenarbeit betrachtet. Bezüglich der Kontakte innerhalb der Schule wurde ferner die Häufigkeit des Kontakts abgefragt, bei den sozialräumlichen Kontakten sollte die Intensität der Arbeitsbeziehung eingeschätzt werden (enger Kontakt, Besitz des Kontaktes, wurde der Kontakt schon einmal genutzt). Zwar verweist das Bestehen eines Kontakts noch nicht notwendigerweise auf eine kooperativ gestaltete aufgabenbezogene Zusammenarbeit, aber sie kann als notwendige Voraussetzung hierfür betrachtet werden. Weiterhin gehen wir davon aus, dass die Regelmäßigkeit und Häufigkeit eines Kontakts im Zusammenhang mit der möglichen Aktivierbarkeit von personellen und institutionellen „Ressourcen" für gemeinsam oder auch getrennt voneinander bearbeitete pädagogische Problemstellungen in auf Partizipation zielenden inklusiven schulischen Settings steht.

Berufsgruppenbezogene Kommunikation in der Schule
In einem ersten Schritt wurde eruiert, zu welchen Berufsgruppen Grundschullehrkräfte in ihrem schulischen Alltag Kontakt haben. Dabei wurde der Austausch mit anderen Regelschullehrkräften sowie der Schulleitung prinzipiell vorausgesetzt, abgefragt wurden daher Kontakte zu sonderpädagogischen Lehrkräften des Beratungs- und Förderzentrums und des Zentrums für Erziehungshilfe, zu Assistenzkräften, Fachkräften der Jugendhilfe in der Schule sowie Mitarbeitenden des Ganztags (Abbildung 15).

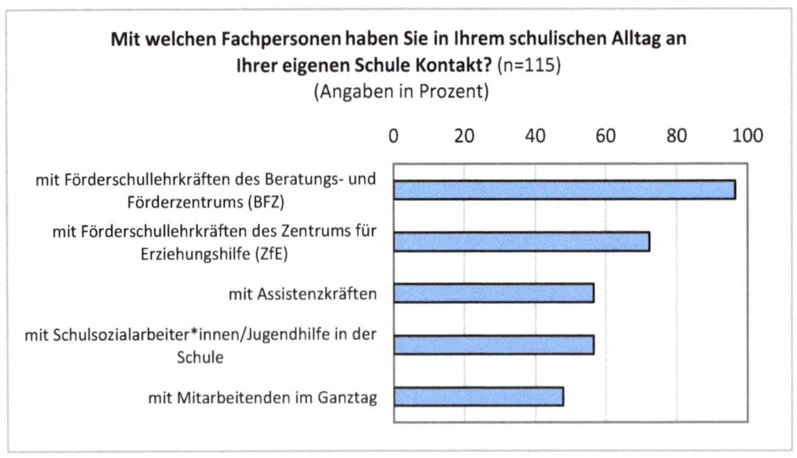

Abbildung 15: Kontakt zu anderen Berufsgruppen (Regelschullehrkräfte)

Vor diesem Hintergrund ist festzustellen, dass 97% der befragten Regelschullehrkräfte in Kontakt mit Förderschullehrkräften des Beratungs- und Förderzentrums (BFZ) sind und 72% mit den Förderschullehrkräften des ZfE. Somit scheint das ZfE in Bezug auf die Unterstützung in sonderpädagogischen Fragen weniger präsent zu sein als das BFZ. Zu den Assistenzkräften haben 57% der befragten Regelschullehrkräfte Kontakt – gleichauf mit der Schulsozialarbeit bzw. der Jugendhilfe in der Grundschule. Zu den Mitarbeitenden im Ganztag besteht in knapp der Hälfte der Fälle Kontakt (48%). Hierbei ist zu berücksichtigen, dass an einer Schule kein Ganztag angeboten wird.
Umgekehrt wird aus diesen Zahlen deutlich, wie viele Lehrkräfte angeben, in ihrem schulischen Alltag keinen Kontakt zu spezifischen Berufsgruppen zu haben, d.h., dass bei der Hälfte der Regelschullehrkräfte kein Kontakt zu Mitarbeitenden im Ganztag besteht, jeweils 43% keinen Kontakt zu Assistenzkräften und der Schulsozialarbeit haben und knapp ein Drittel zum ZfE sowie 3% zum BFZ.
Neben der Untersuchung des einfachen Bestehens von Kontakt wurde ferner die Häufigkeit der unterschiedlichen Kontakte zwischen den Regelschullehrkräften erfragt (Abbildung 16). Vor diesem Hintergrund wird deutlich, dass die meisten befragten Regelschullehrkräfte drei oder vier Kontakte angeben, hingegen nur knapp 17% fünf Kontakte und ebenfalls eher wenige 0-2 (knapp 9%).

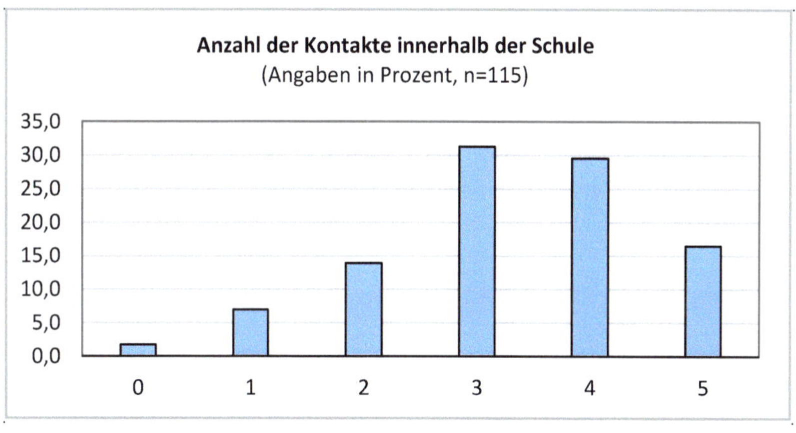

Abbildung 16: Anzahl der Kontakte zu anderen Berufsgruppen (Regelschullehrkräfte)

Bei der Interpretation dieser Häufigkeitsangaben sind die unterschiedlichen beruflichen Zuständigkeiten und die differente organisationale Einbettung von im Unterricht tätigen Assistenzkräften gegenüber der Schulsozialarbeit

und Förderschullehrkräften zu berücksichtigen. Eine hohe Kontaktdichte kann sich beispielsweise nur dann ergeben, wenn überhaupt eine Assistenzkraft im Unterricht unterstützend tätig ist; dies ist bei der Angabe der Häufigkeitswerte zu berücksichtigen. In einem nächsten Schritt wurden jene Regelschullehrkräfte, die Berührungspunkte mit einer weiteren Berufsgruppe haben, jeweils nach der allgemeinen Häufigkeit des Kontakts gefragt (Abbildung 17). Hier geben 97% der Regelschullehrkräfte an, wöchentliche Kommunikation mit anderen Regelschullehrkräften zu haben. An zweiter Stelle folgen die Schulleitungen, zu denen in 85% der Fälle eine wöchentliche Verbindung besteht, bei 15% ist dies seltener als wöchentlich der Fall. 67% der Befragten geben einen wöchentlichen Austausch mit Assistenzkräften an, während bei 21% der Befragten offenbar keine Assistenzkraft in der Klasse tätig ist, weil hier kein oder seltener Kontakt besteht. Die stärkere Präsenz des BFZ gegenüber des ZfE zeigt sich erwartungs- und konzeptgemäß auch in der Kontaktfrequenz: 75% der befragten Lehrkräfte haben mindestens einmal pro Woche anlassbezogenen Kontakt mit dem BFZ, das ZfE liegt hier hinter den anderen Berufsgruppen, da zu den dort sonderpädagogisch Tätigen nur von 34% wöchentlicher Kontakt angegeben wird.
Die hohe Bedeutung unterstützender Tätigkeiten durch Mitarbeiter*innen des Ganztags zeigt sich auch in den Angaben eines häufigen Kontakts, denn die Hälfte der Regelschullehrkräfte steht in wöchentlichem Kontakt mit diesen Kräften und weitere 29% ‚mindestens einmal pro Monat'. Lediglich 10% haben hier ‚seltener als einmal pro Jahr oder nie' arbeitsbezogene Kontakte zu diesen Mitarbeiter*innen. Betrachten wir die Kontaktfrequenz zur Schulsozialarbeit, so verteilt sich diese über das komplette Spektrum: 40% haben ‚mindestens einmal pro Woche' Kontakt, 20% ‚mindestens einmal pro Monat', 12% ‚mindestens einmal pro Halbjahr', 5% ‚mindestens einmal pro Jahr' und 23% ‚seltener als einmal pro Jahr oder nie'.

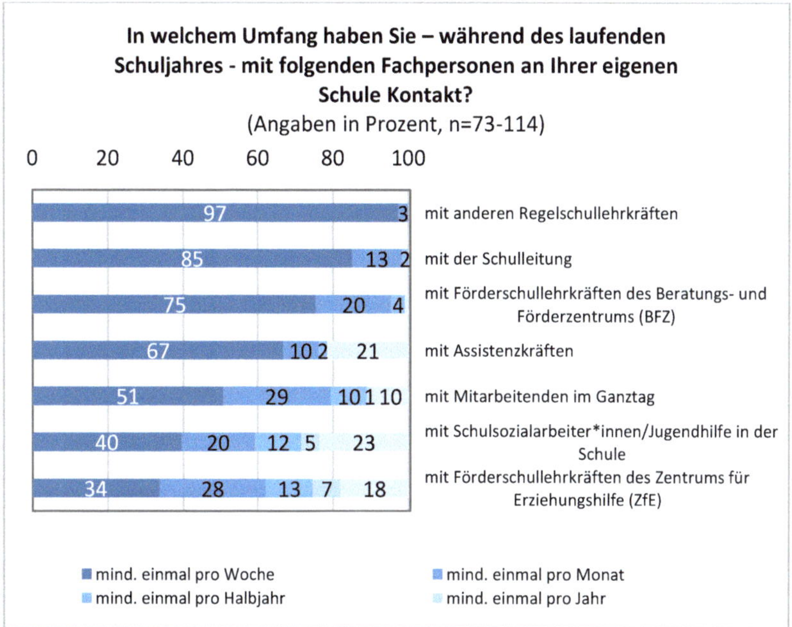

Abbildung 17: Umfang der Kontakte von Regelschullehrkräften

Neben dieser Verteilung der Kontaktfrequenz auf die verschiedenen Berufsgruppen war es in einem nächsten Schritt von Interesse, zu welchen Themen mit welchen Berufsgruppen in welcher Häufigkeit zusammengearbeitet wird (Tabelle 6).

	wöchentliche Zusammenarbeit mit ...	**sehr seltene bzw. keine Zusammenarbeit mit ...**
Austausch über aktuelle fachlich relevante Informationen (z.B. aus Fortbildungen, Literatur, Materialien etc.)	Regelschullehrkräfte (69%) BFZ (33%) Schulleitungen (32%)	Assistenzkräfte (33%) Schulsozialarbeit (30%)
Nutzung kollegialer Beratungsmöglichkeiten (z.B. von Pausengesprächen bis kollegialen Fallberatungen)	Regelschullehrkräfte (74%) BFZ (44%) Schulleitungen (40%)	Assistenzkräfte (33%) Schulsozialarbeit (30%)
Austausch zu Elternarbeit	Regelschullehrkräfte (41%) Schulleitungen (23%)	Assistenzkräfte (41%) Schulsozialarbeit (36%)
Zusammenarbeit zu gemeinsamer klassen- und jahrgangsübergreifender Planung und/oder Durchführung von Unterricht	Regelschullehrkräfte (67%)	Mitarbeitende im Ganztag (55%) Assistenzkräfte, ZfE, Schulsozialarbeit (44%)
Austausch zu außerunterrichtlichen Angeboten (z.B. Schulfest, Klassenfahrten, Ausflüge)	Mitarbeitende im Ganztag (26%) Regelschullehrkräfte (22%)	ZfE (65%) Schulsozialarbeit (58%) Mitarbeitende im Ganztag (47%)
Zusammenarbeit bezogen auf den Bereich Diagnostik bei einzelnen Schüler*innen	Regelschullehrkräfte (25%) BFZ (13%) Assistenzkräfte (12%)	Mitarbeitende im Ganztag (61%) Schulsozialarbeit (49%) Assistenzkräfte (41%)
Absprache zur gemeinsamen Förderung und Unterstützung einzelner Schüler*innen	Regelschullehrkräfte (49%) BFZ (39%) Assistenzkräfte (34%)	Schulsozialarbeit (46%) Mitarbeitende im Ganztag (44%) Assistenzkräfte (43%)
gemeinsame Entwicklung von Konzepten zur Gestaltung des Schullebens (z.B. Entwicklung von Regeln, Gestaltung von Räumlichkeiten, Gestaltung des Unterstützungskonzepts und des Nachmittagsangebotes)	BFZ (13%) Regelschullehrkräfte (11%) Assistenzkräfte (9%)	Assistenzkräfte (59%) ZfE (50%) Schulsozialarbeit (49%)
institutionalisierte Formen der Zusammenarbeit (z.B. Jahrgangsteams, Fachkonferenzen, Fallbesprechungen)	Regelschullehrkräfte (49%) BFZ (17%) Assistenzkräfte (11%)	Assistenzkräfte (48%) Schulsozialarbeit (44%) Mitarbeitende im Ganztag (41%)

Tabelle 6: Kontakthäufigkeit im Hinblick auf unterschiedliche Aufgabengebiete (Regelschullehrkräfte)

Analog zum häufigen Kontakt zu anderen Regelschullehrkräften wird sichtbar, dass die unterschiedlichen Formen der Zusammenarbeit, sowie verschiedene mögliche anlassbezogene Kontakte, in hohem Maße mit anderen Regelschullehrkräften und häufig auch wöchentlich stattfinden. Auch die Schulleitungen sind erwartungsgemäß sehr präsent, dabei erfolgt der Austausch hauptsächlich im Sinne verschiedener Formen des kollegialen Austauschs, zudem findet ein Austausch über aktuelle fachlich relevante Informationen sowie die Arbeit mit Eltern statt. Darüber hinaus wird auch den sonderpädagogischen Lehrkräften des BFZ ein hoher Stellenwert für fachliche Fragen beigemessen, denen damit offenbar ein entsprechender Experten*innenstatus für die Bearbeitung spezifischer Problemstellungen zuerkannt wird: Auch diese Kontakte dienen dem Ziel kollegialer Beratung und erfolgen, um Absprachen darüber vereinbaren zu können, wie einzelne Schüler*innen gemeinsam gefördert und unterstützt werden können sowie zum fachlichen Austausch von Informationen. Diese Formen der Zusammenarbeit zwischen Regelschullehrkräften und Förderschullehrkräften sind in vielen Fällen in institutionalisierte Formen der Zusammenarbeit eingebunden, auch werden Förderschullehrkräfte zu Fragen von Diagnostik und im Hinblick auf Konzepte zur Gestaltung des Schullebens eingebunden.

In Bezug auf die Assistenzkräfte fällt auf, dass diese bei der Diagnostik und bei Absprachen zur gemeinsamen Förderung und Unterstützung von Kindern besonders genannt werden und wöchentlich regelmäßige Ansprechpersonen für diese Thematiken sind, was freilich auch daran liegen dürfte, dass diese Kräfte in der Klasse täglich präsent sind.

Ähnlich verteilen sich die Antworten in Bezug auf die Mitarbeitenden des Ganztags und die Frage des Austauschs zu außerunterrichtlichen Angeboten. Einerseits sind sie die Berufsgruppe, auf welche die meisten wöchentlichen Nennungen entfallen, andererseits tauscht sich knapp die Hälfte der befragten Regelschullehrkräfte „seltener als einmal pro Jahr oder nie“ mit Mitarbeitenden des Ganztags dazu aus, obgleich Angebote der Erweiterten Schulischen Betreuung (ESB) bzw. des Ganztags mittlerweile in den Schulen der Modellregion nahezu flächendeckend vorgehalten werden.

Abschließend wurden die befragten Personen gebeten, eine Globaleinschätzung zur Zusammenarbeit mit den Fachkräften unterschiedlicher Berufsgruppen und weiteren Mitarbeiter*innen abzugeben (Abbildung 18). Hierbei wird deutlich, dass in Bezug auf jene Berufsgruppen, zu denen häufiger Kontakt besteht, auch am meisten die Einschätzung vorherrscht, dass die Zusammenarbeit hilfreich sei: zu anderen Regelschullehrkräften (89% sehr hilfreich, 10% eher hilfreich), zu den Lehrkräften des BFZ (69% sehr hilfreich, 24% eher hilfreich) sowie zur Schulleitung (66% sehr hilfreich, 25% eher hilfreich). Auch in Bezug auf die anderen Berufsgruppen ist die Beurteilung überwiegend positiv, allerdings sind hier auch jeweils 20-30% der befragten Lehrkräfte zu finden, die die Zusammenarbeit als (eher) nicht hilfreich bewerten. Darüber hinaus fällt bei einer Betrachtung der positiven Bewertungen als sehr oder eher hilfreich auf, dass sich diese Angaben auf die Zusammenarbeit mit schul- und sonderpädagogischen Fachkräften sowie Assistenzkräften, die direkt in der sonderpädagogischen Unterstützung arbeiten, beziehen. Der Austausch mit sozialpädagogischen Fachkräften aus der Schulsozialarbeit und des Ganztags erfolgt nicht nur seltener als mit anderen Fachkräften, sondern dieser wird auch als weniger hilfreich für die Bearbeitung beruflicher Problemstellungen erachtet. Doch auch diese Angaben sind vor dem Hintergrund der je konkreten Arbeitsbedingungen und Ausgestaltungsformen der Arbeitsfelder dieser Fachkräfte und Mitarbeiter*innen einzuordnen, über die wir an dieser Stelle jedoch keine weiteren Aussagen machen können, etwa um Hypothesen über entsprechende Zusammenhänge weiter nachzugehen.

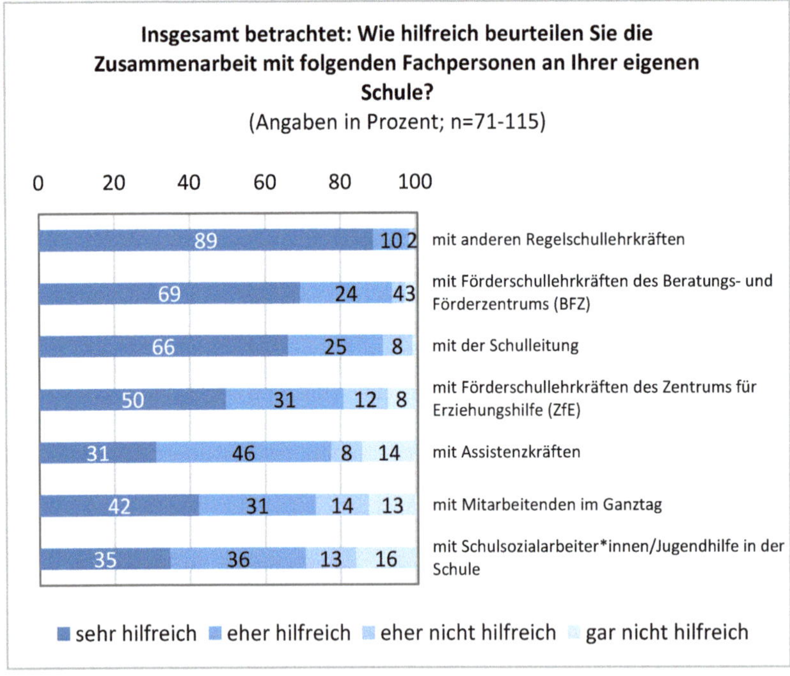

Abbildung 18: Bewertung Zusammenarbeit mit anderen Berufsgruppen (Regelschullehrkräfte)

Kooperation mit Fachkräften aus außerschulischen pädagogischen und psychosozialen Handlungsfeldern

Neben den beruflichen Kontakten mit weiteren pädagogischen Fachkräften und Mitarbeiter*innen innerhalb der eigenen Schule war es ferner von Interesse, inwiefern Regelschullehrkräfte an den beteiligten Schulen in den Sozialraum der Schule hinein vernetzt sind. Abgefragt wurden daher verschiedene Einrichtungen des Sozialraums und dabei wurde differenziert, ob ein Kontakt zu der jeweiligen Einrichtung besteht, dieser schon einmal genutzt wurde bzw. ob ein enger Kontakt existiert.

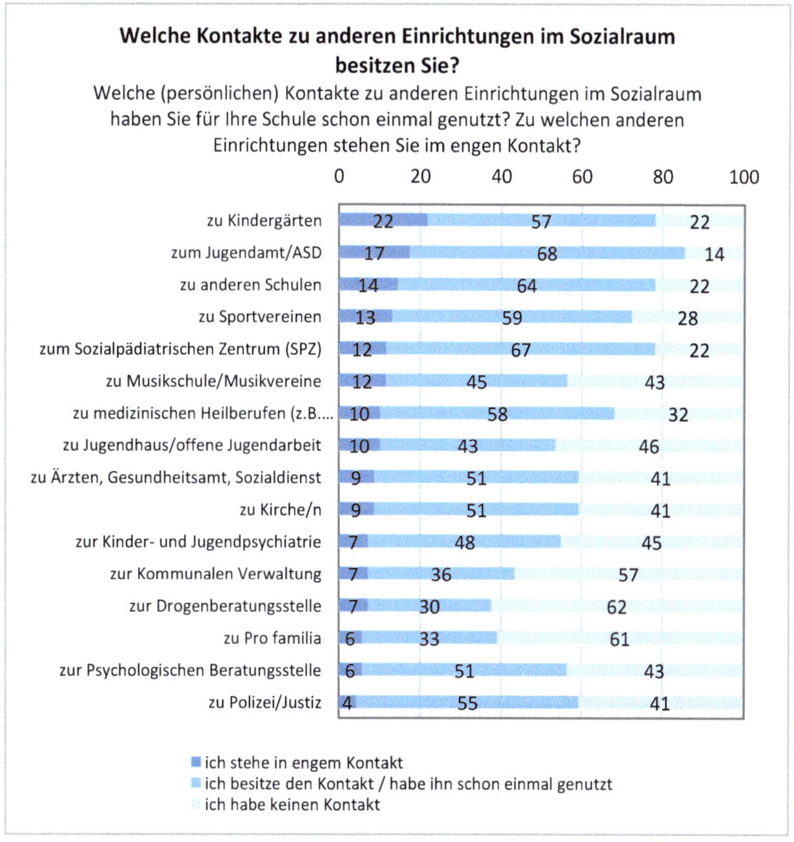

Abbildung 19: Kontakte zu Einrichtungen im Sozialraum (Regelschullehrkräfte)

Dabei wird deutlich, dass die Zahl der Lehrkräfte, die zu bestimmten Einrichtungen einen engen Kontakt aufweist, zwischen 4% und 22% streut. Die Zahl der Kontakte allgemein liegt recht hoch, und ein Großteil der Lehrkräfte berichet Kontakte in den Sozialraum.

In einem weiteren Analyseschritt wurde berechnet, wie viele enge Kontakte die einzelnen Regelschullehrkräfte im Sozialraum besitzen. 65% der Befragten haben keinen engen Kontakt, nur jeweils eine Person hat mehr als 7 enge Kontakte. Ein Schwerpunkt liegt auf 1-2 Kontakten, die 27 Personen zur Verfügung stehen. 3-6 Kontakte entfallen auf 18 Personen.

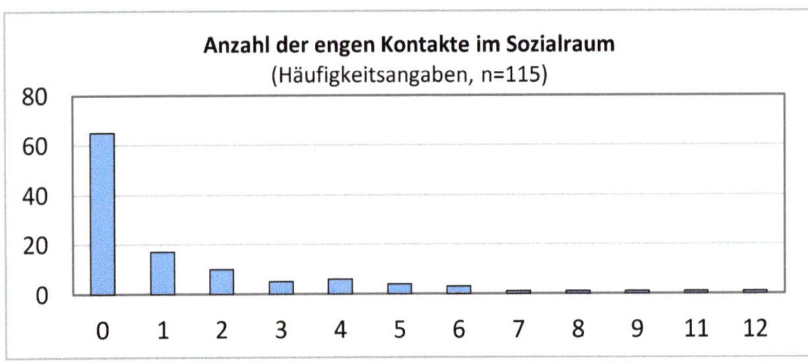

Abbildung 20: Anzahl der engen Kontakte im Sozialraum (Regelschullehrkräfte)

Da die meisten Lehrkräfte keine oder eher wenige enge Kontakte im Sozialraum angeben, wurden in einem nächsten Schritt die Kategorien ‚enger Kontakt'/'ich besitze den Kontakt' und ‚ich habe den Kontakt schon einmal genutzt' zusammengezogen.

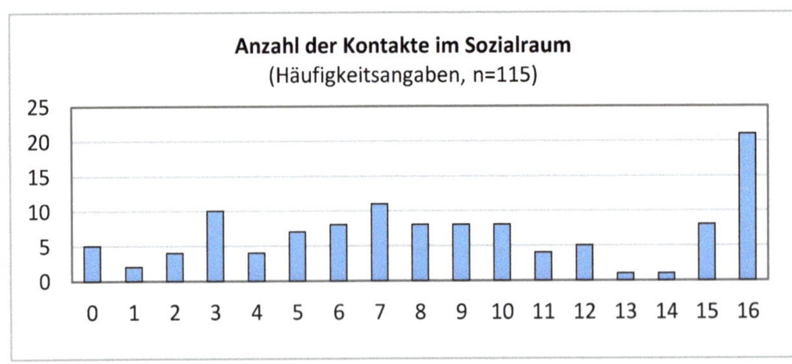

Abbildung 21: Anzahl der Kontakte im Sozialraum allgemein (Regelschullehrkräfte)

Die durchschnittliche Anzahl an Kontakten liegt dann bei knapp 9 und verteilt sich von 0 bis 16. Die Standardabweichung beträgt 5, d.h. ein Großteil der Lehrkräfte besitzt zwischen 4 und 14 Kontakten im Sozialraum.

Überdies wurde abgefragt, inwiefern die Regelschullehrkräfte schon einmal in ein Hilfeplangespräch involviert waren: 38% der befragten Lehrpersonen hat schon einmal an einem Hilfeplangespräch teilgenommen, bei 62% ist dies nicht der Fall.

Formate der Zusammenarbeit im Unterricht

Im Rahmen der Zusammenarbeit im Kollegium war es außerdem von Interesse, welche Möglichkeiten zur Gestaltung inklusiven Unterrichts von den Regelschullehrkräften während des laufenden Schuljahres genutzt werden (Abbildung 22). Von den meisten befragten Lehrkräften werden Formen innerer Differenzierung des Unterrichts realisiert (97%), gefolgt von lernzieldifferentem Unterricht (87%). 82% der befragten Lehrkräfte haben im laufenden Schuljahr eine äußere Differenzierung im Klassenverband umgesetzt. Es folgen an vierter Stelle die äußere Differenzierung durch spezielle Förderangebote (73%) und die Anwesenheit einer sonderpädagogischen Lehrkraft im Unterricht (72%). Deutlich seltener ist eine Assistenzkraft im Unterricht anwesend (54%) oder es findet Team-Teaching von zwei Lehrkräften statt (48%). Dies bedeutet, dass Maßnahmen, die allein von einer Lehrkraft umgesetzt, von deutlich mehr Personen angewendet werden, als dies bei Formaten der Fall ist, bei deren Gestaltung eine weitere (Fach)Person notwendig ist.

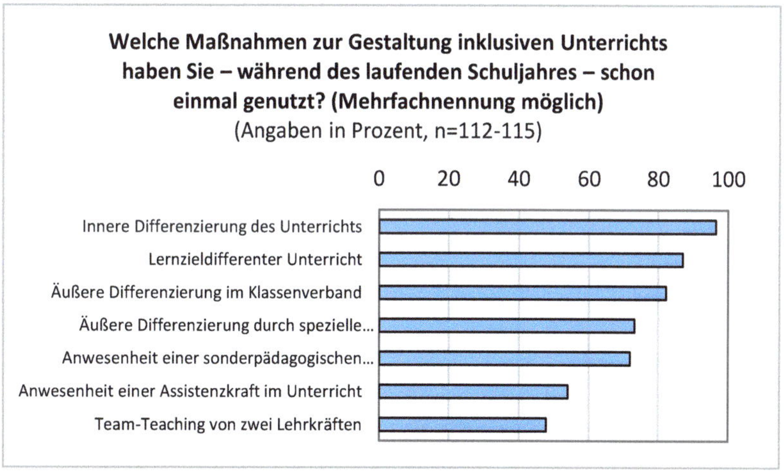

Abbildung 22: Maßnahmen zur Gestaltung inklusiven Unterrichts (Regelschullehrkräfte)

In einem weiteren Schritt sollte benannt werden, welche Formen der Zusammenarbeit mit einer weiteren Fachkraft im Unterricht von den Regelschullehrkräften bereits durchgeführt wurde. Die häufigste Form ist, dass eine Person unterrichtet, während die zweite assistiert (87%) oder die zweite Fachkraft beobachtet (84%). Hierbei findet eine Differenzierung zwischen Rollenverteilung und Aktivität statt. Es folgt an dritter Stelle das Stationenlernen, das von 78% geäußert wird. Ähnlich häufig wird das Aufteilen der Klasse in zwei Gruppen und auf zwei Räume verwendet, wobei beide Gruppen von jeweils einer Lehrperson unterrichtet werden (76%). Am seltensten findet demgegenüber der Team-Unterricht in einem Raum statt (56%).

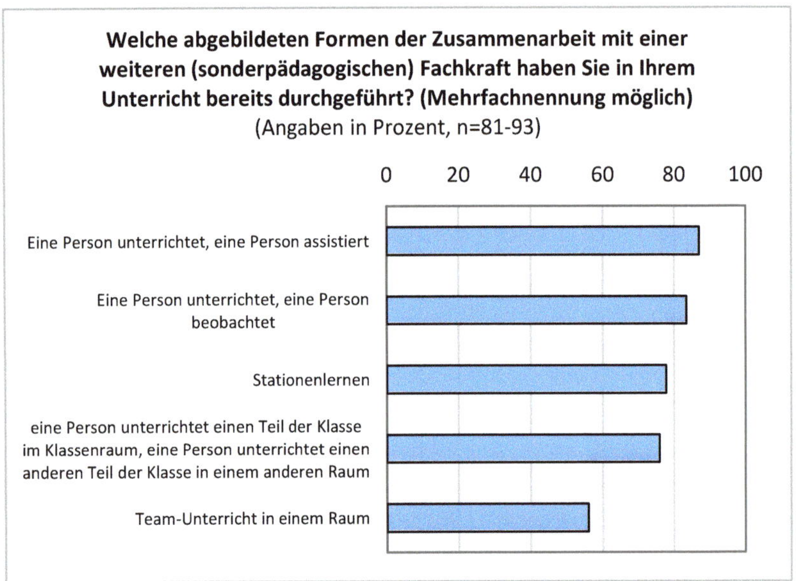

Abbildung 23: Formen der Zusammenarbeit im Unterricht (Regelschullehrkräfte)

Rahmenbedingungen für Zusammenarbeit an der Schule

Im Fragebogen wurden auch verschiedene organisatorische Rahmenbedingungen für Zusammenarbeit an der Schule abgefragt. Dazu zählt u.a. die Frage, inwiefern sich die Schulleitung dafür einsetzt, dass die pädagogischen Fachkräfte über den fachlichen Austausch hinaus zusammenarbeiten. Für die überwiegende Mehrheit von 81% trifft dies (eher) zu, für 20% hingegen nicht. In Bezug auf die Rahmenbedingungen für Zusammenarbeit wurde auch erhoben, inwiefern beim Entwurf des Stundenplans Gelegenheiten zum kollegialen Austausch berücksichtigt werden. Für einen Großteil der Lehrkräfte, nämlich 69% trifft dies (eher) zu, hingegen formulieren auch 32%, dass dies bei ihnen (eher) nicht der Fall ist. In Bezug auf die ausreichende Ausstattung mit Arbeitsräumen für die kollegiale Zusammenarbeit liegt die Zustimmung deutlich geringer: 47% sehen dies als (eher) erfüllt an, allerdings verweisen auch 53% darauf, dass dies (eher) nicht der Fall sei. Damit wird deutlich, dass der Einsatz der Schulleitungen für die Gestaltung von Handlungsspielräumen für Kooperation deutlich positiver eingeschätzt wird als die strukturelle Ausstattung mit Arbeitsräumen an der Schule.

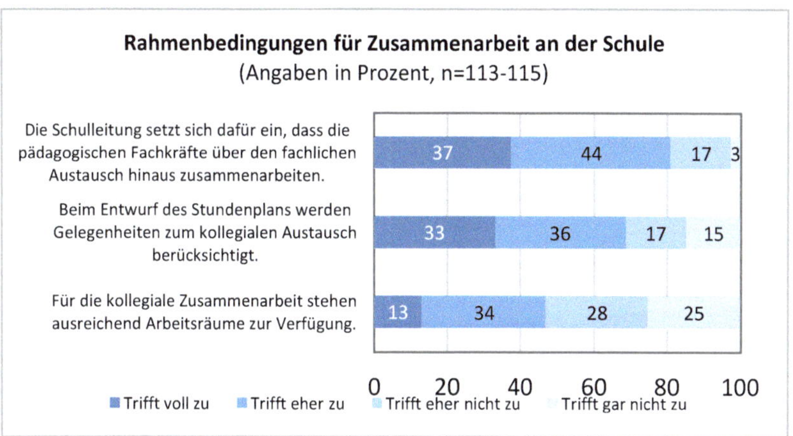

Abbildung 24: Rahmenbedingungen für Zusammenarbeit an der Schule (Regelschullehrkräfte)

Im Vergleich der Rahmenbedingungen für multiprofessionelle und interinstitutionelle Kooperation an den einzelnen Schulen wird deutlich, dass es hier durchaus Unterschiede gibt. Die geringsten Unterschiede liegen bei der Frage vor, ob sich die Schulleitung für Zusammenarbeit einsetzt. Auf einer Skala von 1-4 (1=trifft voll zu, 4= trifft gar nicht zu) weisen 7 Schulen einen Mittelwert auf, der kleiner als 1 liegt, 3 Schulen haben genau einen Mittelwert von 2 und 5 Schulen liegen zwischen 2 und 3. In Bezug auf die Berücksichtigung von Gelegenheiten für Zusammenarbeit im Stundenplan liegen 9 Schulen zwischen 1 und 2, d.h. bei ihnen werden solche Gelegenheiten (eher) berücksichtigt. 5 Schulen befinden sich zwischen 2 und 3, aber auch 3 Schulen zwischen 3 und 4. Das Vorhandensein von Arbeitsräumen für Zusammenarbeit trifft auf 2 Schulen zu (1-2), bei 10 Schulen teilweise (2-3) und 5 Schulen liegen hier zwischen 3 und 4, d.h. bei ihnen stehen (eher) keine ausreichenden Arbeitsräume zur Verfügung. Somit wird hier deutlich, dass die Einschätzung der Rahmenbedingungen durch die Lehrkräfte weniger Einzelmeinungen darstellen, sondern durchaus auf unterschiedliche Rahmenbedingungen an den einzelnen Schulen verweisen.

Vor dem Hintergrund dieser Ergebnisse konnten in einem weiteren Analyseschritt Zusammenhänge zwischen den schulischen Rahmenbedingungen und spezifischen Formen, Häufigkeiten und Bewertungen von Kooperation geprüft werden. In Bezug auf das Vorliegen eines Kontakts zu den spezifischen Berufsgruppen wird ersichtlich, dass ein Zusammenhang zwischen den Rahmenbedingungen und dem Kontakt zur Schulsozialarbeit existiert (r=-.325**). Dies bedeutet, dass je unterstützender die schulischen Rahmenbedingungen bewertet werden, desto mehr Regelschullehrkräfte haben Kontakt zur Schulsozialarbeit. Im Hinblick auf den zeitlichen Umfang des Kontakts zeigt sich sowohl ein Zusammenhang zur Schulsozialarbeit (r=.316**) als auch zur Schulleitung (r=.222**). Von daher liegt bei förderlichen Rahmenbedingungen auch ein häufigerer Kontakt zur Schulsozialarbeit vor.

	Kontakt zur Schulsozialarbeit	**Umfang des Kontakts zur Schulleitung**	**Umfang des Kontakts zur Schulsozialarbeit**
Schulische Rahmenbedingungen für Zusammenarbeit	-,325**	,222**	,361**

Tabelle 7: Zusammenhang – Rahmenbedingungen und Zusammenarbeit (Regelschullehrkräfte)

Darüber hinaus liegen auch Zusammenhänge zwischen den Rahmenbedingungen und dem Umfang institutionalisierter Zusammenarbeit vor. Bei unterstützenden Rahmenbedingungen finden diese somit häufiger statt. Dies gilt für die institutionalisierte Zusammenarbeit mit allen abgefragten Berufsgruppen: Der größte Zusammenhang besteht auch hier zur Schulsozialarbeit (r=.363**), gefolgt von den Schulleitungen (r=.287**). An dritter Stelle liegen die sonderpädagogischen Lehrkräfte des ZfE (r=.254**) vor den Mitarbeitenden im Ganztag (r=.192*). Gleichauf liegen die Lehrkräfte des BFZ und die Assistenzkräfte (r=.183*). Der kleinste, wenngleich doch noch signifikante Zusammenhang besteht zum Umfang der institutionalisierten Zusammenarbeit mit anderen Regelschullehrkräften (r=.155*).

	Umfang institutionalisierte Formen der Zusammenarbeit mit						
	Schulleitung	anderen Regelschullehrkräften	Förderschullehrkräften des BFZ	Förderschullehrkräften des ZfE	Assistenzkräften	Schulsozialarbeit	Mitarbeitenden im Ganztag
Schulische Rahmenbedingungen für Zusammenarbeit	,287**	,155*	,183*	,254**	,183*	,363**	,192*

Tabelle 8: Zusammenhang – Rahmenbedingungen und institutionalisierte Formen der Zusammenarbeit (Regelschullehrkräfte)

Insgesamt korrelieren damit förderliche Rahmenbedingungen nicht nur mit den Kontakten und dem Umfang an (institutionalisierten) Kontakten zu den unterschiedlichen Berufsgruppen, sondern auch mit der Bewertung der Zusammenarbeit als hilfreich oder nicht. Förderliche Rahmenbedingungen hängen insofern mit einer besseren Bewertung der Zusammenarbeit mit der Schulsozialarbeit zusammen (r=.303**), mit der Schulleitung (r=.292**), mit den Mitarbeitenden im Ganztag (r=.227*) und den Assistenzkräften (r=.227*) sowie den Lehrkräften des BFZ (r=.232**) und anderen Regelschullehrkräften (r=.193*).

	Bewertung der Zusammenarbeit mit ...					
	der Schulleitung	anderen Regelschullehrkräften	Förderschullehrkräften des BFZ	Assistenzkräften	Schulsozialarbeit	Mitarbeitenden im Ganztag
Schulische Rahmenbedingungen für Zusammenarbeit	,292**	,193*	,212**	,227**	,303**	,227*

Tabelle 9: Zusammenhang – Rahmenbedingungen und Bewertung der Zusammenarbeit (Regelschullehrkräfte)

In Bezug auf die Öffnung zum Sozialraum lässt sich feststellen, dass unterstützende Rahmenbedingungen mit Kontakten zum Jugendamt/ASD (r=.230**), zum Jugendhaus/der offenen Jugendarbeit (r=.192*) sowie zur Psychologischen Beratungsstelle (r=.163*) zusammenhängen.

	zum Jugendamt/ ASD	zu Jugendhaus/ offene Jugendarbeit	zur Psychologischen Beratungsstelle
Schulische Rahmenbedingungen für Zusammenarbeit	,230**	,192*	,163*

Tabelle 10: Zusammenhang – Rahmenbedingungen der Zusammenarbeit und Kontakten im Sozialraum (Regelschullehrkräfte)

In einem nächsten Schritt wurde geprüft, inwiefern förderliche Rahmenbedingungen für Zusammenarbeit an der Schule mit spezifischen Formaten der Gestaltung inklusiven Unterrichts zusammenhängen. Zu den Formaten lernzieldifferenter Unterricht, äußere Differenzierung im Klassenverband oder durch spezielle Förderangebote zeigen sich keine Zusammenhänge. Wenngleich der Zusammenhang nicht signifikant ist, so deutet sich zu der äußeren Differenzierung durch Förderangebote gar ein negativer Zusammenhang an, was bedeutet, dass bei guten Rahmenbedingungen eher weniger äußerlich differenziert wird. Umgekehrt zeigen sich positive, signifikante Zusammenhänge zu innerer Differenzierung des Unterrichts (r=.224*) und dem Team-Teaching von zwei Lehrkräften (r=.262**). Dies bedeutet, dass bei guten Rahmenbedingungen für Zusammenarbeit mehr mit diesen beiden Formaten gearbeitet wird.

	Innere Differenzierung des Unterrichts	Team-Teaching von zwei Lehrkräften
Schulische Rahmenbedingungen für Zusammenarbeit	,224*	,262**

Tabelle 11: Zusammenhang – Rahmenbedingungen und Formate der Zusammenarbeit (Regelschullehrkräfte)

Versuch der Dimensionalisierung nach beruflichen Kontakten und schulischen Rahmenbedingungen

In einem nächsten Schritt wurde der Versuch unternommen, die befragten Regelschullehrkräfte anhand ihrer Kontakte zu anderen Berufsgruppen und Einrichtungen im Sozialraum sowie ihrer schulischen Rahmenbedingungen in Gruppen einzuteilen. Die Grundlage dafür bildeten folgende drei Dimensionen:

Unter den schulischen Rahmenbedingungen für Zusammenarbeit wurden drei Fragen zusammengefasst: die Bewertung des Einsatzes der Schulleitung für Zusammenarbeit, inwiefern im Stundenplan Gelegenheiten für Austausch

Berücksichtigung finden und inwiefern für kollegiale Zusammenarbeit Arbeitsräume zur Verfügung stehen.

Das Netzwerk innerhalb der Schule verweist auf die Antworten zu den Fragen, ob im Alltag an der eigenen Schule Kontakt besteht zu: Lehrkräften des BFZ, Lehrkräften des ZfE, Assistenzkräften, Schulsozialarbeit sowie Mitarbeitenden des Ganztags. Die maximal mögliche Anzahl ist hier fünf, hat eine Lehrkraft keinen Kontakt zu diesen fünf Berufsgruppen, so erhält sie hier eine Null.

Ähnlich wurde in Bezug auf das Netzwerk im Sozialraum verfahren. Auch hier wurde die Anzahl der benannten Kontakte aufsummiert. Es wurden 16 Einrichtungen benannt, d.h. die maximal mögliche Zahl ist 16, die kleinstmögliche Null.

Dimensionen zur Zusammenarbeit der Regelschullehrkräfte			
	schulische Rahmenbedingungen für Zusammenarbeit	Netzwerk innerhalb der Schule	Netzwerk im Sozialraum
Die Schulleitung setzt sich dafür ein, dass die pädagogischen Fachkräfte über den fachlichen Austausch hinaus zusammenarbeiten.	,848		
Beim Entwurf des Stundenplans werden Gelegenheiten zum kollegialen Austausch berücksichtigt.	,803	-,194	-,186
Für die kollegiale Zusammenarbeit stehen ausreichend Arbeitsräume zur Verfügung.	,711	-,227	,155
Anzahl an Kontakten zu anderen Berufsgruppen innerhalb der Schule	-,146	,965	,113
Anzahl Kontakte im Sozialraum allgemein		,105	,975

Tabelle 12: Dimensionen zur Zusammenarbeit (Regelschullehrkräfte)

Aufbauend auf diesen drei Dimensionen wurden die Angaben der befragten Lehrkräfte in Bezug auf die Größe ihres Netzwerks gruppiert:

Gruppe 1 umfasst 44 Personen. Sie verfügen offenbar über ein vergleichsweise großes Netzwerk: Bezüglich der Kontakte zu anderen Berufsgruppen innerhalb ihrer Schule geben sie im Mittel 4 Kontakte an, sie sind diesbezüglich die Gruppe mit der höchsten Kontaktzahl innerhalb der Schule. Im Sozialraum benennen sie durchschnittlich Kontakte zu 6 Einrichtungen und sind damit die Gruppe mit der zweitgrößten Kontaktzahl. Bezüglich der schulischen Rahmenbedingungen für Zusammenarbeit lässt sich festhalten, dass diese Gruppe über vergleichsweise gute Bedingungen verfügt, nur Gruppe 4 findet noch bessere Rahmenbedingungen vor. Vor diesem Hintergrund wird diese Gruppe 1 im Folgenden als großes, vor allem schulbezogenes Netzwerk bei guten Bedingungen bezeichnet.

Gruppe 2 beinhaltet ebenfalls 44 Personen und fällt durch ihr überdurchschnittlich großes sozialräumliches Netzwerk auf, sie liegt im Schnitt bei knapp 14 Kontakten. In Bezug auf die eigene Schule geben sie in der Regel gut 3 Kontakte an. Dabei treffen sie auf insgesamt durchschnittliche Rahmenbedingungen für Zusammenarbeit an ihrer Schule. Diese Gruppe verfügt somit über ein großes, vor allem sozialräumliches Netzwerk bei durchschnittlichen Rahmenbedingungen.

Gruppe 3 umfasst 18 Personen. Für diese Gruppe sind im Vergleich die Rahmenbedingungen für Zusammenarbeit weitaus schlechter. Damit einher geht die vergleichsweise geringe Kontaktzahl innerhalb der Schule (im Schnitt 2,5 Personen), eine durchschnittliche Kontaktzahl in den Sozialraum mit knapp 6 Einrichtungen. Diese Gruppe zeichnet sich insgesamt also durch ein tendenziell eher kleines Netzwerk bei schlechten Rahmenbedingungen aus. Die schlechten Rahmenbedingungen zeichnen sich dadurch aus, dass der Mittelwert hier bei allen drei Variablen zwischen 3 und 4 liegt.

Gruppe 4 enthält nur 9 Personen und zeichnet sich insgesamt durch eine sehr geringe Kontaktzahl sowohl in der Schule als auch im Sozialraum aus. Innerhalb der Schule verfügen sie im Schnitt über einen Kontakt, in den Sozialraum über knapp 3. Überraschend ist in diesem Zusammenhang, dass diese Gruppe jedoch über die im Vergleich mit allen anderen Gruppen besten Rahmenbedingungen verfügt. Diese Gruppe weist somit ein sehr kleines Netzwerk trotz sehr guter Rahmenbedingungen auf, dies könnte auch schlicht daran liegen, dass Anlässe zur Kooperation und Vernetzung in geringerem Maße vorhanden sind.

Die ersten beiden Gruppen, die sich durch ein großes Netzwerk ausweisen, verfügen über die meiste Erfahrung mit inklusiver Bildung, und zwar im Schnitt 6 bzw. 8 Jahre. Wie ferner zu erwarten ist, weist insbesondere Gruppe 1 die meisten wöchentlichen Kontakte zu anderen Berufsgruppen innerhalb der Schule auf.

Die letzten beiden Gruppen, die sich durch kleine Netzwerke ausweisen, besitzen demgegenüber eher wenig Erfahrung mit inklusiver Bildung, im Durchschnitt 2 bis 4 Jahre. In Korrespondenz zu ihrem kleinen Netzwerk arbeiten sie auch vergleichsweise selten wöchentlich mit den anderen Berufsgruppen zusammen. Gruppe 3 berichtet auffällig selten von institutionalisierten Formen der Zusammenarbeit mit den verschiedenen Berufsgruppen und weist tendenziell auch in Bezug auf die unterschiedlichen Themen der Zusammenarbeit die seltensten wöchentlichen Kontakte und die häufigste Nennung bei „seltener als einmal pro Jahr bzw. nie“ auf. Die Gruppen 1 bis 3 haben überwiegend eine Klassenleitungsaufgabe inne, bei Gruppe 4 liegt dies nur in der Hälfte der Fälle vor, was die geringe Kontaktdichte weiterhin erklären kann.

Insgesamt wird hieran deutlich, dass sich die beiden größeren Gruppen durch vielfältige Kontakte innerhalb der Schule und/oder in den Sozialraum auszeichnen. Es wird deutlich, dass das prinzipielle Verfügen über Kontakte eine wesentliche Voraussetzung für die Häufigkeit der Zusammenarbeit darstellt, da Lehrkräfte mit einem größeren Netzwerk auch mehr wöchentliche Kontakte aufweisen. Offensichtlich wird auch, dass Rahmenbedingungen eine wichtige und notwendige Bedingung für Zusammenarbeit darstellen, aber nicht zwangsläufig zu intensiver Zusammenarbeit führt. An dieser Stelle scheint auch die Erfahrung mit inklusiven schulischen Settings eine Rolle zu spielen, die sich durch umfassendere personelle Ressourcen auszeichnen. Möglicherweise hängt das Ausmaß der Vernetzungsaktivitäten und intensiv genutzter Formen der Kooperation auch mit der jeweiligen Berufserfahrung zusammen, was wir jedoch nicht genauer untersucht haben. Viel spricht jedoch dafür, dass es sich um Erfahrungen mit der Organisation individualisierten Unterrichts und inklusiver schulischer Settings handelt. Zudem benötigen entsprechende Kontakte auch eine gewisse Zeit, um sich zu entwickeln und möglicherweise auch spezifische professionelle Kompetenzen. Gleichzeitig können institutionalisierte Formen der Zusammenarbeit auch einen Einstieg in neue Netzwerke erleichtern.

5.2.2 Zur Zusammenarbeit von sonderpädagogischen Lehrkräften mit Regelschullehrkräften und weiteren Fachkräften

Ausgangslage

Da die Realisierung inklusiver schulischer Settings in besonderem Maße mit der Zusammenarbeit mit sonderpädagogischen Lehrkräften in Verbindung steht, ging es in der Befragung auch darum, Angaben zu den Kontakten in den Sozialraum und zu weiteren Fachkräften dieser Berufsgruppe zu erhalten. Zu berücksichtigen ist allerdings bei den Ergebnissen der Befragung, dass hier lediglich Angaben von 11 Lehrkräften des Beratungs- und Förderzentrums sowie von sechs Lehrkräften des Zentrums für Erziehungshilfe vorlagen, deren Auftrag und Arbeitsbedingungen in verschiedener Hinsicht zu unterscheiden sind. Im Folgenden werden jedoch die Angaben aller 17 befragten Förderschullehrkräfte dargestellt, ohne diese Differenzierung weiter berücksichtigen zu können.

Kontakte zu Lehrkräften und weiteren Fachkräften

Zunächst wurde in Bezug auf die Zusammenarbeit mit Kolleg*innen und weiteren Fachkräften in der Schule abgefragt, zu welchen der folgenden sieben Berufsgruppen die sonderpädagogischen Lehrkräfte im Rahmen ihrer Tätigkeit an Schulen Kontakt haben. Dabei zeigt sich, dass – wenig überraschend – alle 17 befragten sonderpädagogischen Lehrkräfte Kontakt zu Schulleitungen und zu Regelschullehrkräften haben. Weniger selbstverständlich ist, dass (fast) alle sonderpädagogischen Lehrkräfte des BFZs angeben, Kontakte zu den Kolleg*innen des ZfE zu haben und umgekehrt. 15 Lehrpersonen berichten über Kontakte zu Assistenzkräften und zur Schulsozialarbeit sowie 12 zu den Mitarbeitenden im Ganztag. Insgesamt wird hier deutlich, dass die befragten Lehrkräfte in sehr hohem Maße mit anderen Berufsgruppen im Austausch sind. Jene Berufsgruppen, die direkt den schulischen und unterrichtlichen Alltag mitgestalten, sind hierbei etwas häufiger angesprochen als die Mitarbeitenden des Ganztags. Diese Angaben machen auch darauf aufmerksam, dass die in den entsprechenden sonder- und sozialpädagogischen Fachdiskursen noch immer nicht näher in den Blick genommene Ausgestaltung der Kooperation zwischen Sonderpädagog*innen und Sozialpädagog*innen Gegenstand weiterer Betrachtungen sein sollte. Damit dürfte auch ein Aufwand an Koordination getrennt voneinander vollzogener, aber sinnvoll aufeinander zu beziehender, Hilfe- und Unterstützungsleistungen einhergehen.

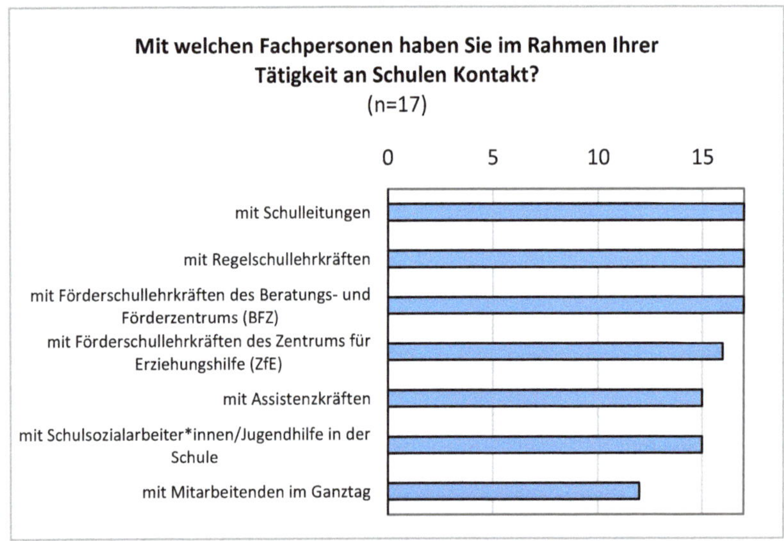

Abbildung 25: Kontakt zu anderen Berufsgruppen (sonderpädagogische Lehrkräfte)

Neben der Untersuchung des einfachen Bestehens von Kontakt wurde ferner erhoben, wie sich die Zahl an unterschiedlichen Kontakten zwischen den

Lehrkräften verteilt, d.h. es wurde die Frage gestellt, ob es sonderpädagogische Lehrkräfte gibt, die viel, und andere, die wenige Kontakte haben. Nur wenige geben 4-6 Kontakte an, die Mehrheit von 12 befragten Personen benennt 7, d.h. alle möglichen Kontakte.

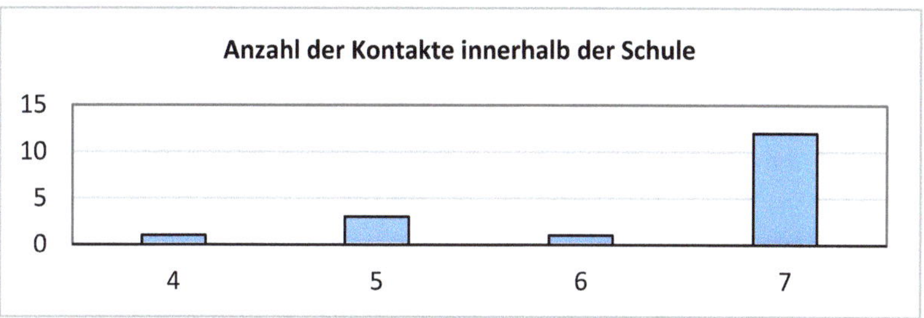

Abbildung 26: Anzahl der Kontakte zu anderen Berufsgruppen (sonderpädagogische Lehrkräfte)

Jene Lehrkräfte, die entsprechende Kontakte angaben, wurden in einem nächsten Schritt gefragt, in welchem Umfang diese Verbindungen bestehen. Der häufigste, wöchentliche Kontakt entfällt auf Regelschullehrkräfte. Ihn geben alle befragten sonderpädagogischen Lehrkräfte an. 10 Lehrkräfte haben wöchentlichen Kontakt zu Assistenzkräften, zu ihnen haben drei Personen aber auch nur sehr selten Kontakt. Zu den Lehrpersonen des ZfE haben 6 wöchentlichen, 7 monatlichen Kontakt, 3 seltener. In Bezug auf die Schulsozialarbeit verteilen sich die Angaben auf 4 wöchentlich, 10 monatlich und 1 Nennung von seltener. Zu den Mitarbeitenden des Ganztags besteht prinzipiell der geringste Kontakt: Nur 2 Lehrkräfte geben wöchentlich an, 6 monatlich und 7 Personen einmal pro Halbjahr und seltener.

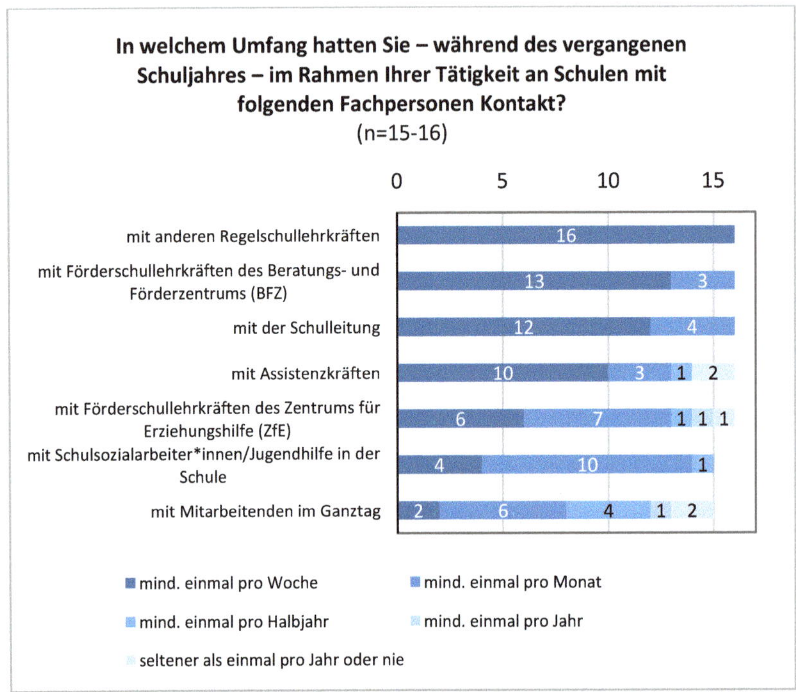

Abbildung 27: Umfang der Kontakte von sonderpädagogischen Lehrkräften

Im Hinblick auf die Themen, zu denen mit anderen Berufsgruppen zusammengearbeitet wird, fällt auf, dass insgesamt hier die sonderpädagogischen Lehrkräfte von BFZ und ZfE sowie die Regelschullehrkräfte die meistgenannten Gruppen darstellen, mit denen wöchentlich zusammengearbeitet wird. Bei kollegialer Beratung, dem Austausch von fachlichen Informationen und institutionalisierten Formen der Zusammenarbeit liegen die sonderpädagogischen Lehrkräfte in der Nennung vorne.

In Bereichen, die sich direkt auf den Unterricht, die Förderung einzelner Kinder oder Elternarbeit beziehen, liegen die Regelschullehrkräfte an erster Stelle. Austausch zur Weiterentwicklung des Unterrichts wird jedoch auch mit Schulsozialarbeit und Assistenzkräften gesucht. Bezüglich der Förderung einzelner Kinder stellen auch die Assistenzkräfte wesentliche Kontaktpersonen dar.

	wöchentliche Zusammenarbeit mit ...	sehr seltene bzw. keine Zusammenarbeit mit ...
Austausch über aktuelle fachlich relevante Informationen (z.B. aus Fortbildungen, Literatur, Materialien etc.)	- BFZ (41,2%) - Regelschullehrkräfte (37,5%) - ZfE (20%)	- Mitarbeitende im Ganztag (66,7%) - Schulsozialarbeit, Assistenzkräfte (40%) - ZfE (20%) - Schulleitung (18,8%)
Nutzung kollegialer Beratungsmöglichkeiten (z.B. von Pausengesprächen bis kollegialen Fallberatungen)	- BFZ (62,5%) - Regelschulkräfte (37,5%) - ZfE (33,3%) - Assistenzkräfte (20%)	- Mitarbeitende im Ganztag (50%) - Assistenzkräfte (33,3%) - Schulsozialarbeit (26,7%) - ZfE (20%)
Austausch zu Elternarbeit	- Regelschullehrkräfte (52,9%) - BFZ (29,4%) - ZfE (18,8%)	- Mitarbeitende im Ganztag (50%) - Schulsozialarbeit (35,7) - Assistenzkräfte (20%)
Austausch zur Weiterentwicklung des Unterrichts	- Regelschullehrkräfte (33,3%) - BFZ (25%) - Schulsozialarbeit (21,4%) - ZfE, Assistenzkräfte (20%)	- Mitarbeitende im Ganztag (64,3%) - Schulsozialarbeit (57,1%) - Assistenzkräfte (46,7%) - ZfE (26,7%)
Absprache zur gemeinsamen Förderung und Unterstützung einzelner Schüler*innen	- Regelschullehrkräfte (64,7%) - BFZ (47,1%) - Assistenzkräfte (25%) - ZfE (20%)	- Mitarbeitende im Ganztag (57,1%) - Schulsozialarbeit (40%)
institutionalisierte Formen der Zusammenarbeit (z.B. Jahrgangsteams, Fachkonferenzen, Fallbesprechungen)	- BFZ (52,9%) - ZfE (31,3%) - Regelschullehrkräfte (17,6%)	- Assistenzkräfte (46,7%) - Schulsozialarbeit (35,7%) - Mitarbeitende im Ganztag (28,6%)

Tabelle 13: Kontakthäufigkeit im Hinblick auf unterschiedliche Aufgabengebiete (sonderpädagogische Lehrkräfte)

Im Hinblick auf die Bewertung der Zusammenarbeit fällt auf, dass der Kontakt mit Lehrkräften des BFZ am hilfreichsten eingeschätzt wird, gefolgt von der Schulleitung und den Regelschullehrkräften. 13 von 16 Lehrpersonen schätzen auch die Zusammenarbeit mit der Schulsozialarbeit als sehr oder eher hilfreich ein, in Bezug auf die Lehrkräfte des ZfE sind es 12. Bei den Assistenzkräften liegen 11 positive Antworten vor, 3 bewerten diese Zusammenarbeit als sehr hilfreich, 8 als eher hilfreich. Von den 13 Antworten im Hinblick auf die Zusammenarbeit mit den Mitarbeitenden des Ganztags bewerten 7 Personen diese als eher hilfreich, 6 Personen als eher nicht bzw. gar nicht hilfreich.

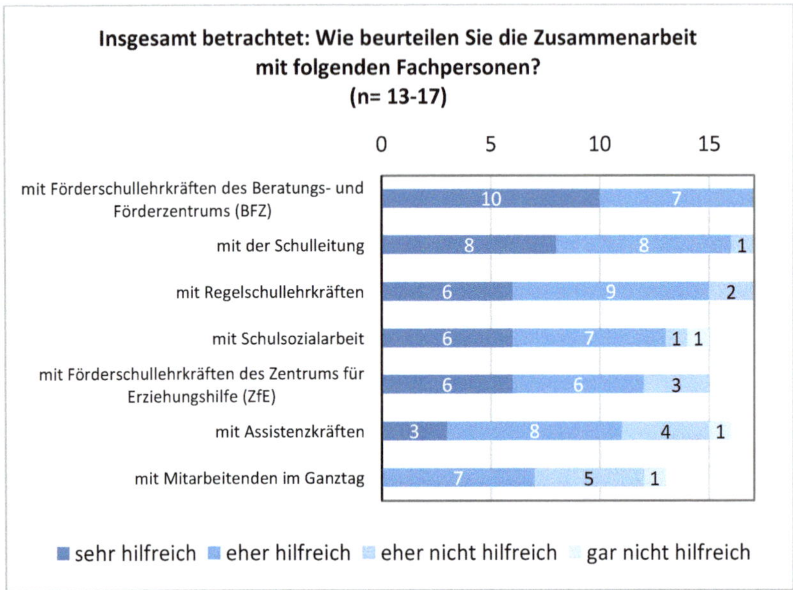

Abbildung 28: Bewertung der Zusammenarbeit von sonderpädagogischen Lehrkräften

Wöchentliche Arbeitszeitverwendung

Neben Fragen der Zusammenarbeit mit anderen Berufsgruppen wurde ferner abgefragt, wie die sonderpädagogischen Lehrkräfte ihre Arbeitszeit wöchentlich auf unterschiedliche Aktivitäten verteilen. Hierbei fällt insgesamt auf, dass die Arbeitszeitverwendung sehr unterschiedlich zu sein scheint, wobei dies nicht allein auf die unterschiedlichen Aufträge und Arbeitsweisen von ZfE und BFZ zurückzuführen ist. Auch innerhalb derselben Institution variieren die Angaben erheblich:

Bandbreite der aufgewendeten Arbeitszeit pro Woche in Stunden (in Klammern: Zahl der Personen, die angeben, diese Aktivität nicht auszuüben)		
	ZfE (n=6)	**BFZ (n= 11)**
Vor- und Nachbereitung meiner Aktivitäten an den Schulen	1-10	1-12
Beratung von Lehrkräften	1-8	1-4
Konferenzen oder Teamsitzungen in Ihrem BFZ/ZfE/bei Ihrem Träger	1-4	1-2
Diagnostik und Förderplanung	1-8	1-10
Kooperation mit anderen Fachkräften und Diensten	2-5	1-3 (1)
Elternarbeit	3-8	1-2 (1)
Fallbesprechungen	1-6	1-3 (1)
Einzelförderung/-arbeit	2-10 (1)	1-22
Unterrichtliche Angebote	4-6 (3)	2-26 (2)
Kleingruppenförderung/-arbeit	2-4 (3)	1-18 (3)
Team-Teaching	4 (4)	2-14 (4)
(gemeinsame) Unterrichtsvorbereitung	1 (4)	1-4 (2)
außerunterrichtliche Gruppenangebote	1-2 (3)	1 (7)

Tabelle 14: Wöchentliche Arbeitszeitverwendung (sonderpädagogische Lehrkräfte aus ZfE und BFZ)

Öffnung von Schule – Vernetzung in den Sozialraum von Schule und interinstitutionelle Kooperation

Neben den Kontakten innerhalb der Schule war es ferner von Interesse, inwiefern sich sonderpädagogische Lehrkräfte auch in den Sozialraum der Schule(n) hinein vernetzten.

Abgefragt wurden daher verschiedene Einrichtungen des Sozialraums und ob die Lehrpersonen mit diesen Einrichtungen in Kontakt stehen. Dabei wird deutlich, dass sich die Zahl der sonderpädagogischen Lehrkräfte, die zu den Einrichtungen Kontakt aufweisen, von 4-17 verteilt. Alle Lehrpersonen weisen Kontakt zu anderen Schulen aus, was aufgrund ihres häufigen Einsatzes an mehreren Schulen nicht überraschen kann.

Insgesamt zeigen die Angaben, dass die befragten Lehrkräfte insbesondere über ausgeprägte Kontakte zu Einrichtungen des Gesundheitswesens, der Kinder- und Jugendhilfe und Institutionen des Bildungs- und Erziehungswesens verfügen, was angesichts der Zuständigkeit für die Bearbeitung schulischer Lern- und Erziehungskrisen und diagnostischer Fragestellungen erwartbar ist. In einem nächsten Schritt wurde berechnet, wie sich die Zahl der Kontakte zwischen einzelnen Lehrkräften unterscheidet.

Abbildung 29: Kontakte zu Einrichtungen im Sozialraum (sonderpädagogische Lehrkräfte)

Es zeigt sich, dass die befragten Lehrkräfte zwischen 2 und 16 Kontakten besitzen, hier liegt somit eine breite Streuung vor, die bemerkenswert ist. Diese könnte darauf hindeuten, dass sich die anlassbezogenen Gründe zur Kooperation unterscheiden und spezifische Expertisen offenbar seltener zur Bearbeitung von Problemstellungen im Bereich sonderpädagogischer Förderung erforderlich werden.

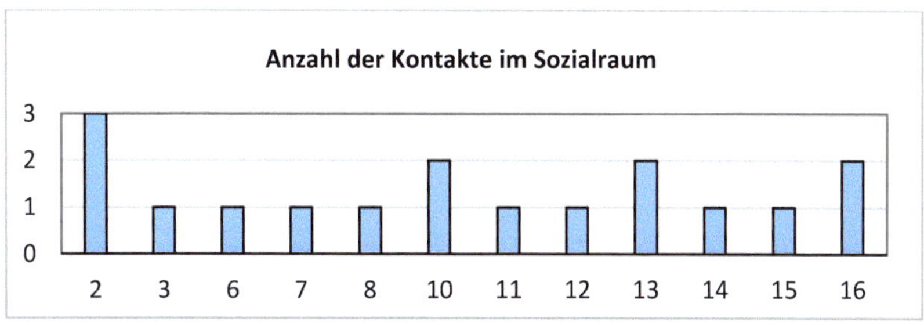

Abbildung 30: Anzahl der Kontakte im Sozialraum (sonderpädagogische Lehrkräfte)

5.2.3 Kooperation von Sozialpädagog*innen mit weiteren Fachkräften

Ausgangspunkt
Der folgenden Darstellung liegen Angaben von insgesamt 14 sozialpädagogischen Fachkräften aus den Bereichen ESB, Schulsozialarbeit und ZfE zugrunde, deren Aufträge und Tätigkeitsschwerpunkte sich durchaus gemäß ihrer jeweiligen organisationalen Einbettungen, und z.T. auch Qualifikationen, unterscheiden. Dies ist bei der Interpretation der Befunde deshalb zu berücksichtigen.

Fachlicher Austausch mit weiteren pädagogischen Fachkräften in der Schule
Zunächst wurde in Bezug auf die berufsgruppeninterne und -übergreifende Kommunikation in der Schule abgefragt, zu welchen der folgenden sieben Berufsgruppen die Fachkräfte der Sozialen Arbeit im Rahmen ihrer Tätigkeit an Schulen Kontakt haben. Hierbei zeigt sich, dass alle in Kontakt mit Regelschullehrkräften stehen, nahezu alle (13) sind ferner im Austausch mit Schulleitungen und den Mitarbeitenden des Ganztags. Es folgen die Assistenzkräfte mit 12 von 14 möglichen Nennungen, 11 bzw. 10 Lehrkräfte sind im Kontakt mit den sonderpädagogischen Lehrkräften (BFZ und ZfE). Am seltensten besteht ein Austausch mit (weiteren) sozialpädagogischen Fachkräften der Schulsozialarbeit.

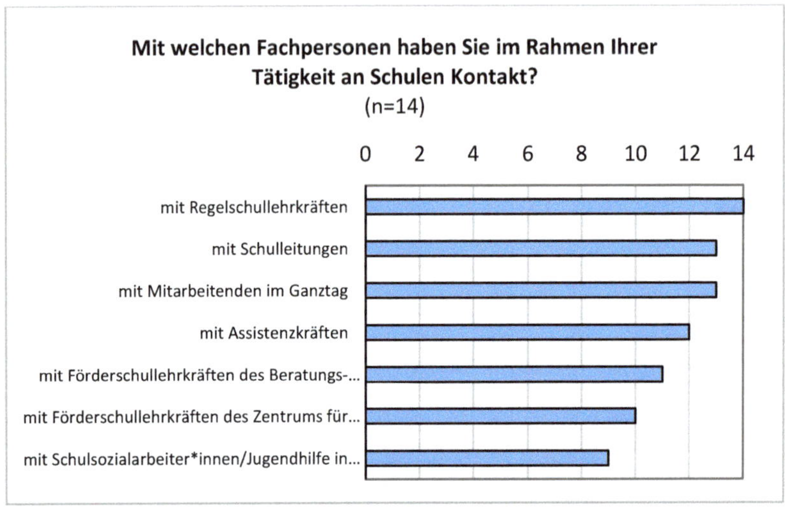

Abbildung 31: Kontakt zu anderen Berufsgruppen (sozialpädagogische Fachkräfte)

Neben der Betrachtung des einfachen Bestehens von Kontakt wurde ferner untersucht, wie sich die Zahl an unterschiedlichen Kontakten zwischen den Fachkräften verteilt, d.h. es wurde die Frage gestellt, ob es Personen gibt, die viel, und andere, die wenige Kontakte haben. Von den 7 möglichen Antworten verteilen sich die Angaben der Fachkräfte zwischen 3 und 7, jedoch hat die große Mehrheit 6 oder 7 Kontakte und nur eine Minderheit 3 oder 5.

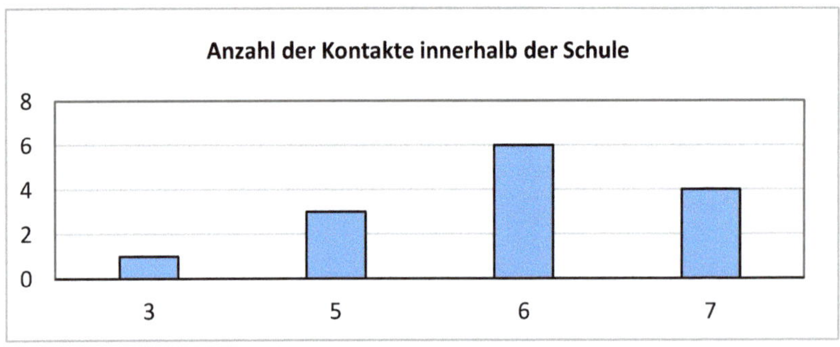

Abbildung 32: Anzahl der Kontakte zu anderen Berufsgruppen (sozialpädagogische Fachkräfte)

Im Hinblick auf die Themen, zu denen mit anderen Berufsgruppen zusammengearbeitet wird, zeigt sich, dass sich die häufigste wöchentliche Zusammenarbeit auf Absprachen zur gemeinsamen Förderung und Unterstützung einzelner Schüler*innen und die Nutzung kollegialer Beratungsmöglichkeiten bezieht. Die seltenste Form der wöchentlichen Zusammenarbeit stellen institutionalisierte Formen der Zusammenarbeit dar. Die sozialpädagogischen Fachkräfte arbeiten in Bezug auf die unterschiedlichen Themen am häufigsten mit der Schulsozialarbeit und den Mitarbeitenden des Ganztags zusammen – und somit mit ihren eigenen Berufskolleg*innen. Darüber hinaus stellen Regelschullehrkräfte auch eine Gruppe dar, mit denen in Bezug auf zahlreiche Angelegenheiten ein Austausch besteht. Demgegenüber stellen Assistenzkräfte, sonderpädagogische Lehrkräfte sowie teilweise auch Schulleitungen Gruppen dar, mit denen eher seltener Kontakt besteht.

In Bezug auf die Einschätzung der Zusammenarbeit fällt auf, dass die Kontakte zu Regelschullehrkräften und Schulleitungen sehr hilfreich eingeschätzt werden, Kontakte zu sonderpädagogischen Lehrkräften überwiegend positiv, aber im Vergleich nicht ganz so gut bewertet werden. Die Zusammenarbeit mit Assistenzkräften wird von 3 Personen als sehr hilfreich, 6 als eher hilfreich, 4 als eher nicht hilfreich und 1 als gar nicht hilfreich eingeschätzt.

	wöchentliche Zusammenarbeit mit ...	sehr seltene bzw. keine Zusammenarbeit mit ...
Austausch über aktuelle fachlich relevante Informationen (z.B. aus Fortbildungen, Literatur, Materialien etc.)	- Regelschullehrkräfte (35,7%) - Mitarbeitende im Ganztag (28,6%) - Schulsozialarbeit (22,2%) - Schulleitung (14,3%)	- Assistenzkräfte (58,3%) - BFZ (30,8%) - ZfE (25%) - Schuleitung (21,4%)
Nutzung kollegialer Beratungsmöglichkeiten (z.B. von Pausengesprächen bis kollegialen Fallberatungen)	- Regelschullehrkräfte (46,2%) - Mitarbeitende im Ganztag (42,9%) - Schulleitung (35,7%) - ZfE (23,1%) - Schulsozialarbeit (22,2%) - BFZ (15,4%)	- Assistenzkräfte (44,4%) - BFZ, ZfE (23,1%) - Schulsozialarbeit (22,2%)
Austausch zu Elternarbeit	- Regelschullehrkräfte (42,9%) - Mitarbeitende im Ganztag (30,8%) - Schulsozialarbeit (25%)	- Assistenzkräfte (27,3%) - Schulsozialarbeit (25%) - BFZ (23,1%)
Austausch zur Weiterentwicklung des Unterrichts	- Schulsozialarbeit (25,0%) - Regelschullehrkräfte (23,1%) - Mitarbeitende im Ganztag (18,2%)	- Assistenzkräfte (66,7%) - Mitarbeitende im Ganztag (54,5%) - ZfE (45,5%) - BFZ (41,7%) - Schulleitung (38,5%) - Regelschullehrkräfte (30,8%) - Schulsozialarbeit (25%)
Absprache zur gemeinsamen Förderung und Unterstützung einzelner Schüler*innen	- Mitarbeitende im Ganztag (53,8%) - Regelschullehrkräfte (50%) - Schulsozialarbeit (22,2%) - Assistenzkräfte (20%)	- Assistenzkräfte (50%) - Schulsozialarbeit (33,3%) - Schulleitung (30,8%) - BFZ, ZfE (23,1%)
institutionalisierte Formen der Zusammenarbeit (z.B. Jahrgangsteams, Fachkonferenzen, Fallbesprechungen)	- Schulsozialarbeit (11,1%) - Mitarbeitende im Ganztag (8,3%) - ZfE (7,7%)	- Assistenzkräfte (50%) - Schulsozialarbeit (22,2%) - BFZ, ZfE (15,4%)

Tabelle 15: Kontakthäufigkeit im Hinblick auf unterschiedliche Aufgabengebiete (sozialpädagogische Fachkräfte)

Öffnung von Schule – Zusammenarbeit mit Fachkräften aus außerschulischen pädagogischen und psychosozialen Handlungsfeldern

Neben den Kontakten innerhalb der Schule war es ferner von Interesse, inwiefern sich sozialpädagogische Fachkräfte auch in den Sozialraum der Schule hinein vernetzen. Vor dem Hintergrund der zunehmenden Etablierung kommunaler Bildungslandschaften und des Auftrags, ein inklusives Erziehungs- und Bildungssystem zu entwickeln, der nunmehr auch für die Kinder- und Jugendhilfe relevant wird, wird auch die Zusammenarbeit von Jugendhilfe und Schule mit außerschulischen, kommunalen Akteuren berührt (Maykus, 2011). Abgefragt wurden daher verschiedene Einrichtungen des Sozialraums und ob die Fachkräfte mit diesen Einrichtungen in Kontakt stehen. Dabei wird deutlich, dass sich die Zahl der Fachkräfte, die zu den Einrichtungen Kontakt aufweisen, von 2-12 verteilt.

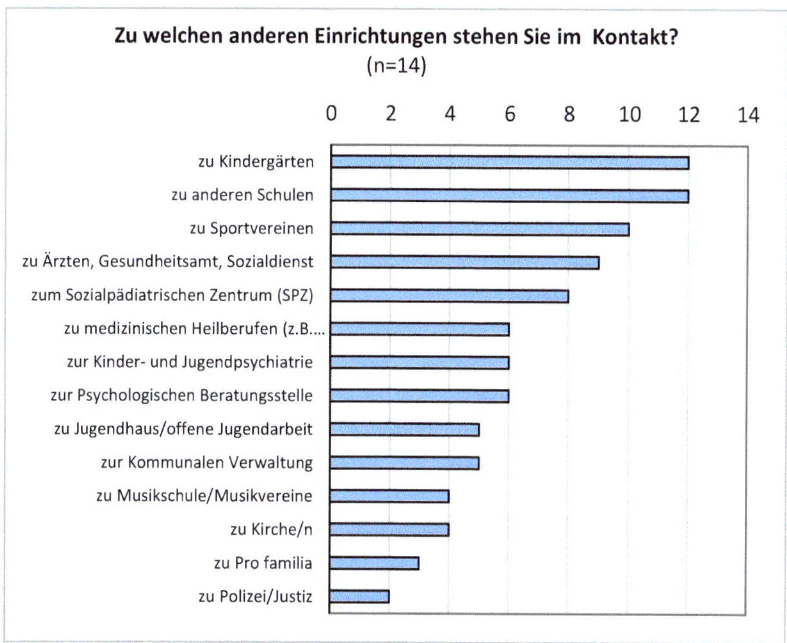

Abbildung 33: Kontakte zu Einrichtungen im Sozialraum (sozialpädagogische Fachkräfte)

In einem nächsten Schritt wurde berechnet, wie sich die Zahl der Kontakte zwischen einzelnen Fachkräften unterscheidet. Es zeigt sich, dass die befragten Fachkräfte zwischen 1-15 Kontakte haben, von daher streuen die Antworten hierzu sehr breit.

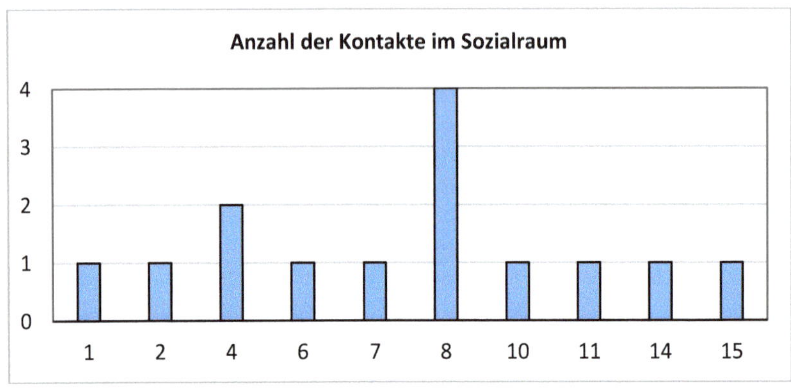

Abbildung 34: Anzahl der Kontakte im Sozialraum (sozialpädagogische Fachkräfte)

Wöchentliche Arbeitszeitverteilung

Neben Fragen der Zusammenarbeit mit anderen Berufsgruppen wurde ferner abgefragt, wie die sozialpädagogischen Fachkräfte ihre Arbeitszeit wöchentlich auf unterschiedliche Aktivitäten verteilen. Ähnlich wie bei den Sonderpädagog*innen zeigt sich auch hier ein höchst diverses Bild, die eingesetzte Arbeitszeit für die verschiedenen Angebote variieren bei den 14 Befragten erheblich, wie die folgende Aufstellung zeigt:

	Bandbreite der aufgewendeten Arbeitszeit pro Woche in Stunden (n = 14) (in Klammern: Zahl der Personen, die angeben, diese Aktivität nicht auszuüben)
Unterrichtliche Angebote	2 - 12 (5)
Kleingruppenförderung/-arbeit	1 - 5 (2)
Einzelförderung/-arbeit	1 - 7 (2)
Team-Teaching	2 - 6 (5)
Vor- und Nachbereitung meiner Aktivitäten an den Schulen	1 - 6
Diagnostik und Förderplanung	1 - 6 (3)
Beratung von Lehrkräften	1 - 6 (2)
Elternarbeit	1 - 10 (1)
Fallbesprechungen	1 - 4
Kooperation mit anderen Fachkräften und Diensten	1 - 4 (2)
Konferenzen oder Teamsitzungen in Ihrem BFZ/ZfE/bei Ihrem Träger	1 - 4 (1)
(gemeinsame) Unterrichtsvorbereitung	1 (7)
außerunterrichtliche Gruppenangebote	1 - 25 (3)

Tabelle 16: Wöchentliche Arbeitszeitverteilung (sozialpädagogische Fachkräfte)

5.2.4 Qualitative Ergebnisse aus den Interviews zur multiprofessionellen und interinstitutionellen Kooperation

Im Folgenden werden die Ergebnisse aus den mit den Lehrkräften und den sozialpädagogischen Fachkräften geführten qualitativen Interviews dargestellt, mit denen die quantitativen Ergebnisse der vorherigen Abschnitte weiter vertieft werden sollen. Die Darstellung erfolgt entlang zentraler Kategorien der qualitativen Inhaltsanalyse. Um den Nachvollzug der Interpretationen zu ermöglichen, werden Auszüge aus den Interviewtranskripten herangezogen[1].

Zunächst wird auf Ergebnisse zum Thema des Umfangs und der Verwendung personeller Ressourcen eingegangen, danach werden Ergebnisse zur Thematik der Unterrichtsgestaltung, der Arbeitsteilung und Zusammenarbeit zwischen Lehrkräften und weiteren pädagogischen Fachkräften und abschließend zur Perspektive der sozialpädagogischen Fachkräfte vorgestellt.

Erweiterte personelle Akteurskonstellationen aus der Perspektive der Grundschullehrkräfte

Im Rahmen der Modellregion wurden den Schulen wie in den Kapiteln 2.2 und 5.1.2 beschrieben, personelle Ressourcen zugeteilt. Im Folgenden wird dargestellt, wie diese personellen Veränderungen von den befragten Personen wahrgenommen bzw. beschrieben wurden.

Die Zuweisung von Förderschullehrkräften bzw. die Aufstockung der bereits vorhandenen Stunden an den Schulen, wurde auch von den Regelschullehrkräften registriert. Diese absolute Zunahme der an den Grundschulen vorhandenen sonderpädagogischen Unterstützung wird durchgängig grundsätzlich positiv bewertet, diese Einschätzung muss aber in verschiedener Hinsicht weiter differenziert bzw. relativiert werden.

Die absolute Zunahme der Zahl der Förderschullehrkräfte an den Schulen geht, wie oben gesehen (vgl. Kap. 5.1.1), mit einer Steigerung des Anteils von Kindern mit sonderpädagogischem Förderbedarf einher. Während die Förderschullehrkräfte zunächst aufgrund der anfangs noch niedrigen Zahlen an Kindern mit sonderpädagogischem Förderbedarf häufig im Klassenunterricht unterstützend tätig werden konnten, war dieses Modell in den meisten der von uns befragten Schulen mit der Zunahme der Schüler*innenzahlen nicht mehr möglich. Dadurch ging an einigen Stellen im Verlauf der Modellregion scheinbar der Eindruck verloren, nun über mehr sonderpädagogische Unterstützung zu verfügen.

[1] Das Kürzel am Ende der Zitate verweist auf die Berufsgruppe, aus der die Interviewpartner*in stammt: R = Regelschullehrkraft // F = Förderschullehrkraft // S = sozialpädagogische Fachkraft

Also ganz am Anfang, als wir das angefangen haben, mit der Inklusion, war es so, dass wir tatsächlich, dass tatsächlich ein Förderschullehrer in einer Klasse mit dabei sein konnte, für dieses Kind. Inzwischen haben wir, glaube ich, über 40 Kinder und das ist dann einfach mit 3 Förderschullehrern, oder 4, nicht möglich. (R4: 21)

Dieser Prozess, der in der Zeit der Modellregion von verschiedenen Lehrkräften wahrgenommen und beschrieben wurde, führte über die Fragen der Organisation des Ressourceneinsatzes hinaus zu weiteren Konsequenzen, die auch den im Rahmen der Evaluation wichtigen Punkt der arbeitsteiligen Bearbeitung von Aufgaben betraf. Auch wenn diese später noch ausführlicher thematisiert wird, soll an dieser Stelle schon angedeutet werden, welche Verbindungen zwischen den verschiedenen Themenbereichen bestehen. Aus der Perspektive einer Grundschullehrkraft unterscheidet sich die nunmehr zugewiesene Unterstützung durch eine Förderschullehrkraft entschieden von ihren bisherigen Erfahrungen, insbesondere kommt das Motiv der Entlastung durch die Zuarbeit und Übernahme von Aufgaben zum Tragen, welches nun nicht mehr im vergleichbaren Maße vorhanden sei:

Damals vor sechs Jahren habe ich zugesagt bekommen zwölf Stunden für drei Kinder, das war die halbe Zeit des Unterrichtens und da konnte ich mich mit dieser Kollegin ganz anders zusammenarbeiten, mich austauschen, als ich das jetzt kann mit einer Kraft, die drei Stunden die Woche da ist und ich bin vierundzwanzig Stunden da. Und da fühle ich mich dann manchmal als normaler unterrichtender Grundschullehrer auch überfordert an der Stelle. (R17: 12)

Auch wenn in dieser Aussage schon aufgrund der Zeitangabe deutlich wird, dass es nicht nur um die Modellregion geht, sondern um die Entwicklungen an der Schule über einen längeren Zeitraum, wurde im Rahmen eines Interviews zur Modellregion deutlich gemacht, dass diese zumindest nicht bei allen Lehrkräften zu einer gefühlten Zunahme der sonderpädagogischen Ressourcen geführt hat, sondern zu einer relativen Abnahme und einer qualitativ veränderten Unterstützung. Diese manifestiert sich dann auch in geringer werdenden Möglichkeiten zur Zusammenarbeit, was wiederum den Eindruck nicht ausreichender Entlastung im Unterricht stärkt. Damit einher geht bei einigen der von uns befragten Grundschullehrkräfte das Gefühl, dass sie zwar nun Unterstützung durch Förderschullehrkräfte erhalten, sie aber letztlich in der Hauptzuständigkeit für die Schüler*innen bleiben. Dies kann dann mit dem Eindruck korrespondieren, gegenüber den Förderschullehrkräften dahingehend benachteiligt zu sein, dass die eigentlich zu leistende pädagogische

Arbeit, die über die unterrichtliche Tätigkeit hinausgeht, letztlich nicht gerecht verteilt sei. Hier deuten sich nicht nur Aushandlungsnotwendigkeiten auf der Ebene der Zuständigkeit für bestimmte Aufgaben an:

> *Aber letztlich ist es so, dass natürlich immer Förderschullehrer sagen können ok, da haben wir keine Ressourcen mehr für, da habe ich keine Stunde mehr für. Und letztlich lastet dann alles, was übrigbleibt und das ist viel, auf den Schultern des Klassenlehrers, weil der is dann der Letzte und der kann dann einfach nicht mehr sagen, ok dafür hab ich keine Stunden. (R8: 22)*

Denn so ist zwar bei (Grund- und Förderschul-)Lehrkräften der Eindruck vorherrschend, dass es zwar positiv und hilfreich sei, dass den Schulen zusätzliche personelle Ressourcen im Rahmen der Modellregion zugeteilt wurden, dass diese aber nicht ausreichen, um den Anforderungen gerecht zu werden. Zudem scheint das Feld der Tätigkeiten, die von sonderpädagogischen Lehrkräften an der Grundschule übernommen werden, auch hinsichtlich der zeitlichen Organisation mitunter für die Grundschullehrkräfte wenig überschaubar. Die Gründe der Zurückweisung von Anfragen zur Bearbeitung von Problemstellungen und damit die Abgrenzungsbewegungen der sonderpädagogischen Lehrkräfte wirken offenbar diffus. Hier zeichnen sich deutlich Positionierungsbewegungen von Regelschullehrkräften gegenüber Förderschullehrkräften dahingehend ab, die darauf zielen, sich in höherem Maße durch berufliche Anforderungen und die Übernahme von Verantwortung als belastet darzustellen. Gleichwohl wird auch die Belastung der Förderschullehrkräfte thematisiert, die als „Allrounder" erscheinen und ihrerseits für ihre Tätigkeiten Zuarbeit benötigen:

> *die Förderschullehrer... doch, die sind schon extrem aktiv und präsent und unterstützen, wo sie können. Das ist halt für diese Menge an Kindern sind es halt zu wenig. Und das merkt man, dass sie auch einfach irgendwie echt an ihre Grenzen kommen und auch eigentlich selber noch viel mehr Unterstützung bräuchten. (R4: 31)*

Organisationsformen der sonderpädagogischen Unterstützung – Lerninsel und weitere Differenzierungsformen

In Kapitel 5.1.3 wurde bereits dargestellt, wie die Organisation der Förderung und der Einsatz der sonderpädagogischen Unterstützung an den jeweiligen Schulen von den Schulleitungen beschrieben wurde. Im Folgenden wird nun dargestellt, wie die Lehrkräfte die entsprechende Organisation an ihren Schulen eingeschätzt haben.

Für die Organisation der Förderung ist zunächst von Bedeutung, welche Schüler*innen überhaupt Zugang zur Förderung durch die sonderpädagogischen Lehrkräfte bekommen haben bzw. wie dieser Zugang organisiert wird.

Dazu gibt es an den von uns befragten Schulen kein einheitliches Bild. So wie im folgenden Zitat exemplarisch zum Ausdruck gebracht wird, erfolgt die Auswahl der speziell von ihnen zu fördernden Schüler*innen entweder auf der Grundlage eines anerkannten Förderbedarfs oder auf der Basis pädagogischer Diagnosen, die mit der Erbringung von Schulleistungen verbunden sind:

> *zu mir kommen natürlich die Schüler, die entweder einen anerkannten Förderbedarf haben oder bereits relativ große Schwierigkeiten beim Lernen, in Mathe beim Umgang mit Zahlen erkennbar ist, dass ich da versuche ja ganz gezielt eine Förderung anzubieten und eine Förderung mache. (F18: 38)*

So wurden Modelle beschrieben, in denen neben Kindern mit festgestelltem sonderpädagogischen Förderbedarf und Kindern aus dem Bereich der Vorbeugenden Maßnahmen auch Kinder ohne formalen Status Zugang zu sonderpädagogischer Unterstützung hatten. Dies ist vor dem Hintergrund des allgemeinen Zugangs zu sonderpädagogischer Unterstützung bemerkenswert, da, wie schon beschrieben wurde, generell der Eindruck des Mangels an sonderpädagogischer Ressource bestand.

Die (Weiter-)Entwicklung eines organisatorischen Modells zur zeitlichen und inhaltlichen Verteilung der von Förderschullehrkräften zu übernehmenden Aufgaben und Stunden, wurde als alternativlos beschrieben. So habe es oftmals zwar gute Erfahrungen mit der direkten Unterstützung der Regelschullehrkräfte im Unterricht gegeben, dies sei aber aufgrund der steigenden Schüler*innenzahlen mit sonderpädagogischem Förderbedarf nicht mehr umsetzbar. Daher sei man gezwungen, auf Formen der Bündelung der Ressourcen zurückzugreifen, die dann auch mit einer äußeren Differenzierung von Kindern außerhalb des gemeinsamen Klassenunterrichts einhergeht, wie die folgenden zwei Zitate von Förderschullehrkräften illustrierend veranschaulichen:

> *So war ich am Anfang viel mehr in Doppelbesetzung in der Klasse und konnte mit der Klassenlehrerin mehr zusammenarbeiten, während jetzt in den letzten zwei Jahren sehr viel mehr Kinder rausgenommen werden, aufgrund der großen Anzahl der Kinder, die auf ganz verschiedene Klassen verteilt sind. (F9: 2)*

> *Also ich würde sehr gerne mit in die Klassen reingehen (ja). Das ist mir momentan aber nicht möglich, weil ich quasi in sechs Klassen eingesetzt bin (mhm), die dann auch anders Unterricht haben, wie auch immer, es passt gar nicht so zusammen, (mhm), dass man das immer begleiten könnte. (F25: 17)*

Dabei zeichnen sich zwei kontrastierende Selbstverständnisse von Förderschullehrkräften ab. So betrachten manche Förderschullehrkräfte die Entwicklung dieses Organisationsmodells als problematisch, weil es ihren eigenen Vorstellungen der Umsetzung inklusiver Settings und ihrer Rolle im gemeinsam gestalteten Unterricht widerspricht:

> *L: Also ich bin kein Freund von Lerninseln, weil ich immer sage, wenn ich eine Lerninsel mache, dann installiere ich im Prinzip die Förderschule in der Grundschule. Also wenn ich die Kinder mit dem anerkannten Förderbedarf aus dem Klassenunterricht raushole, jetzt mache ich Mathe, Deutsch, Fördern, halte ich nicht für sinnvoll. Mir ist es am liebsten, wenn ich in der Klasse mitarbeiten kann und dann mit den Schülern im Rahmen ihrer Möglichkeiten arbeiten kann, natürlich am gleichen Lerngegenstand, gar keine Frage. Zum überwiegenden Teilen halt dann in reduziertem Umfang, also in der Qualität und Quantität reduziert, aber ich bleibe in der Klasse, wenn es geht.*
>
> *I: Und ist das ein Konzept, dass jetzt mit ihnen zu tun hat und mit der Klasse oder ist das in der Schule allgemein so.*
> *L: Das hat mit mir zu tun, das weiß ich. Die Schulleitung hätte am liebsten, dass ich, dass wir eine Lerninsel, dass ich eine Lerninsel einrichte und dann mit den Schülern so arbeite. Ein Stück weit kann ich das nachvollziehen, weil dann die wenigen Förderschullehrer-Stunden, die zur Verfügung stehen relativ effektiv an die Schüler kommen. Aber wie ich eben gesagt habe, finde ich das nicht sinnvoll, weil dann brauche ich keine Inklusion zu machen, wenn ich dann quasi wie früher als Förderschullehrer mit einer kleinen Gruppe arbeite. (F18: 14-16)*

In diesem Zitat beschreibt die Förderschullehrkraft manifest sehr eindrücklich die für sie mit dem Konzept einer Lerninsel oder anderer separierender Fördermaßnahmen verbundenen Vor- und Nachteile. Weiterhin führt sie aus, dass von Seiten der Schulleitung aus Gründen der Effektivität der Wunsch geäußert wurde, Lerninseln zu installieren. Dies geschieht aus dem eigenen Verständnis von inklusivem Unterricht als Verzicht auf äußere Differenzierung heraus. „Inklusiv" zu beschulende Schüler*innen sind dann solche, die einen sonderpädagogischen Förderbedarf haben und die direkte Unterstützung und Förderung im gemeinsamen Unterricht erhalten sollten.

> *Also (...) ich bin auch viel mit in der Klasse drin, inklusiv, klar. (F21: 15)*

Es wird jedoch auch erkennbar, dass mit dem favorisierten Modell eines „inklusiven Unterrichts", der mit dem Verzicht auf räumliche Separierung einhergeht, die Übernahme einer zuarbeitenden Tätigkeit als in der Klasse Mitarbeitende verbunden ist. Beziehen wir diese Perspektive auf den Eindruck der Regelschullehrkräfte, dass Förderschullehrkräften andere Möglichkeiten der Nicht-Übernahme von Zuständigkeiten zur Verfügung stehen, so zeichnet sich hier ein Selbstverständnis ab, welches zu dem programmatisch-normativen Anspruch inklusiven Unterrichts passt, nicht aber zu dem normativen Verständnis einer egalitär auszugestaltenden Kooperation im Unterricht.

Demgegenüber plädieren andere Förderschullehrkräfte deutlich für eine Herausnahme bestimmter Schüler*innen aus dem Klassenunterricht, um diese in dyadischen Fördersituationen umfassender unterstützen zu können, so dass Lern- und Leistungsfortschritte überhaupt erreichbar werden. Diese Perspektive lässt sich folgendermaßen illustrieren:

> *da gibt es doch Bedürftige, die wirklich nur eins zu eins wirklich vorwärtskommen. (F5: 9)*

Dies kann auch damit korrespondieren, dass in diesen Kleingruppensettings die professionelle Autonomie eher sichergestellt werden kann. Zudem sind es organisatorische Gründe, die die Einrichtung von Lerninseln oder Kleingruppen sinnvoll erscheinen lassen:

> *Also bei den inklusiv zu beschulenden habe ich versucht überall mit im Unterricht zu sein und dann noch rauszunehmen. das geht aber nicht, weil ich sechs inklusiv zu beschulende aus drei verschieden Klassen habe, obwohl es die gleiche Klassenstufe ist, ja. Das hat sich halt so ergeben, das will man auch versuchen ein bisschen anders zu machen dann und dann geht das einfach zeitlich nicht mehr, dass ich die rausgenommen habe. (F14: 18)*

Zwar stellt das Konzept der Lerninsel für Regelschullehrkräfte durchaus eine gute Möglichkeit dar, Schüler*innen mit besonderen Unterstützungsbedarfen eine adäquate, d.h. den angenommenen Bedürfnissen dieser Kinder angemessene, Förderung zukommen zu lassen.

> *Das heißt, sie haben eine individuelle Förderung, jedes Kind von einer Stunde pro Tag. (*Okay) Es sind riesen Fortschritte. Also es ist echt sehr intensiv, die Gruppengröße variiert zwischen drei und sieben Kindern. Also wie es auch auf einer Förderschule im Endeffekt sein würde. (R1: 21)*

Das Modell der Förderung in der Lerninsel wird mitunter durchaus als Erfolgsmodell betrachtet, weil es in seiner Effektivität – gemessen am Leistungsfortschritt der entsprechend geförderten Schüler*innen – mit einer Förderschule vergleichbar sei. Daran wird deutlich, dass die Förderschule aufgrund der kleinen Klassengröße und einer damit angenommenen intensiveren Unterstützung einen erfolgreichen Maßstab darstellt.

Allerdings überwiegt bei den Regelschullehrkräften insgesamt eine deutliche Unzufriedenheit mit der Form und der Intensität der sonderpädagogischen Unterstützung. Nicht nur der Mangel an personellen Ressourcen, der zu einer zu geringen Form der Unterstützung in den Lerninseln oder auch in anderen Organisationsmodellen führe, wird thematisiert. Auch die Befürchtung wird erkennbar, dass die Modellregion in der aktuellen Form zu einem Scheitern oder zumindest einer starken Ablehnung des inklusiven Ansatzes führen könnte, da Regelschullehrkräfte sich zunehmend mit den erlebten zusätzlichen Anforderungen alleingelassen fühlen.

> *mittlerweile gibt es halt ganz, ganz viele Inklusionsklassen und es gibt viele I-Kinder und die Ressourcen reichen bei weitem nicht aus. (R8: 10)*

> *Wir haben viel zu wenige für viel zu viel Bedarf (...) so dass (...) wir (...) also das reflektiert letztendlich auch immer auf uns Klassenlehrer zurück. Ich die ich jetzt keine Inklusionsklasse habe aber natürlich auch aktuelle Anfragen habe, immer wieder, erlebe oft und zu oft, dass die Beratung oder mein (...) oder mein Beratungsbedarf, sehr verzögert erst bedient werden kann. Was ich den Leuten nicht vorwerfen kann, die können ja auch nicht mehr als arbeiten (mhm). Aber da läuft auch unglaublich viel auf. (R15: 25)*

Interessant an diesem letzten Zitat ist zudem der Hinweis, dass diese Lehrkraft zwar selbst keine Schüler*innen mit sonderpädagogischem Förderbedarf in ihrer Klasse hat, aber trotzdem einen Mangel (an Beratung) erlebt und dadurch enttäuscht ist. Die erhoffte und erwartete sonderpädagogische Unterstützung wurde also nicht nur in Bezug zur konkreten Arbeit mit Kindern mit sonderpädagogischem Förderbedarf gesetzt, sondern als eine generelle schulische Ressource. Und diese steht nun scheinbar nicht in dem erwarteten Umfang zur Verfügung.

Bei den Grund- und Förderschullehrkräften, die von einem konflikt- und spannungsvollen kollegialen Umgang im Kontext von Kooperation berichteten, stand dieses Erleben in engem Zusammenhang mit einem insgesamt als hoch belastend erlebtem beruflichen Alltag. So äußerten zwei Förderschullehrkräfte, die hier exemplarisch zitiert werden sollen, dass es an Unterstützung auf der Ebene der Schulorganisation und Leitung fehle:

> *also die Leute haben hier alle so einen Hals, im Moment gerade (mhm), jetzt in letzter Zeit hatten wir wieder diese Diskussion: wir schaffen es nicht. Und (...) wir werden auch ziemlich alleine gelassen. (F21: 3)*

> *also die Krankheitsraten sind hoch (mhm) aufgrund dieser Wahnsinnsbelastung (...) und kann ich auch verstehen (...) und das wird irgendwie gar nicht gesehen. (F21: 3)*

Zeitliche und räumliche Rahmenbedingungen

Befragt nach den Rahmenbedingungen der Kooperation, nehmen die Lehrkräfte unterschiedliche Perspektiven ein. An manchen der von uns befragten Schulen wurden demnach feste Kooperationszeiten innerhalb der Jahrgangskollegien eingerichtet, die für die gemeinsame Vorbereitung bzw. Abstimmung von Unterrichtsinhalten, Klassenarbeiten u.ä. sowie dem Austausch über einzelne Kinder verwendet wird. Neben diesen z.T. fest im Stundenplan verankerten Kooperationszeiten berichteten die Befragten von sehr häufigem Austausch zwischen Tür und Angel, z.B. in Pausen oder zwischen den Unterrichtsstunden. Dies verweist auch darauf, dass für die meisten befragten Lehrkräfte kein ausgewiesener Raum für die Kooperationszeiten zur Verfügung gestellt werden kann.

> *Jedoch ist aber auch, Kooperation bedeutet dann natürlich auch wieder, nach dem Unterricht sich zusammensetzen, sich unterhalten. Wir haben schon wenig, also wirklich wenig Zeit, die wir da benutzen. Wir haben einmal im Monat die Kooperation, alles andere ist zwischen Tür und Angel oder in den Pausen eben zu besprechen. (R1: 39)*

Die fehlende Verankerung der Kooperation in den organisatorischen Abläufen ist in allen Interviews immer wieder von den Lehrkräften thematisiert worden, verbunden mit Hinweisen darauf, dass Pausen kaum mehr als Pausen erlebt werden können, sondern diese immer mit dem Austausch mit anderen gefüllt werden (müssen), um akute Fragen und Anliegen klären zu können. Ein Austausch über größere Themen, die auch einen intensiveren Diskussionsprozess benötigen würden, wird insbesondere von den Förderschullehrkräften in der Praxis vermisst. Dazu gehört auch der Austausch zwischen den verschiedenen Förderschullehrkräften an einer Schule, die ausschließlich die Möglichkeit sehen, sich zu konkreten gemeinsamen Fällen zu besprechen.

> *Also wenn ich jetzt eine regelmäßige Koordination habe, das haben wir früher mal gemacht, wo wir auch am Anfang die Erstklässler oder die, die in die Schule gekommen sind besprochen haben, aber das wäre zeitlich schon nicht mehr möglich, weil es einfach zu viele sind und ich gucken muss und es geht wirklich nur noch bei Fällen, wo es Berührungspunkte gibt dann. (F14: 26)*

Diese berichtete erlebte Zeitknappheit führen einige der Lehrkräfte auch auf die durch die Modellregion gestiegenen Anforderungen zurück, wobei häufig auch noch von weiteren Entwicklungsprozessen an den Schulen berichtet wurde, welche die für eine Kooperation zur Verfügung stehenden Arbeitszeiten immer knapper werden lassen. Es scheint sich hier in einigen Aussagen anzudeuten, dass die Kooperation im Kollegium, insbesondere aber auch die Kooperation mit außerschulischen Stellen, als eine Extraaufgabe betrachtet wird, die erst dann erfüllt werden kann, wenn die unaufschiebbar notwendigen Aufgaben abgearbeitet wurden. Eine von den Lehrkräften als arbeitsintensiv erlebte Schulentwicklung kann also dazu führen, dass weniger und nicht mehr Kooperation im Kollegium stattfindet.

> *es fehlt in dem ganzen Konzept vielleicht (Pause 3 Sek.) Zeit um sich auszutauschen und das ist halt an dieser Schule nicht so ganz möglich, weil die Kollegen halt schon wieder fünf andere Baustellen zu bearbeiten haben. (F6: 26)*

In der Kooperation mit den Förderschullehrkräften erleben sich einige der Befragten als verantwortlich für ein Zustandekommen des Austauschs. Auch hier wurde also von einem Mangel an festgelegten Kooperationsmöglichkeiten berichtet und stattdessen eine Zunahme an Verantwortung wahrgenommen.

Auch Förderschullehrkräfte berichteten dazu, dass es aus ihrer Sicht die Aufgabe der Regelschullehrkräfte sei, mit Anliegen an sie heranzutreten. Auch hier zeigte sich immer wieder, dass es den Förderschullehrkräften häufig aus zeitlichen Gründen gar nicht möglich zu sein schien, selbst Initiativen zu ergreifen.

> *Weil ich eigentlich ständig im Dilemma stehe, dass ich viel zu wenig Stunden habe und gucken muss, wie ich die Stunden, die zur Verfügung stehen verteilen kann. Und deswegen ist es mir ganz recht, wenn die Kollegen kommen und sich melden und sagen, da ist ein Problem aufgetaucht mit dem Schüler, da soll ich mal gucken, ob ich da Vorschläge habe, wie die Arbeit mit denen sinnvoll weiter organisiert werden kann. (F18: 32)*

Hinsichtlich einer von uns erbetenen Gesamteinschätzung beurteilen sowohl die Regelschullehrkräfte als auch die Förderschullehrkräfte die Zusammenarbeit miteinander grundsätzlich als positiv und für die pädagogische Arbeit gewinnbringend.

> *Von daher, würde ich sagen, mit den Regelschullehrern insgesamt, finde ich, ist die Kooperation gut. (F5: 13)*

> *Also die Kooperation läuft bei den meisten Kollegen eigentlich sehr gut. (R15: 26)*

Diese auf der Oberfläche und allgemein gehaltenen positiven Bewertungen von beiden Seiten werden gefüllt durch die Erfahrungen, dass insbesondere die zusätzlichen Austauschmöglichkeiten von Bedeutung für die Gestaltung der pädagogischen Arbeit sind und neue, andere Perspektiven eingebracht werden können, soweit der zeitliche Rahmen dies zulässt.

Die bereits unter dem Punkt der Ressourcenverteilung angesprochene Frage der Verantwortlichkeit wird in der Gestaltung der Kooperation und der in dieser notwendigen Klärung der Aufgaben/Rollen noch deutlicher. So wurde es vonseiten der Grundschullehrkräfte, wie schon dargestellt, kritisch gesehen, dass die Förderschullehrkräfte nur punktuell bei der Förderung einzelner Kinder unterstützen, womit das eigentliche Moment der gewünschten Unterstützung rudimentär bliebe. In Interviews mit den Förderschullehrkräften wurde dagegen benannt, dass es fachlich und auch zeitlich keine andere Möglichkeit gäbe, als die Hauptverantwortung bei den Grundschullehrkräften zu belassen. Der von ihnen wahrgenommene Wunsch der Grundschullehrkräfte nach weiterer Entlastung, etwa im Sinne der Herausnahme des Kindes und einer raschen Problemlösung, könne jedoch aus fachlichen Erwägungen heraus nur zurückgewiesen bzw. enttäuscht werden.

> *Also manchmal meinen sie auch wir hätten Aufgaben, wo wir wissen es ist nicht unsere Aufgabe (mhm) nicht, das ist dann manchmal ein bisschen heikel es denen es auch zu sagen, also sie glauben auch, wenn sie ein Kind melden und wir einmal uns angucken dann ist das (...) dann sind wie die Wunderheiler und das Kind leu- funktioniert dann, also das man denen sagt: wir sind genauso, stehen davor vor dem Problem, wie du. Also, ja das (uv:--) bisschen schwierig, also das (mhm) da auch (...) sie uns da, ja (...) Sachen zu ordnen, also Aufgaben zuordnen (...) also das ist jetzt deine Aufgabe, das Kind ist jetzt deine Aufgabe, nach dem Motto: Pff, du entlastest mich jetzt, du machst das jetzt- Und nein kann nicht so sein (mhm). Also das ist trotzdem ihr Schüler, das nicht, auch wenn es ein I-Kind ist oder ein VM-Kind. Trotzdem bleibt es integriert in der Klasse. Es ist ihre (?:Schülerin), die muss sich kümmern. (F21: 45)*

Deutlich zeigt sich darin auch, dass den Förderschullehrkräften eine Expertise zur Problemlösung zugewiesen wird, die jedoch aufgrund des komplexen und fallbezogenen Bedingungsgefüges von schulischen Lern- und Erziehungskrisen nur enttäuscht werden kann.

Allerdings wird in den Fällen, in denen es eine feste Kooperationszeit für den Austausch von Grundschul- und Regelschullehrkräften gibt, der Austausch über die Schüler*innen mit diagnostiziertem oder vermutetem Förderbedarf, sowie zu Absprachen über Unterrichtsinhalte und -gestaltung, als ertragreich geschildert. Darüberhinausgehend wurden an mehreren Schulen sogenannte Beratungsteams installiert, in denen Lehrkräfte in einem multiprofessionell besetzten Team Beratungsanfragen stellen können und eine Art kollegiale Fallberatung stattzufinden scheint. Von dieser Art der Zusammenarbeit berichteten allerdings vorwiegend die Förderschullehrkräfte, so dass unklar ist, ob das Angebot noch nicht bekannt genug ist oder von den Regelschullehrkräften nicht als ein Kooperationsbaustein in den Interviews angeführt wurde.

Zumindest aus Sicht mancher Förderschullehrkräfte stellt sich die Frage der organisatorischen und inhaltlichen Ausgestaltung ihrer Rolle an der Grundschule nur bedingt, da die Vorgaben ihres BFZs für sie von Bedeutung sind.

> *Ich denke als BFZ haben wir auch ein Kooperationsvertrag, wo wir halt schon sagen, was wir gerne einbringen wollen oder was wir nicht einbringen können. (F9: 24)*

Als ein weiterer kritischer Punkt wurde sowohl von Grund- als auch Förderschullehrkräften eingebracht, dass mit den zunehmenden Möglichkeiten und Notwendigkeiten zur Kooperation auch die Aufgabe einhergeht, dass deutlich mehr Absprachen getroffen werden müssen. In den Interviews wurden dazu einerseits die inhaltlichen Absprachen angeführt, wenn z.B. Förderschullehrkräfte darüber informiert werden müssen, welche Themen aktuell im Unterricht behandelt werden oder welche Punkte bei einzelnen Kindern aus ihrer Sicht aktuell förderbedürftig sind. Zum anderen wurde aber auch die Problematik angeführt, dass es keine klaren Zuständigkeiten gebe bzw. nicht allgemein bekannt sei, mit wem Absprachen getroffen werden sollen, so dass es mitunter auch zu Missverständnissen und Mehrarbeit kommen könne.

> *Und bei dieser Schule, weil das so ein großes System ist, dass wir sehr viel mit der BFZ-Beauftragten sprechen und uns koordinieren müssen, weil es so viele Themen gibt, die wieder geordnet werden müssen und wir als BFZ hier an der Schule, dass es halt Zuständigkeiten gibt. Was auch schwierig ist, weil die Leute unterschiedlich angesprochen werden und dann wird man von einem Regelschullehrer angesprochen und kümmert sich um das Thema und dann merkt man der Regelschullehrer hat aber schon die anderen beiden Kollegen auch schon angesprochen und dann ist hier eigentlich so, wer ist hier eigentlich zuständig für die Kollegin. (F9: 14)*

Neben den fachlichen Aspekten der Kooperation wurden in unseren Interviews auch die Bedeutung der Beziehungen zwischen den beteiligten Personen und auch das Zustandekommen dieser Beziehungen thematisiert. So wurde insbesondere in den Interviews mit den Förderschullehrkräften deutlich, dass die Gestaltung der Kooperation stark durch den persönlichen Kontakt und die Art der Kommunikation zwischen den beteiligten Personen abhängt. Diese zu Beginn ihrer Tätigkeit an einer neuen Schule und in einem für sie neuen Kollegium zu etablieren und so eine Basis für gelingende Kooperation zu schaffen, wurde als eine wichtige Aufgabe in ihrer Tätigkeit beschrieben.

> *Also wir brauchen Zeit um (...) Kontakt aufzunehmen mit den Kollegen, Vertrauen zu aufzubauen und Team zu bilden und das fi- haben wir, wie gesagt an dieser Schule finde ich haben wir das sehr gut geschafft auch alle zusammen, von beiden Seiten, das ist ganz toll, ganz offen. Sehr offen, alle. (F21: 23)*

> *Also ich, also die Kooperation finde ich immer entlastend. Aber Kooperation hängt, finde ich, immer mit Kommunikation zusammen und Kommunikation ist das A und O. Das wissen wir alle und die klappt manchmal besser und manchmal schlechter. Je besser die Kommunikation klappt, desto entlastender ist es. (F5: 31)*

Im Zusammenhang mit der Einführung bzw. Etablierung der Kooperationsstrukturen und damit auch des Rahmens, in dem sich die Beziehungen zwischen den Kooperationspartnern in einer Schule ausbilden, wurde in den Interviews auch die Rolle der Schulleitungen zum Thema gemacht. Dabei wurde angesprochen, dass die Bedeutung des Themas Inklusion für die jeweilige Schulleitung mitentscheidend dafür sein kann, wie die Rolle der Förderschullehrkräfte an der Grundschule ausgestaltet werden kann.

> *Die Kooperation mit der Schulleitung hat natürlich in den Anfängen sehr geknirscht. Es fing nach eineinhalb Jahren an, für die war Inklusion abgehakt und bei denen kam der nächste Punkt dazu, dann Ganztag und Flex und Ausbau Betreuung und so weiter. Und die Inklusionsfragen oder die Inklusionsdinge, die hier anstanden, und meines Erachtens wichtig sind, die wurden in diesem laufenden Geschäft von der Schulleitungsseite nicht immer gehört, ja. (F5: 13)*

Schließlich wurde im Kontext der Beziehungen unter den verschiedenen Professionen auch thematisiert, dass der Bedarf an Kooperation und Austausch nicht vorausgesetzt werden kann, sondern z.T. sehr unterschiedliche Bedürfnisse in einem Kollegium vorhanden sind. So scheint es zwar bei vielen Lehrkräften ein prinzipiell hohes Bedürfnis nach Kooperation zu geben, bei manchen aber auch nicht. Dies wurde auch als ein Indikator dafür gesehen, wie ernst es einzelne Lehrer*innen mit der Aufgabe der Förderung aller Kinder in ihrer Klasse nehmen.

Strukturierung und Differenzierung im Unterricht
Neben den verschiedenen Organisationsmodellen zum Einsatz von Förderschullehrkräften an den Schulen wurde in den Interviews mit den Lehrkräften

auch die konkrete Gestaltung des Unterrichts thematisiert, und dabei insbesondere auf die Veränderungen Bezug genommen, die durch die Modellregion möglicherweise stattgefunden haben bzw. noch geplant sind.

Ein durchgängiges Thema war dabei für die Lehrkräfte die Notwendigkeit der Differenzierung der Lerninhalte. Die meisten Lehrkräfte gaben dazu an, dass die Differenzierung in der Grundschule schon immer eine zentrale didaktische Aufgabe im Unterricht gewesen sei. Diese Aufgabe habe nun möglicherweise durch „inklusive Modelle" nur noch mal eine stärkere Betonung erfahren.

> *der Unterricht verändert sich sowieso jetzt, ob mit oder ohne Inklusion, es wird, versucht zu differenzieren auf verschiedenen Stufen, ja. Also es wird versucht ein gemeinsames Lesekonzept zu machen, das sind ja auch alles Sachen, die man vorher schon gehabt hat, aber ich glaube unter dem Gesichtspunkt von Inklusion wird auch nochmal ein bisschen genauer geguckt, wie man das dann umsetzt. (F14: 10)*

Damit verbunden ist eine vom Grad der Leistungsdifferenzierung in einer Klasse abhängige, intensive und damit auch zeitaufwendige Vorbereitung des Unterrichts, die als Notwendigkeit anerkannt wird. Zumindest für einige Lehrkräfte scheint diese Zunahme an Arbeit aber auch damit verbunden zu sein, dass sie nun in der Lage sind, arbeitsteilig in der Bearbeitung pädagogischer Problemstellungen im Unterricht vorgehen zu können. Zusammenarbeit trage, wie bereits oben erläutert, zu einem Gefühl der inhaltlichen Entlastung bei, wenngleich damit auch ein höheres Maß an Abstimmung erforderlich und damit wiederum ein zeitlicher Mehraufwand verbunden sei:

> *Jetzt muss man das klar festhalten und in einem Förderplan erläutern und man ist zu mehr Strukturierung angehalten und man muss auch viel viel mehr Absprachen treffen als man vorher nur für sich gearbeitet hatte, weil eben viel mehr Kollegen mit eingebunden sind, die sich um dieses Kind bemühen. Das heißt, es ist auf jeden Fall mehr Arbeit geworden, aber gleichzeitig ist es in gewisser Art und Weise im Unterrichtsgeschehen dann eine Entlastung, wenn es funktioniert. (R1: 3)*

Problematisiert wurde allerdings von manchen Lehrkräften, dass durch die neuen Anforderungen, die mit dem besonderen Förderbedarf einzelner Kinder verbunden werden, andere Kinder nicht mehr so intensiv gefördert bzw. gefordert werden könnten, wie es ihren Fähigkeiten entsprechen würde. So versuche man am unteren Ende so viel wie möglich zu fördern, die Unterstützung der Kinder, deren Leistungen im oberen Bereich des Leistungsspektrums liegen, komme hingegen zu kurz:

> *Also von der Förderung ist es eigentlich, ganz gut, also wir machen sehr viel differenzierten Unterricht. Auch mit den Lernzeiten haben wir immer*

differenzierte Pläne für alle Kinder, auch für die Starken Kinder. Wobei ich schon sagen muss, dass manchmal halt auch die Starken so ein bisschen vernachlässigt werden, weil man einfach so am schwimmen ist mit den vielen Schwachen und den LH-Kindern, die man auch noch parallel alleine quasi zu betreuen hat. Ja, dass das manchmal ein bisschen zu kurz kommt. (R8: 16)

Es wurde zudem erwähnt, dass leistungsstärkeren Kindern im Rahmen kooperativer Lernmethoden, die prinzipiell als gute Möglichkeit inklusiver Didaktik beschrieben wurden, zuweilen Unterstützungsaufträge erteilt wurden, die ihren eigenen Lernbedürfnissen nicht entsprechen.

Ja, aber man muss auch sehen, wer da bleibt, sind viele leistungsstarke Kinder und die machen das auch ganz gerne, andere zu unterstützen und zusammenarbeiten, aber die wollen auch mal was Weiterführendes nur für sich machen. Und das finde ich auch richtig. Die sind nicht hier als Sozialarbeiter oder sowas eingestellt, ja. Also die sagen dann 'Nee, ich will jetzt was schreiben, ich will jetzt was eigenes machen, ich will lesen.' Und das finde ich sehr okay. Also das Recht haben sie, finde ich. (R24:21)

Somit werden die kooperativen Lernmethoden insgesamt differenziert betrachtet, einmal in ihrem vermeintlichen Potenzial, soziale Lernprozesse zu befördern, und einmal hinsichtlich der je nach Leistungsvoraussetzungen verbundenen ungleich verteilten Möglichkeiten, in die Rolle der Helfenden schlüpfen zu können (müssen) und von diesem Setting hinsichtlich des eigenen Lernfortschritts insgesamt profitieren zu können. Je nach Thema und Aufgabe könnten auch Kinder, deren Leistungen im unteren Leistungsspektrum sind, die Chance bekommen, sich in der lehrenden und wissenden Rolle zu erleben und anderen etwas zu erklären. Das Doppelgesicht von Hilfe, welches mit der Gefahr der Deautonomisierung wie der Beschämung verbunden ist, wird selten explizit thematisiert. Demgegenüber wird das Bemühen hervorgehoben, Stärken auch leistungsschwacher Kinder in bestimmten Bereichen würdigen zu können:

Ja klar, es gibt immer wieder Phasen, wo die Kinder irgendwie gemeinsam arbeiten oder wo man probiert, dass sie sich gegenseitig was erklären, die Fitteren den Schwächeren helfen oder auch ein sonst schwaches Kind, wenn es da mal eine Kompetenz hat, dass man dann mal guckt, wie man das Kind irgendwie hervorheben kann, ja würde ich schon sagen. (R19: 45)

Neben diesem emotional/sozialen Aspekt der kooperativen Lernmethoden wurden auch die inhaltlichen Möglichkeiten des kooperativen Lernens von einigen Lehrkräften positiv hervorgehoben. Insbesondere dann, wenn die Lesekompetenz von Kindern nicht ausreichend vorhanden sei, um Aufgaben alleine zu bearbeiten, wurden positive Erfahrungen mit kooperativen Methoden beschrieben.

Also ich habe viel über kooperative Methoden, Lernmethoden, konnte man viel von der Inklusion eben auffangen. Also gerade dieses Nichtlesen, weiß ich von vielen Kollegen, macht vielen Kollegen eben Probleme. Dass die Schule absolut mit Lesen zu tun hat und sei es nur den Arbeitsauftrag zu verstehen und dieses Lesen ist wirklich essentieller Teil eines Inklusiv-Kind zu lernen, um überhaupt in der Schule zurecht zu kommen. Und das wird eben durch kooperative Lernmethoden echt gut aufgefangen. (R1: 35)

Diese Lehrkraft führte im Anschluss an diese Aussage aber weiter aus, dass sie von einigen Schwierigkeiten anderer Lehrkräfte wisse, solche kooperativen Methoden in ihren Unterricht zu integrieren. Dabei macht sie darauf aufmerksam, dass es sich auch für die Lehrkräfte nicht nur um eine fachlich/didaktische Entscheidung handelt, solche Methoden einzusetzen, sondern dass damit womöglich auch die Sorge vor (noch) mehr Arbeitsaufwand verbunden sei:

Bedarf aber auch eben Wollen der Lehrkraft. Und daran scheitert es, also ich weiß nicht, ob das eine Frage ist, aber das kann ich vielleicht bewerben. Es gibt viele Lehrer, die einfach Ängste haben, da ist dann wie so eine innere Sperre, dass die das nicht erarbeiten wollen oder denken, es kommt so viel mehr Arbeit drauf zu. Ja, es bedeutet mehr Arbeit, aber nicht unbedingt so viel mehr Arbeit, es ist ein Umstrukturieren und ein Umdenken. Also es funktioniert halt eben nicht mehr, das Buch auf Seite soundso und jetzt beantwortet die Fragen. (R1: 35)

Neben der Differenzierung der Inhalte und der Methoden stellt eine zunehmende Strukturierung des Unterrichts und auch des Schultages für viele der von uns befragten Lehrkräfte eine Notwendigkeit im Rahmen der Modellregion dar. Wobei auch in diesem Bereich in einigen Aussagen deutlich wurde, dass es sich dabei nicht um eine Besonderheit der Modellregion bzw. der Inklusion handelt, sondern um eine allgemeine Veränderung der Schüler*innenschaft.

Also (...) in der Klasse geht es glaube ich sehr stark bei unseren Kindern um Strukturen, die sie erlernen müssen , weil ich über all die Jahre die Erfahrung gemacht habe , dass (...) Kinder und Schüler immer weniger Strukturen (...) mitbringen (mhm) aus dem Elternhaus und hier zum Zeitpunkt einsteigen (...) wo man denkt von der Entwicklung her müsste da schon Manches da sein an das man anknüpfen kann, das ist aber oft nicht so (...) deswegen ist es für uns hier ganz wichtig den Vormittag zu strukturieren. Also das einfach so eine Übersicht gibt über den Vormittag (...) und dass die Dinge sich möglichst ritualisieren (mhm) und beständig wiederholen. Also das gibt den Kindern Sicherheit (...) und ich habe festgestellt (...), dass es, also so diese (...) Reihenfolge und Abfolge immer wichtiger wird. Also das es möglichst früh schon eingeübt wird (...). Das eigentlich der Inhalt vom ersten Schuljahr (mhm). (R15: 39)

Weiterhin wurde als Problem markiert, dass Schüler*innen mit besonderem Förderbedarf mitunter stark strukturierte Pläne und Arbeitsaufgaben abarbeiten müssen und hier eine durch Schulbegleiter*innen unterstützte Entkopplung vom Unterricht der anderen Schüler*innen erfolge könne.

für die ganze Woche in der Klasse bekommen die so eine Art Wochenpläne, die Schulbegleiter, die haben Rollcontainer in den Klassen und müssen dann teilweise ihre Schubladen abarbeiten. (F5: 9)

Auch von einzelnen Grundschullehrkräften wurde eine zu starke Differenzierung in allen Bereichen für Schüler*innen mit besonderem Förderbedarf problematisiert. Ein zu großes und andauerndes Abweichen von den Inhalten des Unterrichts berge vor allem ein auf der sozialen Ebene der Klassengemeinschaft anzusiedelndes Problem, da die Schüler*innen – so die Annahme – auf diese Weise von Interaktionen mit ihren Mitschüler*innen „abgekoppelt" werden. Insgesamt zeigt sich, dass das Schreckgespenst der Stigmatisierung breiten Raum einnimmt und entsprechende Bemühungen thematisiert werden, in Balanceakten zwischen Zumuten und Schützen, diese zu vermeiden:

Ich habe besondere Hilfen zur Verfügung gestellt und ansonsten habe ich immer so getan, als ob... wie alle anderen auch. Also und das war recht erfolgreich. Das mag nicht bei jedem Kind gehen. Das muss ich zugeben, aber ich glaube, man kann auch Kinder sehr ausgrenzen, indem ich nochmal dieses 'Ich hole das Kind da ab, wo es steht.' Aber hallo, ja. Das verliert man gerne den Maßstab und die verlieren den Anschluss. Also diese Gefahr sehe ich in diesem, generell in diesem sehr, sehr differenzierten Ansatz und das ist nicht für alle Kinder gut. Manchmal ist es auch gut zu sagen 'Ich erwarte, dass du das kannst. Streng dich an.' Und dann geht es auch manchmal. Also man muss da sehr balancieren, finde ich. Aber so dieses 'Da machen wir den Plan und dann machen wir es damit und damit und damit.' (R24: 15)

Quer zu den sonstigen didaktischen und organisatorischen Aspekten des Unterrichts hat das Thema „soziale Integration" von Kindern mit besonderem Förderbedarf breiten Raum in den Interviews mit Grund- und Förderschullehrkräften eingenommen. Positiv hervorgehoben wurde dabei, dass sich der

Umgang mit Schüler*innen mit und ohne bestimmte Förderbedarfe als unproblematisch gestalte und durch die gemeinsamen Unterrichtsphasen, eine Entdramatisierung bestimmter Differenzen erfolgen könne:

> *Das andere ist, dass man auf der anderen Seite, die Kinder, die wir hier haben, gehen natürlich ganz selbstverständlich mit dieser extremen Heterogenität um. Das ist, was, kann ich mir vorstellen, dass sich das verändert hat. (F5; 7)*

Grenzen sind diesem Bemühen um Entproblematisierung, und der in Schule per se nicht möglichen Dethematisierung, leistungsbezogener Differenzen vor allem im Laufe der Grundschulzeit gesetzt. Allerdings wird der Umstand, dass sich Kinder entwicklungsgemäß selbst gern im Wettkampf messen, durchgehend als Problem betrachtet, welches es zu bearbeiten gelte, um negative Folgen – wie sie in der Stigmatisierung gesehen werden – zu vermeiden:

> *Also wir sind, dadurch, dass das Kind sozial gut aufgefangen ist, in der Klasse und ich auch eine recht soziale Klasse habe, aber auch schon von Anfang an immer ehrlich kommuniziert habe, sie hat eben Probleme mit dem Lesen, sie braucht mehr Unterstützung, gleichzeitig den Kindern aber auch immer gesagt habe, auch ihr braucht in anderen Sachen Unterstützung, hat man versucht diese Stigmatisierung so ein bisschen abzufangen und eben zu sagen, jeder hat seine Schwierigkeiten, sie hat diese Schwierigkeit, also bekommt sie die und die Unterstützung und dadurch ging das auch. Also es führt jetzt unter den Kindern nicht zu Schwierigkeiten. Allerdings sind wir jetzt in der vierten Klasse und ich merke so langsam, dass die Pubertät anfängt und Konkurrenzdenken da ist, ich glaube, dass das ab nächstem Schuljahr bestimmt schwieriger werden könnte. Also ich glaube, dass das eine gute Arbeit von der weiterführenden Schule sein muss, diese Stigmatisierung aufzuheben. Allerdings hat meine Klasse jetzt mittlerweile auch, sind die total begeistert, dass dieses Kind jetzt lesen kann. Also die beloben das auch und fördern das, das ist unglaublich toll zu sehen. (R1: 33)*

Darin spiegelt sich eine besondere Sorge für das Wohlergehen einzelner Schüler*innen wider. Damit einher geht auch das erzieherische Motiv, die alters- und entwicklungsentsprechenden Rivalität in der schulisch nahegelegten Wettbewerbssituation, stillstellen zu wollen.

Kooperation aus der Perspektive der sozialpädagogischen Fachkräfte
Die Jugendhilfe in der Grundschule stellt in den meisten Fällen eine Neuerung dar, so dass zum Start des Projekts noch nicht auf Erfahrungswerte und etablierte Routinen zurückgegriffen werden konnte. In den Interviews mit

den sozialpädagogischen Fachkräften wurde daher ihre Perspektive auf die Etablierung ihrer Funktion und Rolle erfragt.

I Erfahrungen mit der Etablierung und den Rahmenbedingungen der Angebote durch die Jugendhilfe in der Schule:

Die von uns interviewten sozialpädagogischen Fachkräfte berichteten davon, dass es zu Beginn ihrer Tätigkeit an den Grundschulen zu einer Abstimmung zwischen dem Stadtschulamt, der Schulleitung, dem Träger der Jugendhilfe und der jeweiligen Fachkraft kam.

> *Wo ich hier eingestiegen bin, erinnre ich mich gut ähm, gabs dann ein Gespräch mit dem Stadtschulamt und unserer Koordinatorin und dem Schulleiter der Schule (*I: ja) zusammen, genau, da wurde das abgesprochen. Wo sind die Bedarfe? Ähm, ist das okee, wenn wir das so und so machen? Und (*I: ja) also das wurde schon ganz gut abgesprochen, festgehalten (...) und äh, da waren erstmal dann die Basics gelegt. (S29: 84)*

> *Also ganz am Anfang hab ich angefangen äh mit Wünschen der Schule, die kamen (*Mhm (bejahend)) und die vo-... waren dann im Austausch zwischen Stadtschulamt und meiner Koordinatorin und mir und der Schulleitung, sind die kommuniziert worden und dann hab ich mich so eingearbeitet und angefangen. Mittlerweile ist das so, dass es an manchen Stellen noch weiter gearbeitet wird, an ander'n Stellen ham sich andere Dinge entgeben... ergeben. (S28: 37)*

Im Rahmen dieser ersten Abstimmung wurden demnach die Bedarfe der Schule bzw. der Schulleitung erfasst und im Austausch mit der Fachkraft als erste Aufgabenbereiche festgelegt. Die im ersten Zitat angesprochenen „Basics" verdeutlichen die Rekontextualisierungsnotwendigkeit dieser Absprachen. Auch der Hinweis aus dem zweiten Zitat, „dass an manchen Stellen noch weiter gearbeitet wird", weist darauf hin, dass die einmal festgelegten Inhalte nicht so bestehen bleiben können, sondern notwendigerweise der Gestaltung in verschiedenen Akteurskonstellationen bedürfen und sich dadurch auch verändern können. Es wird damit schon hier ersichtlich, dass es sich, zumindest im Rückblick, um eine von den sozialpädagogischen Fachkräften als vorläufig betrachtete Vereinbarung gehandelt hat, die dann im weiteren Prozess angepasst wurde. Allerdings changieren die Äußerungen zwischen dem Wunsch nach einer stärkeren Steuerung durch die Schulleitung in Richtung einer Aktivierung des Angebots bei der Einführung. So wird mitunter die Aufforderung von Seiten der Schulleitung, sich mit bestehenden Bedarfen und Projektideen an die Jugendhilfe in der Grundschule zu wenden, als eine Voraussetzung für die Arbeit der sozialpädagogischen Fachkraft beschrieben, die aber oftmals nicht erfüllt werde. Darüber hinaus wurde von Seiten der sozialpädagogischen Fachkräfte die Einschätzung geäußert, dass die Schulleitung insgesamt deutlich stärker steuernd in schulische Entwicklungsprozesse eingreifen sollte:

> *Ich kenn andere Schulleitungen und die... die führen und lenken so'n bisschen. Lassen dem Kollegium trotzdem Freiheit und da im dem Fall ist es eher so, dass das Kollegium schon die Freiheit hat und manchmal würd ich mir wünschen, dass ähm die Schulleitung einfach sagt 'So und so machen wir das jetzt.' (*Mhm (bejahend)) Und das kommt nicht, das fehlt manchmal so'n bisschen und dadurch... naja, bleibt's halt sehr offen und frei. (*Ja.) Ähm es hat alles Vor- und Nachteile, klar. Ist 'n bisschen langatmig dann. (S28: 59)*

Neben dieser steuernden Funktion spielt die Schulleitung für die sozialpädagogischen Fachkräfte auch dann eine Rolle, wenn sie in Prozesse einbezogen oder auch nicht einbezogen werden, zu denen sich die sozialpädagogischen Fachkräfte gerne äußern würden.

> *Also ich hab... es ist nich-... es ist nichts mit mir persönlich (*Ja.), es ist einfach... die haben alle viel zu tun (*Ja.) und ich seh auch, dass sie sich Gedanken machen, aber ähm zum Beispiel gibt es jetzt das Konzept Lernhilfen... äh Quatsch Lerninseln an der A-Schule. (*Ja.) Das ist allein mit den Förderschullehrern gelaufen, erstellt worden. Die wissen, dass ich das nicht für gut heiße, weil in meinen Augen Lerninseln nicht inklusiv sind. (*Ja.) Ich hab aber gesagt oder versucht zu vermitteln 'Ich sehe, ihr bemüht euch, dass ihr da mit euren Ressourcen und Mitteln irgendwas macht und ich hätte da gerne dran mitgearbeitet.', aber da sie wissen, dass ich von Vorherein sage 'Das ist nicht so inklusiv.', (*Mhm (bejahend)) werd ich außen vorgelassen. (S28: 37-39)*

Hier wird ein Diskussions- bzw. Entwicklungsprozess angesprochen, aus dem die sozialpädagogische Fachkraft aus ihrer Sicht ausgeschlossen wurde, weil sie eine kritische Meinung zu den geplanten Vorhaben vertrat.

Wie unten noch weiter ausgeführt werden wird, berichteten die sozialpädagogischen Fachkräfte weitgehend übereinstimmend, dass sie sich als Fürsprecher der Inklusion an den Schulen empfinden. Daher wäre es aus ihrer Sicht wichtig, in solche Prozesse der Schulentwicklung einbezogen zu werden, wofür der Schulleitung die Verantwortung zugeschrieben und wiederum ein ungebrochener Glaube an die Wirksamkeit von Steuerung sichtbar wird. Dass die Schulleitung aus der Sicht einer sozialpädagogischen Fachkraft mit einer normativen und fordernden Haltung in Bezug auf schulische Inklusion auch anders umgehen kann, bringt eine Sozialpädagogin folgendermaßen zum Ausdruck:

*Also wir ham auch gerade in... mit der Schulleitung ein Gespräch geführt, wo's auch um... um die Angebote ging. Und da war klar die Aussage ähm 'Wir wollen das, wir wollen, dass alle teilhaben können, aber jetzt können wir's noch nicht.' Und das ist, find ich, sehr wichtig, dass man da ähm nicht verschraubt und auch nicht sich selbst anlügt und dass man sagt 'Man macht jetzt schon alles inklusiv.' (*Mhm (bejahend)), wenn's nicht inklusiv ist. (S27: 29)*

Wie Vereinbarungen in das Kollegium der Schulen getragen und dort zum Gegenstand von Aushandlungen und weiteren Absprachen werden, verweist auf die hinlänglich bekannte Prozessdimension von Schulentwicklungsprozessen. Der Glaube an Effekte von Steuerung und Regelung scheint mitunter ungebrochen groß, während auf der anderen Seite gerade das Ausmaß an eigener Gestaltungsautonomie positiv hervorgehoben wird.

*Ich glaube, dass das an anderer Stelle eigentlich ähm so sein müsste, also dass von... von Schulleitungsebene eben kommuni-... mehr, mehr... also dass signalisiert werden en-... generell, 'So, die Person oder Jugendhilfe ist jetzt hier, die Jugendhilfe kann Folgendes ähm... Ihr habt Bedürfnisse und Bedarfe und das wisst-... und das weiß ich und ähm ja, guckt mal, ob Arbeitsgruppen entstehen oder guckt mal, ob ihr direkt in nen Projekt starten könntet.' und ähm ist aber immer dialogisch. (*Mhm (bejahend)) Ne, so diese Voraussetzung, weil ähm... das ist manchmal leider nicht so, oftmals. Genau. (S28: 83)*

Hier wird die Schulleitung als Impulsgeber für das Zustandekommen von Projekten und berufsgruppenübergreifenden Arbeitsgruppen imaginiert, damit verbunden scheint der Wunsch nach einer deutlicheren Wahrnehmung durch Lehrkräfte, die – so der Gedanke – durch die Schulleitung stärker unterstützt werden könnte.

Weiterhin wurde hinsichtlich der Rahmenbedingungen die Bedeutung eines eigenen Raumes angeführt, der offenbar nicht allen sozialpädagogischen Fachkräften an den Schulen zur Verfügung gestellt werden kann:

*Ja, also auf jeden Fall bräuchte ich in der Schule einen Raum. Das ist ganz wichtig für mich. (*Ja.) Ich bin da ganz froh, dass die Schule mir wiederrum, da wo eigentlich kein Raum ist, nen Raum geschaffen hat. (*Ja.) Aber nen Raum, das... den brauch ich. Das sagen auch die anderen Kolleginnen von mir. Es gibt eine Kollegin, die wartet seit längerer Zeit auf 'n Raum, (*Ja.) bei ner anderen weiß ich's gar nicht. Ich glaub, die hat aber einen und das ist es wirklich wichtig. (*Ja.) Ich mein, alle schreien nach Räumen und Platz, aber das ähm... ja, man muss halt einen schaffen. Ich glaube, das ist auch möglich mit Containern oder irgendwas anderem. (*Ja.) Weil ähm dann kann ich auch wieder individueller auf die Kinder eingehen, dann kann ich da das auch kindgerecht gestalten,* *sodass sich Kinder da auch wohlfühlen und kann meine... meine pädagogische Arbeit auch intensiver gestalten und auch mehr nach meinen Vorstellungen... (S27: 87)*

Auch wenn dieser sozialpädagogischen Fachkraft eine Möglichkeit zugewiesen wurde, dauerhaft an einem Ort in der Schule zu arbeiten, betont sie doch die Notwendigkeit, einen eigenen, ungestört zur Verfügung stehenden Raum zu haben, in dem die pädagogische Arbeit mit den Kindern – und wohl auch mit Eltern und Lehrkräften – anders gestaltet werden kann als in einer wie auch immer gearteten Notlösung. Neben den räumlichen Möglichkeiten spielen für die sozialpädagogischen Fachkräfte aber auch personelle Aspekte eine Rolle und vor allem die Möglichkeit, in einem Team mit einer weiteren sozialpädagogischen Fachkraft arbeiten zu können:

*Ich glaub, dass es manchmal gut ist, nicht alleine an einer Schule zu sein, als Jugendhilfe. Da muss man jetzt schauen, wie sich das mit den Jugendhilfe-Kräften entwickelt. Die sind ja von... vom staatlichen Schulamt bestellt, ham 'n bisschen anderen Aufgraben-... Aufgabenrahmen und so weiter. (*Ja.) Aber ich merke deutlich an den Projekten, wo dann auch mal 'n Kollege mit da ist, weil er sich was anguckt oder ne Kollegin, dass das auch schon deutlicher so ist, ähm dass ne 50%-Stelle einfach für ne Schule... also für keine, unserer Modellschulen ausreicht, definitiv nicht. (S28: 85)*

Es wird deutlich, dass es nicht nur um eine Aufstockung des Stellenanteils geht, sondern auch um miteinander in Austausch treten können. Dabei wird eine vermutete unterschiedliche Vergütung problematisiert, die möglicherweise auch verschiedenen Qualifikationen geschuldet sein könnte, wodurch eine Abwertung des Stellenprofils bzw. der eigenen Tätigkeit einhergehen könnte. Hingewiesen wird in diesem Zusammenhang auch auf die ausgeschriebenen und nicht besetzten Stellen.

II Positionierung und Stellung im Gesamtgefüge der Einzelschule

So zeigt sich das Ausmaß an Gestaltungsautonomie auf Seiten der Sozialpädagog*innen hinsichtlich ihres Tätigkeitsfeldes, wie die Bedeutung von Mitbestimmung aller schulischen Akteure auf der Ebene der Schulkultur, eindrücklich in dem folgenden längeren Zitat:

*Also ich habe das Gefühl, dass ich da Teil des Kollegiums bin. Das ist ähm für eine... eine gute Erfahrung, weil ich das vorher eben anders gespürt habe (*Mhm (bejahend)) und ich kam ähm um Weihnachten rum an die Schule und hab dann vorgestellt, was ich etwa äh... etwa machen werde und was ich machen könnte (*Ja.) und dass ich eben das soziale Lernen anbiete. Und da gingen einfach die Hände hoch und (*Ja.)... ähm also mehrere Hände gingen hoch mit der Aussage 'Ich hätte gerne, dass* *du zu mir in die Klasse kommst und so etwas machst. (*Ja, ja.) Und das hat mir schon viel gezeigt und viel gegeben (*Ja.) und dann ist es einfach so ineinander gewachsen. (*Ja.) Das ist aber nicht nur die Jugendhilfe, die an der Schule so gut ähm integriert ist ins Schulklima, das ist auch... das sind auch die BFZ-Kräfte, das ZfE war auch dabei (*Ja.) und der Hausmeister oder Schulhofverwal-... Schulhausverwalter ist mit integriert (*Ja.). Äh die... die Putzkraft war beim... jetzt bei der Verabschiedung der vierten Klassen. (*Ah ja.) Die Eltern werden mit reingeholt. Also man merkt einfach, das ist nicht... äh das ist etwas, was wohl irgendwie so gewachsen ist an dieser Schule. (S27: 33)*

In diesem Zitat werden mehrere Aspekte deutlich, die aus der Sicht der sozialpädagogischen Fachkraft im Prozess der Einführung von Jugendhilfe in der Grundschule für sie bedeutsam waren. Zunächst wird auf eine entsprechende Frage im Interview der eigene Eindruck benannt, sich als ein Teil des Kollegiums zu fühlen. Dass dies im Rahmen von Jugendhilfe in der Grundschule nicht selbstverständlich ist, wird aus der Weiterführung des Zitats deutlich, in der auf vorhandene andere Erfahrungen verwiesen wird. In weiteren Interviews wird ersichtlich, dass dies auch im Rahmen der Modellregion nicht von allen sozialpädagogischen Fachkräften so wahrgenommen wurde. Darauf wird weiter unten noch mal explizit eingegangen. Im hier angeführten Zitat wird aber ersichtlich, worauf sich dieses Gefühl, das schon sehr früh im Prozess entstanden ist, gründet: auf dem Interesse des Kollegiums an den pädagogischen Angeboten wie darauf, über diese Angebote als Lehrer*innen mitentscheiden zu können. Weiterhin wird in dem Zitat ein Zusammenhang hergestellt zwischen diesem frühen Gefühl des Sich-Dazugehörig-Fühlens und dem allgemeinen „Schulklima“, welches Ausdruck eines längeren Entwicklungsprozesses ist, der eine eigene Dynamik aufweist und nicht einfach über Regeln und Vereinbarungen verordnet werden kann. So weist eine andere Sozialpädagogin darauf hin, dass an ihrer Schule die konkrete Zusammenarbeit mit den Grundschullehrkräften an ihrer Schule vor allem von ihr initiiert und mit Nachdruck gesucht wurde:

*Ich sag mal so meine Kooperation (...) hat gut funktioniert glaube ich deshalb, weil ich mich am Anfang an (...) ganz ganz viele Fersen gehaftet habe und auch immer wieder dran geblieben bin, wenn (*I: ja) ich ähm (...) ne Idee hatte oder dachte das könnte (...) im Sinne der Kinder sein, im Sinne der Schule (...) also damit hat es eigentlich angefangen, dass ich auch immer wieder auf Matte stand und äh, Vorschläge gemacht hab. Ich weiß nicht ob es andersrum, wenn ich ähm, im Büro gesessen hätte und äh mich abgeschirmt hätte, ob das so funktioniert hätte (*I: ja) Ob ich so wahrgenommen worden wäre, man muss ja auch immer bedenken, wir sind Einzelpersonen in diesen Schulen. (S29: 109)*

Um überhaupt mit den vereinbarten Angeboten im Kollegium wahrgenommen zu werden, bedarf es demnach einer besonderen Form der Initiative, denn Informationen über das je konkret auszugestaltende Tätigkeitsfeld, die Funktion und damit auch den Auftrag der Jugendhilfe in der Schule ist offenbar wenig bekannt. Hier wird aber auch die besondere Stellung in der erweiterten Akteurskonstellation in Schule als Sozialpädagogin einmal mehr deutlich, nämlich als Einzelperson mit einem anderen Auftrag als das Lehrerkollegium tätig zu werden, und somit eine gesonderte Position einzunehmen und mit Schüler*innen in anderen Settings als Lehrkräfte zu arbeiten. Hier differiert das Selbstverständnis innerhalb der Gruppe der Sozialpädagog*innen dahingehend, dass einige stärker auf „Komm-Strukturen" als andere setzen, wobei die Bekanntmachung und Empfehlung der sozialpädagogischen Angebote durch die Lehrkräfte als gleichermaßen notwendig erachtet wird:

> *Was ich auch ganz schön fand, das war bei mir an der Schule so. Manche Lehrer haben die Kinder gepackt und immer in der Stunde gesagt: Jetzt gehn wir mal zu Frau E., damit ihr wisst wo die ist (*I: mhm [bestätigend]). Das finde ich ganz schön, manche haben das gemacht (*C: Ja). Ja, das hat (*I: mhm [bestätigend]) auch ganz gut geklappt, ja. (S29: 98)*

Insbesondere zur Einführung der neuen Angebote wird diese Unterstützung durch Lehrkräfte als unterstützend wahrgenommen.

III Tätigkeitsschwerpunkte als Bezugspunkte der Kooperation und Gestaltung der Formen der Zusammenarbeit

Im Rahmen der Interviews wurden die sozialpädagogischen Fachkräfte darum gebeten, einen Überblick über die von ihnen durchgeführten Angebote und Tätigkeiten zu geben. Hier werden diese unterschiedlichen Arbeitsbereiche zunächst erst einmal benannt, um das breite Spektrum abzubilden. So bestehen Angebote für Schüler*innen in folgenden Bereichen: Gewaltprävention (in der Klasse oder in Kleingruppen außerhalb des Unterrichts); Ausbildung von Pausenengeln/Pausenhelfern; Mediation; Soziales Lernen (in der Klasse oder in Kleingruppen außerhalb des Unterrichts); Klassenangebote zur Moralentwicklung (Dilemma-Geschichten); Klassenrat; Schülerparlament; Pausenaufsicht; Einzelfallhilfen außerhalb des Unterrichts. Dieses Spektrum bildet die Spannung zwischen stärker sozialpädagogischen Hilfeformen und dem schulpädagogischen Vermittlungsgeschehen ab, es zeigt aber auch, inwieweit die Angebote bis in den Unterricht hineinreichen, die Herstellung unterrichtlicher und schulischer Ordnung unterstützen sollen (u.a. durch Etablierung von Pausenregeln, Pausenaufsicht). Daneben gehören zum Tätigkeitsspektrum auch Angebote für Lehrer*innen, wie Unterrichtshospitationen; Beratungsangebote bis hin zu Beratungsteams für Lehrkräfte; Mitarbeit im Rahmen von Kinderschutzmaßnahmen; Angebote für Eltern (z.B. Eltern-Café) und Elternberatung; Vernetzung in den Stadtteil. Zu den Angeboten für Eltern erscheint dazu ein Hinweis angebracht: Für die interviewten sozialpädagogischen Fachkräfte war der Kontakt zu den Eltern ein problematischer Punkt, da sie zumindest den Eindruck hatten, die Informationen über Schulleitungen und/oder Lehrkräfte reiche häufig nicht aus, um den Eltern die möglichen Angebote für sie zu verdeutlichen. Daher wurde an mehreren Schulen versucht, ein Eltern-Café zu etablieren, in dem ein von der Schule separierter Austausch und insbesondere auch ein persönliches Kennenlernen möglich gemacht werden konnte. Dennoch scheint auch dieser Austausch nur über die Vermittlung durch Lehrkräfte möglich:

> *B: Mhh [überlegt] (...) bei mir ist das tatsächlich so, dass äh ich eher über die Lehrkräfte den Zugang zu den Eltern hab (*I: mhm [bestätigend]). Ähm, wenn die mich aber einmal kennen, werde ich aber durchaus wieder angerufen (*I: mhm [bestätigend], ja), aber genau wenn die mich nicht kennen, die Hemmschwelle über die Schwelle ist schon groß (*I: ja), (?dagegen) Kontakt aufzubauen. Deswegen äh, wollte ich jetzt auch definitiv nen Eltern-Café starten. (S29: 100)*

Ebenso wie in den Interviews mit den Lehrkräften stellte das Thema Zusammenarbeit den Schwerpunkt in den Interviews mit den sozialpädagogischen Fachkräften dar. Dazu wurden von den sozialpädagogischen Fachkräften verschiedene Aspekte der Zusammenarbeit thematisiert, die im Folgenden dargestellt werden. Das folgende Zitat beginnt mit einem möglichen Hinweis auf die persönliche Ebene, die in jeder Form der Beziehung und Zusammenarbeit eine Rolle spielt, geht im Weiteren dann aber darüber hinaus:

> *natürlich ist es so (...) man kommt oder ich komm nicht unbedingt mit allen Lehrkräften klar (*I: mhm [bestätigend]) ja, ähm (...) auch das was ich gesagt habe, einige wissen um meine Aufgabenbereiche, andere interessierts eher weniger, melden sich gar nicht, ja und also bei den Lehrkräften hab ich tatsächlich auch ne Stammgruppe, die gerne kommt (*I: mhm [bestätigend]) und äh andere die ähm, (...) das für sich irgendwie regeln oder (...) wie auch immer das machen. (S29: 108)*

Deutlich wird, dass die Wahrnehmung des eigenen Tätigkeitsfeldes und damit in gewisser Hinsicht auch die Nutzung dieser Angebote davon abhängig ist, ob Lehrkräfte daran ein Interesse haben und Sympathien füreinander bestehen. Ein erster Punkt für die Gestaltung bzw. möglicherweise auch schon das Zustandekommen der Zusammenarbeit wird mit dem Wissen um die Aufgabenbereiche der sozialpädagogischen Fachkraft angeführt. Damit ist die Unterscheidung zwischen dem Wissen und dem Nichtwissen um die Aufgabenbereiche eingeführt. Implizit bleibt an dieser Stelle eine daraus sich ergebende Kritik an der Information des Kollegiums über die Aufgabenbereiche der sozialpädagogischen Fachkraft.

> *Ja (...) weil (...) vielleicht ist es auch äh, ein Gefühl aber wie gesagt äh teilweise wurden die Ressourcen, die da sind nicht ausgeschöpft. Auch unter vehementen Sagen: Da ist noch was. Nutz das doch bitte. (...) Ich biete dir meine Hilfe an, nutz das doch bitte. Ne, also das war das (...) was glaube ich so ein bisschen dieses Machtgefälle doch äh demonstrieren könnte. (...) Aber an sich, man spürt es im Alltag nicht. Nur in solchen Situationen. (S29: 149)*

Das „Machtgefälle" zwischen Lehrkräften und sozialpädagogischen Fachkräften wird hier als eine mögliche Erklärung angeführt, inwieweit die Lehrkräfte die Ressourcen der sozialpädagogischen Fachkraft in Anspruch nehmen oder eben nicht. Diese erlebte und beschriebene ‚Trennung' zwischen den Lehrkräften und den sozialpädagogischen Fachkräften spiegelt sich auch in dem weiter oben schon angesprochenen Gefühl wider, sich dem Kollegium nicht vollständig zugehörig zu fühlen, wie es in dieser Antwort auf die entsprechende Frage beschrieben wird:

> *Tatsächlich (?also) definitiv würde ich das bei mir nicht behaupten. Ich werde schon berücksichtigt, also ich werde nicht übergangen (...), ähm (*I: mhm [bestätigend]) das auf keinen Fall (...) aber äh (...) doch (?hier) man merkt schon, dass äh ich keine Lehrkraft bin und also die sind doch f- sich, würde ich sagen doch noch mal was Besonderes (...) (*C: mhm [bestätigend]). Ähm (...) wenn ich es jetzt in einer Prozentzahl angeben müsste, ich würde sagen zu 70%, 70, 80. (S29: 116-118)*

Schon die Einleitung, dass sie berücksichtigt und nicht übergangen werde, macht eine deutliche Differenz zwischen dieser sozialpädagogischen Fachkraft und dem Rest des Kollegiums klar. Auch in der Fortführung wird die Differenz weiter veranschaulicht, indem die Wahrnehmung beschrieben wird, dass die Lehrkräfte „noch mal was Besonderes" seien. Diese Asymmetrie spiegelt jedoch die unterschiedlichen Aufgaben und Aufträge wider, kann aber offenbar auch als Ausdruck mangelnder Wertschätzung der eigenen Tätigkeiten wahrgenommen werden.

Durch alle Interviews mit Sozialpädagog*innen hindurch zieht sich die Thematisierung der Bedeutung eines mehr oder weniger starken Interesses und des damit verbundenen „Anzapfens" der Jugendhilfe durch die Lehrkräfte. Dadurch werden die Sozialpädagog*innen zu Zu- und Mitarbeitenden und bearbeiten gemeinsam, wenn auch arbeitsteilig, Problemstellungen, und in gewissem Maße werden auch ‚Aufgaben' und Zuständigkeiten durch Lehrkräfte verteilt und übernommen. In den Interviews wurden die sozialpädagogischen Fachkräfte danach gefragt, in welchen organisatorischen, zeitlichen und räumlichen Zusammenhängen Formen der Zusammenarbeit gestaltet werden:

> *Puh, (...) ich sage mal so. Ich hatte eine Sprechstunde, ähm für Eltern und die war immer sehr hoch frequentiert dann von Lehrkräften [I. lacht] und äh die war jeden Mittwoch (*I: ja) und ähm das Büro (...) war schon auch immer gut besucht. [I: Okay.] Ja und äh, ich denke auch das ist Kooperation. Natürlich suchen die Kollegen auch ähm zwischenmenschlichen Kontakt, ne. (*I: mhm [bestätigend]) Ähm, aber trotz allem war das auch Kooperation. So (*I: mhm [bestätigend]) konnten Angebote erst entstehen, halt eben auch im Kleinen, ne, weil man doch mal (?obweh) geguckt hat, oder Angebote oder auch vielleicht auch eben Hilfen für Kinder, ne. (S29: 126-128)*

> *Ja was bei mir auch gut genutzt wurde (...), vor Unterrichtsbeginn (...) finde ich mich einfach immer im Lehrerzimmer, jeden Morgen (...) und ähm, ja da das wird super gut genutzt. Ich versuche auch nur eine Pause des Tages auf dem Schulhof zu verbringen und die anderen dann doch im Lehrerzimmer (*I: ja), weil da ist den Lehrern, dann während des Tages was eingefallen. (S29: 129)*

Einen, aus ihrer Erfahrung erfolgreichen, Rahmen für die Kontaktaufnahme bilden für diese sozialpädagogischen Fachkräfte keine speziellen Beratungsangebote für Lehrkräfte, sondern zum einen, eine eigentlich für Eltern gedachte Sprechstunde, zum anderen, der Aufenthalt im Lehrerzimmer. Diese gewissermaßen inoffiziellen Kontaktmöglichkeiten bieten einen niedrigschwelligen Zugang zum Austausch. Im ersten Zitat wird zudem deutlich, dass eine fachliche Zusammenarbeit oder auch zunächst nur Ideen für eine Zusammenarbeit dadurch entstehen konnten, dass ein zwischenmenschlicher Kontakt aufgebaut wurde. In anderen schulischen bzw. organisatorischen Konstellationen ergaben sich ähnliche Erfahrungen:

> *Vormittags sehr wenig, weil sie ja in der Klasse sind (*Ja.) und in der Pause bin ich auf dem Hof (*Ja.), mmmh daher sind's sehr viele Zwischen-Tür-und-Angel-Gespräche. (seufzt) Wenn ich... wenn ich nachmittags da bin, merk ich's immer. Da werd ich ähm... komm ich da nicht weg (I lacht) und ich hab das Gefühl, die bräuchten da nicht mich, sondern einfach wirklich ähm jemand, der für sie so zuständig ist, mit ihren Fragen, so... total auch in Bezug auf Inklusion. Wenn's um Kinder geht, ist das kein Thema, da geht... der kollegiale Austausch geht da super. (*Ja.) Ähm aber die bräuchten ne Beratung für sich als... als Grundschullehrkräfte oder auch als Re-... ähm Förderschullehrkräfte. (S28: 63)*

In diesem Zitat zeigt sich zunächst, dass der Abstimmung der Arbeitszeiten zwischen sozialpädagogischen Fachkräften und Lehrkräften an der Schule eine besondere Bedeutung für die Ermöglichung von Zusammenarbeit zukommt. Wenn auch die sozialpädagogischen Fachkräfte überwiegend vormittags arbeiten, bestehen kaum zeitliche Möglichkeiten der Kontaktaufnahme für die Lehrkräfte, so dass der Austausch sich hier auf Tür-und-Angel-Gespräche beschränken muss. Darüber hinaus wird in diesem Zitat aber die Wahrnehmung angesprochen, dass die sozialpädagogische Fachkraft als Ansprechpartner*in mit spezifischer und vor allem breiter Expertise adressiert wird, wenn es um schulpädagogische Fragestellungen im Kontext von „schulischer Inklusion“ geht.

In vielen der von den sozialpädagogischen Fachkräften angeführten Tätigkeiten scheinen die angeführten häufigen Tür-und-Angel-Gespräche für die notwendigen Absprachen mit den Lehrkräften auszureichen. Befragt nach der Ausgestaltung der Zusammenarbeit finden sich in den Interviews mit den sozialpädagogischen Fachkräften darüber hinaus aber einige Hinweise darauf, welche Rolle sie in darüber hinausgehenden Kontexten der Zusammenarbeit einnehmen bzw. welche Rolle ihnen auch im Rahmen ihrer Tätigkeiten an den Schulen zugewiesen wird.

> *Es gab natürlich Menschen, die (...) viel (...) mitgearbeitet haben (*I: mhm [bestätigend]), es gab aber auch Menschen, die einem mehr die Rolle (...) gegeben haben (...) ähm, das Operative auszuführen und selbst eher in einer (...) beobachtenden Rolle zu sein (*I: ja). Ja. Was aber nicht heißt, dass sie nicht beteiligt waren, sondern sie hatten dann auch mal die Möglichkeit aus einer anderen Perspektive auf den Kontext zu gucken (S29: 109)*

Dieses Zitat bezieht sich auf Situationen im Unterricht, in denen die sozialpädagogische Fachkraft quasi den Unterricht leitet bzw. eine regelmäßige oder einmalige Unterrichtseinheit wie z.B. „soziales Lernen“ mit der gesamten Klasse durchführt. Hierzu wird von unterschiedlichen Erfahrungen und Möglichkeiten der Mitarbeit der Lehrkräfte berichtet, die entweder selbst viel mitgearbeitet oder sich in eine beobachtende Rolle zurückgezogen haben. Es wird in dem Zitat deutlich, dass aus der Sicht der sozialpädagogischen Fachkraft beide Formen durchaus als sinnhaft und verständlich betrachtet werden. Eine andere Bewertung erfährt die Zusammenarbeit zwischen den sozialpädagogischen Fachkräften und den Lehrkräften im folgenden Zitat:

> *Es ist auch, glaub ich,... also ich hab manchmal die Gefü-... das Gefühl, ich hab so ne Feuerwehr-Funktion. Wenn's nicht... wenn sie alles ausprobiert ham und nicht mehr funktioniert, dann wird die Jugendhilfe angesprochen. (*Mhm (bejahend)) Und ich würd mir manchmal wünschen,*

dass ich halt früher einfach mit ins Boot komme, weil ich dann schon viel früher davon weiß, was machen kann. Mit... die Eltern viel engmaschiger begleiten kann. Mmmh ist noch nicht so, aber kommt, glaub ich, mit der Zeit. (S28: 45)

Zunächst wird hier der Begriff der Feuerwehr für die Rolle der sozialpädagogischen Fachkraft eingeführt, die demnach dann gerufen wird, wenn es brennt bzw. nicht mehr funktioniert. Verbunden wird damit offenbar die Erwartung, dass die sozialpädagogische Fachkraft in der Lage ist zu löschen bzw. die Funktionsfähigkeit wiederherzustellen. Diese Rollenzuweisung entspricht dabei, wie das Zitat verdeutlicht, nicht den eigenen Vorstellungen der sozialpädagogischen Fachkraft. Sie verweist darauf, dass Schwierigkeiten von ihr besser bearbeitet werden können, wenn sie früher in Prozesse involviert würde. Offenbar sieht die sozialpädagogische Fachkraft die Entwicklung aber durchaus positiv, da die Aussage damit abgeschlossen wird, dass sie an eine entsprechende Veränderung der Rolle mit der Zeit glaubt.

IV Zusammenarbeit zwischen Förderschullehrkräften und Sozialpädagog*innen

Explizit nachgefragt wurde in den Interviews mit den sozialpädagogischen Fachkräften die Zusammenarbeit mit den Förderschullehrkräften, denn über diese bislang im Fachdiskurs zwar als notwendig erachtete Form der Kooperation liegt bislang kaum empirisches Wissen vor und existieren, mit Ausnahme der im Kontext schulischer Erziehungshilfe entwickelten Konzepte aus der Zeit der Integrationsbewegung, kaum aktuelle Konzepte. Die sozialpädagogischen Fachkräfte äußern in diesem Zusammenhang deutlich, dass sie diese aufgrund zeitlicher Ressourcen selten zustande kommende Konstellation der Zusammenarbeit als sehr bereichernd wahrnehmen:

Ähm, dass man da mal sprach-... spricht. Und nen fachlichen Austausch gibt's dann aber auch wiederrum mit ner BFZ-Kraft sehr stark. Ähm wo man eben wirklich auch mal in den ähm Austausch über Inklusion oder über Schulentwicklung durch Inklusion kommt. Also beispielsweise sind Lerninseln sinnvoll oder nicht? (S27: 47)

*Der... den größten Gewinn krieg ich eigentlich in der Arbeit mit der BFZ-Kraft, weil das doch eine ähnliche Ausrichtung ist. Vielleicht sind wir auch von der Person her ähnlich (*Mhm (bejahend)). Auf jeden Fall ähm kann ich daran für meine eigene Arbeit sehr viel ähm... sehr viel abgewinnen, also hab ich auch schon viel gelernt. (S27: 71)*

In diesen beiden Zitaten einer sozialpädagogischen Fachkraft wird zum einen angesprochen, dass mit der Förderschullehrkraft ein fachlicher Austausch über allgemeinere pädagogische Fragestellungen geführt werden kann. Dies wurde als eine Schwierigkeit im Austausch mit den Regelschullehrkräften angeführt, mit denen zwar ein guter Austausch über Kinder und die konkreten Unterstützungsbedarfe möglich sei, aber andere inhaltliche Bezugspunkte den fachlichen Austausch bestimmen. Die Nähe zwischen Sozial- und Sonderpädagogik wird als ähnliche Ausrichtung beschrieben während Regelschullehrkräfte dazu als different in ihren Perspektiven wahrgenommen werden; hier deuten sich in beruflicher Hinsicht identitätsstiftende Möglichkeiten der Koalitionsbildung auch gegenüber Regelschullehrkräften an, denen es weiter nachzugehen wäre. Denn organisationale Einbettung in die Jugendhilfe und in anderer Weise auch an ein BFZ ermöglicht den jeweiligen Akteur*innen eine Distanzierung von der Regelschule, sie erleben sich als Kommende mit der Möglichkeit, auch wieder gehen zu können:

> *Aber an sich hat sichs (?aber) auch gut gestaltet. Ich weiß nicht obs ähm mit äh ne Sache ist so, ähm auch wir kommen an die Schule (...) (*I: mhm [bestätigend]). Ähm, auch wir haben Unsicherheiten teilweise (*I: mhm [bestätigend]) auch für uns sind manche Dinge nicht geklärt, ob das solidarisiert oder wie auch immer aber man kommt auch immer (*B: mhm [bestätigend]) gut in Kontakt (S29: 133-135)*

Damit einher gehen ähnlich gelagerte Probleme, die sich in Unsicherheiten und Ungeklärtheiten äußern, die möglicherweise Ansatzpunkte für das Zustandekommen von Kontakten auch außerhalb der eigentlichen fachlichen Aufgaben bilden.

Abgesehen von dieser positiven Bewertung der Zusammenarbeit mit den Förderschullehrkräften beschreibt eine sozialpädagogische Fachkraft auch ein organisatorisches Problem für diese Konstellation:

> *Genau, ähm es wechselt ja immer. Also auch während dem (Pause 3 sec.)... während dem Jahr. Dass man mal nen Lehrer hat, der mal nen Tag da war oder nur zwe-... oder zwei da ist (*Ja.) und plötzlich geht er mittendrin woanders hin. (*Ja.) Deswegen war das am Anfang 'n bisschen schwierig, da sowas Generelles einzuführen. Jetzt ham wir... so alle acht Wochen setzen wir uns zu dritt zusammen. (S28: 45)*

Im Gegensatz zu den Regelschullehrkräften, die im Normalfall durchgängig und dauerhaft an einer Schule sind, wurde dies mit Förderschullehrkräften offenbar anders erlebt. Hier bestand ein Problem für den Aufbau einer tragfähigen bzw. generellen Zusammenarbeit darin, dass Förderschullehrkräfte nicht durchgehend vor Ort sind oder nach einer gewissen Zeit auch gar nicht mehr an der Schule tätig sind.

V „Haltekraft“ der Grundschule gegenüber einem „Abschiebemodus“ sichern: Zum Verständnis schulischer Inklusion

Im Verlauf der Interviews wurde den sozialpädagogischen Fachkräften auch die Frage gestellt, wie ihre Haltung zum Thema Inklusion sei. Alle Interviewten äußerten hier eine sehr starke Befürwortung eines weiten Inklusionsverständnisses. In den Interviews wurde diese Haltung auch an verschiedenen Stellen deutlich, in denen von Auseinandersetzungen bzw. Diskussionen oder Differenzen zum Thema Inklusion die Rede war.

> *Ja, meine Vorstellung von Inklusion ist das mit Sicherheit nicht, weil dann würd es auch überhaupt keine äh... nicht dieses zweigleisige System geben. (*Ja.) Mit Förderschulen, Grundschulen und auch weiterführenden Schulen, die ja auch noch getrennt sind. (*Ja.) Und überhaupt Inklusion nur auf Schule zu begrenzen, find ich auch (*Ja.)... auch nicht richtig. (S27: 23)*

Befragt nach dem eigenen Verständnis von Inklusion machte diese sozialpädagogische Fachkraft sehr deutlich, dass ihr eigenes Inklusionsverständnis sehr stark von dem von ihr in der Modellregion wahrgenommenen abweiche. Insbesondere die weitgehende Fokussierung der Diskussionen und Maßnahmen, innerhalb und außerhalb der Modellregion, auf den Bereich der Schule, kritisierten die sozialpädagogischen Fachkräfte in ihren Aussagen. Dies ist auch vor dem Hintergrund zu sehen, dass für die von uns interviewten sozialpädagogischen Fachkräfte das Thema Behinderung immer durch einen nicht nur auf Schule bezogenen beruflichen oder privaten Hintergrund beeinflusst war.

Das folgende Zitat, in dem eine kurze Interaktion zwischen einer sozialpädagogischen Fachkraft (C) und der interviewenden Person (I) wiedergegeben wird, folgte auf die Frage danach, welche Ziele die Modellregion eigentlich verfolge:

> *C: Nicht die Eindämmung von Vielfalt, sondern (...) die Verwirklichung von Vielfalt (...).*
> *I: Jetzt muss ich nochmal nachfragen. (*B: Ja) Ist das ihr Ziel, oder ist das, dass Ziel der Modellregion?*
> *C: Ich sage, das ist auch unser Ziel. Also wir stehen da voll dahinter mit unserer Haltung und sagen, das ist möglich (...) (uv:--).*
> *I: Und ist es auch das Ziel (...) mit dem was hier vom Stadtschulamt, (?staatliche) Schulamt und Caritas verfolgt wird, das ist im Grunde meine Frage.*
> *C: Ob das alle Beteiligten so verfolgen, kann ich jetzt äh, nicht beurteilen. Da es immer wieder Divergenzen gibt äh, in den Meinungen (*I: Mhm [bejahend]) und ähm, ja (...).*
> *I: Okay.*

> *C: Man sich dann häufig die Frage stellt, ähm verfolgen wir das gleiche Ziel? (*I: mhm [bestätigend]) (S29: 31-37)*

Deutlich wird hier zunächst ein weit gefasstes Ziel, „die Verwirklichung von Vielfalt", das die sozialpädagogische Fachkraft äußert. Auf Nachfragen wird dann im Verlauf ersichtlich, dass es sich dabei um das persönliche Ziel handelt, das verschieden zu den Zielen anderer Beteiligter der Modellregion wahrgenommen wird, da „es immer wieder Divergenzen" gibt. Im beruflichen Handeln, berichten die sozialpädagogischen Fachkräfte in den Interviews, sei ihre Haltung zur Inklusion insbesondere immer dann gefordert, wenn eine Schule Kinder im Sinne der Überweisung an eine Förderschule exkludiere oder dies drohe:

> *Ich sag mal so, wenn eine Schule (...) das Gefühl hat, sie kann es nicht mehr händeln (...) eine Situation (...) ähm, dann kämpfen wir (*I: mhm [bestätigend]). Ja. Weil sie recht schnell in den (...) Abschiebemodus dann gehen (29:163)*

> *Ich sage mal so, es ähm, ist für uns immer wichtig ähm Kinder zu halten, an den Schulen (*I: ja). Es kommt aber immer wieder zu exklusiven Prozessen an Schulen. Und es ist immer von uns immer ein Abarbeitungsprozess und ich sage auch mal, immer auch ein Erlebnis des <u>Verlustes</u> (S29: 16)*

In diesem Zusammenhang ist es interessant, dass es vor allem um das „Halten" der Schüler*innen an der Schule geht und darin die Zielperspektive schulischer Inklusion markiert wird; inwieweit damit Teilnahme und Teilhabe einhergehen und entsprechend unterstützt werden müssen, wird kaum expliziert. Die Kritik richtet sich neben der wahrgenommenen Tendenz eines stellenweise beobachtbaren „es-sich-leicht-Machens" auf berufliche Überzeugungen und persönliche Haltungen von Lehrkräften sowie auf ein selektives Schulsystem. Eine problematisierte Entwicklung wird in der Einrichtung von Lerninseln an den Schulen gesehen:

> *Ich habe da auch problematische (...) ähm (...) Verwendungen des Begriffs, wo wir dann auch nicht so so dahinterstehen und ähm, ja auch die Umsetzung der Inklusion ist teilweise halt eben dadurch geprägt, dass es jetzt noch nicht äh, unbedingt (...) dem entspricht, was es als Konzept bedeutet, ne. Also wenn ich, ähm exklusives Settings in inklusiven Schulen schaffen (*I: ja) ist das recht schwierig. Ich, ähm meine damit jetzt auch zum Beispiel Lerninseln (*I mhm [bestätigend]). Die jetzt im Grunde genommen ein guter Anfangsschritt sind (*I: ja), an dem man anknüpfen kann (...) und ähm, wenn es die Beteiligten halt eben so verfolgen, dass es nicht zu Stigmatisierungen, zu Stempeln kommt (*I:ja) kann das auch gut*

> *sein (*B:ja), aber wenn es dann doch so durchgeführt wird, dass es (...) ein Auffangbecken ist (...) (*I:ja) (*B: mhm [bestätigend]) dann ist das schwierig. (S29: 51)*

In dieser Aussage werden die Lerninseln als ein exklusives Setting in einer inklusiven Schule bezeichnet, was eine Schwierigkeit darstelle. Dabei wird das Konzept der Lerninsel nicht grundsätzlich abgelehnt, sondern nur dann, wenn es als ein „Auffangbecken" genutzt wird. Aufgrund der Formulierung ist davon auszugehen, dass eben dies von der sozialpädagogischen Fachkraft auch in der Praxis so wahrgenommen wird. Darüber hinaus wird zu Beginn des Zitats angedeutet, dass auch die Verwendung des Begriffs Inklusion nicht immer der eigenen entspreche. Das folgende Zitat verdeutlicht zunächst, dass das Thema Inklusion aus der Wahrnehmung der sozialpädagogischen Fachkraft eher als Problemtopos erscheint:

> *Ähm sobald es dann aber doch ein Fall gibt, der eingebracht wird (...) wird dann doch bisschen gestöhnt und dann merkt man wie sich die Diskussion um Inklusion so bisschen im Kreise dreht. Ach die Ressourcen fehlen, wir ham doch das Geld nicht und son (?Geldern). Also es mag ja alles sein, (?nur) das würde (*I: ja ja ja) ich auch so sagen. Aber man merkt auch (...) d- d- es dreht sich und dreht sich und irgendwie ist is is kommt nicht voran, es wird beschwert, also sich beschwert, es wird lamentiert. Aber so richtig Lust (...) ist dann doch nicht da es zu machen (*I: ja). Also dann gehts auch wieder in Richtung, das Kind tatsächlich (...) loswerden, wie mann's halt sagen muss, ja (*I: uv:--), genau damit die Atmosphäre wiederhergestellt wird, ne (*I: mhm [bestätigend]), die angenehm ist, ja. (S29: 169)*

Bezug genommen wird hier auf Konferenz- und Kooperationssituationen, in denen auf das Thema der Inklusion bzw. das Einbringen von entsprechenden Fällen mit Abwehr reagiert werde. Hier tauchen dann auch Zuschreibungen auf, die Lehrkräften unterstellen, es sich leicht machen zu wollen, wobei dieser wahrgenommenen Tendenz auch mit Verständnis begegnet wird; damit wird unter der Hand dann gleichermaßen Inklusion als potenziell anstrengende Mehrarbeit gedacht. In eine ähnliche Richtung deutet auch das folgende Zitat, in dem Elternberatung thematisiert wird:

> *Sie versuchen schon ab und zu eben Eltern dahingehend zu beraten, die Kinder an die Förderschule zu tun und kann ich immer sagen 'Leute, das... hier, inklusive Beschulung? Können wir nicht machen. Die ham ein Recht drauf. Die Eltern dürfen wählen und wenn sie das Kind hier haben wollen, dann müssen wir gucken, wie wir's schaffen.' Aber darüber wird nicht gesprochen. Das wird der Haufen Arbeit gesehen, den ich auch sehe und verstehe. (S28: 43)*

Die sozialpädagogische Fachkraft kritisiert hier, dass die Beratung von Eltern, denen die Förderschule empfohlen wurde, aus ihrer Sicht nicht zu einer inklusiven Schule passe. Die Schule begründe eine solche Beratung mit dem erhöhten Arbeitsaufwand, den sie auch durchaus nachvollziehen könne. Positiv gewürdigt wurde in den Interviews, dass Schulen selbstkritisch mit ihrer aktuellen Umsetzung inklusiver Settings umgehen und offen für Kritik seien:

> *Mmmh es geht oft um... um meine Einschätzung bezüglich von Kindern, was man machen kann. Das sind halt dann oft auch noch die... die Kinder, die aus Sicht von... von Lehrkräften störend (*Mhm (bejahend)) sind. Ähm das ist nicht ganz so einfach. Das liegt vielleicht auch an meiner Person, da ich nicht so gerne in 'nen äh richtigen Konflikt gehe, ich probier trotzdem immer eine Perspektive an den Lehrer zu bringen (*Ja.) und zu gucken, was kann man... was kann vielleicht auch die Lehrerin oder die Schule verändern, damit das Kind teilhaben kann oder damit das Kind nicht mehr stört. Also so ein bisschen 'n Blickwinkel, aber das ist an der Schule auch... wird gerne gehört. (*Ja.) Also ich hab da nicht das Gefühl, dass ich irgendetwas nicht sagen könnte. (*Ja.) Also ich hab auch schon ähm... ich kann auch schon meine Meinung von Inklusion vertreten und kann auch sagen, dass diese Schule (*Ja.) noch nicht inklusiv ist, weil das eben genau so gesehen wird. (S27: 45)*

5.2.5 Zusammenfassung der Befunde zur Kooperation

Lehrerkooperation, multiprofessionelle Kooperation und interinstitutionelle Kooperation gelten als zentrale Bedingungen für die Individualisierung des Unterrichts und die Gestaltung inklusiver Settings in der Schule. In der vorliegenden Untersuchung richteten wir den Fokus nicht auf alle in diese Kooperationsbeziehungen involvierten Personen und Fachkräfte, sondern aus forschungspragmatischen Erwägungen vor allem auf Grund- und Förderschullehrkräfte sowie Sozialpädagog*innen. Dabei können die Ergebnisse der vorliegenden Studie keinen direkten Aufschluss darüber ermöglichen, was im Rahmen der Gestaltung von Kooperationsbeziehungen auf den Ebenen der Organisation und Interaktion im praktischen Handlungsvollzug geschieht. Gleichwohl verdeutlichen die Ergebnisse der Fragebogenerhebung und der Interviews, dass Vernetzungsaktivitäten und verschiedene Formen der Zusammenarbeit zum festen Bestandteil beruflicher Tätigkeiten von Grund- und Förderschullehrkräften sowie Sozialpädagog*innen gehören und dass die Unterstützung des unterrichtlichen und schulischen Alltags durch Assistenzkräfte und Mitarbeiter*innen des Ganztags positiv bewertet wird.

Hier ist einmal mehr die Relevanz von Rahmenbedingungen für die Gestaltung der Zusammenarbeit und interinstitutionellen Kooperation hervorzuheben, denn mitunter fehlen (eigene) Räume für fachlichen Austausch, beratende Tätigkeiten und Arbeitssitzungen und entsprechende Zeitfenster für koordinierende Tätigkeiten auf Seiten der Grundschullehrkräfte. Gerade an Schulleitungen wird die Erwartung gerichtet, einerseits Prozesse der Kooperation und die Einführung von Formen der Individualisierung und Differenzierung (wie Lerninseln) zu steuern und andererseits zeigt sich, dass der Handlungsspielraum im Rahmen etablierter Kooperationsbeziehungen und Netzwerke an den einzelnen Schulen für die jeweiligen Akteure relativ groß ist, von diesen auch genutzt und geschätzt wird. Festzuhalten ist an dieser Stelle, dass Kooperation zu einer Anforderung geworden ist, die zwar als Ressource hinsichtlich der Unterstützung in der Bearbeitung beruflicher Handlungsprobleme gesehen wird, diese aber auch zur (weiteren) Belastung durch einen damit verbundenen zeitlichen Mehraufwand werden kann.

Doch die normativen Erwartungen an Kooperation, die auch durch entsprechende Fachdiskurse gerahmt sind, stoßen im beruflichen Alltag und in verschiedenen erweiterten Akteurskonstellationen in Schule da an Grenzen, wo die erwartete Unterstützung und Entlastung nicht eintreten. Und dies ist nicht nur im Zusammenhang mit als ungünstig beschriebenen Rahmenbedingungen zu sehen, sondern scheint inhaltlichen Erwartungen an die jeweilige (angenommene und/oder faktische) Expertise und berufliche Zuständigkeit der Professionsanderen sowie den jeweiligen Erwartungen an die konkrete Ausgestaltung und Erträge der Zusammenarbeit und Formen der Arbeitsteilung insgesamt geschuldet zu sein.

Während Grundschullehrkräften die Verantwortung und Hauptzuständigkeit für alle Schüler*innen obliegt, tritt die für notwendig erachtete Unterstützungsleistung durch Förderschullehrkräfte in Form fachlicher Expertise und äußerer Differenzierung nicht immer ein. Hier ist ein wechselseitiges Verständnis für das jeweilige Anliegen und die dominierende fachliche Perspektive zwischen Förder- und Grundschullehrkräften hervorzuheben, insgesamt seien die zeitlichen und personellen Ressourcen zu gering, wenngleich Förderschullehrkräfte überwiegend als wichtige „Ressource“ für die ganze Schule betrachtet werden. Weiterhin besteht für Förderschullehrkräfte wie Sozialpädagog*innen die Möglichkeit der inhaltlichen und räumlichen Distanzierung und Entlastung dadurch, dass die Hauptzuständigkeit für die Bearbeitung fallbezogener Problemstellungen bei den Klassen- und Grundschullehrkräften liegt. Die Ungeklärtheit von pädagogischen Zuständigkeiten geht mit kontinuierlichen Aushandlungsnotwendigkeiten und Abgrenzungsbewegungen einher.

Mitunter scheint das konkrete Aufgaben- und Tätigkeitsfeld und die Funktion von Sozialpädagog*innen und in geringerem Maße auch von Förderschullehrkräften eher diffus als klar konturiert für Grundschullehrkräfte zu sein. Die Annahme, dyadische Settings erlauben einen stärkeren Fallbezug und somit die Möglichkeit, spezifischer und gezielt zu fördern, um dadurch bessere Lernfortschritte der Schüler*innen erzielen zu können, wird sowohl von Förder- als auch von Grundschullehrkräften weitgehend geteilt. Allerdings bricht sich diese Annahme an der vielfach geteilten Idee inklusiver Didaktik, die auf äußere Differenzierung verzichtet, um „Stigmatisierung" zu vermeiden. Die Sorge um Effekte von Beschämung durch Markierung von Differenzen bei Schüler*innen mit sonderpädagogischem oder auch anderem Förderbedarf teilen die Lehr- und weiteren Fachkräfte deutlich.

Hinsichtlich der Zusammenarbeit von Förderschullehrkräften und Sozialpädagog*innen wird beschrieben, dass hier personelle Wechsel und fehlende Zeitfenster den als bereichernd erlebten Austausch erschweren. Diese Akteurskonstellationen sind auch deshalb bedeutsam, weil beide als „Allrounder" in Krisensituationen imaginiert werden, sich mitunter in besonderer Weise als Befürworter bestimmter Realisierungsformen von Inklusion ausweisen und damit von Grundschullehrkräften und der diesen mitunter unterstellten Haltung abgrenzen. Stärker als dies bislang erfolgt ist sollten unserem Eindruck nach der praktizierte fachliche Austausch, die arbeitsteilige Bearbeitung von Problemstellungen und damit auch die Handlungskoordination innerhalb der Gruppe der Förderschullehrkräfte in den Blick genommen werden. So wäre diese – auch im Fachdiskurs bislang kaum berücksichtigte – Akteurskonstellation etwa hinsichtlich der Bedeutung organisationaler Einbettungen (z.B. die Anbindung an unterschiedliche BFZ) für Formen der Handlungskoordination näher zu betrachten. Auch möglichen fachkulturellen Differenzen innerhalb der Gruppe der Förderschullehrkräfte und ihrer Bedeutung für Formen der Zusammenarbeit und Kooperationsbeziehungen im Kontext schulischer Inklusion wäre weiter nachzugehen.

5.3 Schüler*innenperspektive auf den schulischen Alltag in inklusiven Settings

Das Wohlbefinden der Schüler*innen stellt ein wesentliches Qualitätsmerkmal von inklusiven Schulen dar. Dementsprechend steht die Frage danach, wie es Kindern in den Schulen der Modellregion geht, wie sie ihren schulischen Alltag erleben, welche Unterstützung sie erfahren und welche Schwierigkeiten sie wahrnehmen im Zentrum des folgenden Abschnittes.

5.3.1 Ergebnisse der quantitativen Erhebung

Im Hinblick auf das allgemeine und schulische Wohlbefinden der befragten Kinder aus 3. Klassen in den 14 an der quantitativen Befragung beteiligten

Schulen ist grundsätzlich festzustellen, dass die meisten Kinder sowohl ein hohes allgemeines als auch schulbezogenes Wohlbefinden berichten. Dabei erweist sich das allgemeine Wohlbefinden etwas positiver als das schulische: Generell im Leben geht es 63% der befragten Schüler*innen sehr gut und 32% eher gut. In Bezug auf die Schule antworten 55% mit sehr gut und 40% mit eher gut. Auf beide Fragen reagieren 4% der befragten Schulkinder mit eher schlecht und 2% mit schlecht. Damit geht es der deutlichen Mehrheit gut, allerdings trifft dies auf rund 20 Kinder nicht zu.

	sehr schlecht	eher schlecht	eher gut	sehr gut	Gesamt
Wie fühlst du dich in der Schule?	2%	4%	40%	55%	100%
	6	16	149	206	377
Wie fühlst du dich insgesamt in deinem Leben?	2%	4%	32%	63%	100%
	6	15	120	236	377

Tabelle 17: Allgemeines und schulisches Wohlbefinden der Kinder

Insgesamt besteht dabei ein deutlicher Zusammenhang zwischen beiden Fragen (r=.421**), d.h. dass Kinder, denen es in der Schule schlecht geht, sich häufiger auch in ihrem Leben nicht wohlfühlen – und umgekehrt. Dabei bestehen Zusammenhänge zwischen dem Wohlbefinden und der finanziellen Situation der Familie: je prekärer die finanziellen Verhältnisse eines Kindes, desto seltener äußert es, sich in der Schule (r=.109*) und im eigenen Leben (r=.224**) wohlzufühlen.

Darüber hinaus wurden verschiedene kind- und schulbezogene Dimensionen abgefragt (Tabelle 18). Die Höhe des *allgemeinen Selbstwerts* wurde mit der Einschätzung zur Frage „Ich mag mich." erhoben (vgl. BiLieF-Team, 2012-2015). 72% der befragten Kinder antworten mit ‚stimmt genau', weitere 21% mit ‚stimmt ziemlich'. 7% der Kinder geben hingegen eher einen niedrigen Selbstwert an. Auch hier liegt ein Zusammenhang mit der finanziellen Situation in der Familie vor: je schlechter die finanziellen Verhältnisse eines Kindes, desto seltener formuliert es seine Zustimmung zur Aussage „Ich mag mich." (r=.240**).

Allgemeiner Selbstwert					
	stimmt nicht	stimmt kaum	stimmt ziemlich	stimmt genau	Gesamt
Ich mag mich.	2%	5%	21%	72%	100%
	8	18	80	272	378
Schulisches Selbstkonzept					
Ich bin gut in der Schule.	1%	7%	49%	43%	100%
	3	27	186	162	378
Einstellung zur Schule					
Mir macht Schule Spaß.	4%	10%	32%	54%	100%
	16	38	122	203	379
(schulische) Selbstwirksamkeit					
Ich kann Probleme in der Schule immer lösen.	7%	19%	47%	26%	100%
	27	72	179	100	378
Klassenklima					
Ich gehe gerne in meine Klasse.	3%	7%	25%	65%	100%
	13	25	93	246	377
In meiner Klasse machen sich andere Kinder lustig über mich.	56%	22%	16%	6%	100%
	211	84	60	23	378
Wertschätzung durch die Lehrperson					
Was glaubst du, ist deinen Lehrern deine Meinung wichtig?	4%	6%	29%	61%	100%
	14	22	110	232	378
Meine Lehrer helfen mir, wenn ich Hilfe brauche.	1%	4%	22%	73%	100%
	4	14	85	276	379
Meine Lehrer mögen mich.	4%	7%	36%	53%	100%
	15	27	135	201	378
Meine Lehrer sind gerecht zu mir.	9%	10%	30%	51%	100%
	36	39	112	192	379

Tabelle 18: Kind- und schulbezogene Dimensionen (Kinder)

Des Weiteren wurde das *schulische Selbstkonzept* ermittelt. Mit 92% teilt die deutliche Mehrheit der Kinder mit, (eher) gut in der Schule zu sein. Demgegenüber trifft dies auf 8% (eher) nicht zu. Kinder mit Migrationshintergrund sagen tendenziell seltener, dass sie in der Schule gut sind (r=-.123*), deutlicher bestätigt sich dies für Kinder in prekärer finanzieller Lage (r=.292**).

Die *Einstellung zur Schule* kann mit der Einschätzung, inwiefern Schule Spaß macht, beleuchtet werden. Für die deutliche Mehrheit von 86% trifft dies zu, auf 14% hingegen nicht. In Bezug auf diese Frage sind keine Zusammenhänge zu den abgefragten soziodemografischen, familiären Merkmalen erkennbar.

Die Antworten auf die Frage, inwiefern Kinder Probleme in der Schule immer lösen können, gibt Hinweise auf die wahrgenommene *schulische Selbstwirksamkeit* (vgl. BiLieF-Team, 2012-2015). Auf 72% trifft dies ziemlich bzw. genau zu. Für 26% stimmt dies kaum bzw. nicht. Je prekärer die finanziellen Verhältnisse eines Kindes sind, desto seltener formuliert es, Probleme in der Schule immer gut lösen zu können (r=.170**). In Bezug auf den familiären Bildungshintergrund zeigt sich eine ähnliche Tendenz.

Das *Klassenklima* wurde einerseits mithilfe der subjektiven Einschätzung abgefragt, ob ein Kind gerne in die eigene Klasse geht. Andererseits sollte beurteilt werden, inwiefern sich in der Klasse andere Kinder über das befragte Kind lustig machen. 90% der Schüler*innen äußern, gerne in die eigene Klasse zu gehen. Auf 10% trifft dies somit nicht zu. Gleichwohl berichten 78%, dass sich andere Kinder nicht über sie lustig machen. Dies bedeutet folglich, dass 22% diesbezüglich ein schlechtes Klassenklima artikulieren. Der deutlichste Zusammenhang äußert sich an dieser Stelle zum Migrationshintergrund der Kinder: Kinder mit familiärer Migrationserfahrung formulieren eher, dass sich die anderen Kinder in der Klasse lustig über sie machen (r=.213**). Darüber hinaus berichten Jungen tendenziell seltener als Mädchen, gerne die eigene Klasse zu besuchen (r=.132*). Außerdem wird ersichtlich, dass je schlechter die finanzielle Situation eines Kindes ist, desto seltener artikuliert es „Ich gehe gerne in meine Klasse.“ (r=.108*) und desto eher weist es darauf hin, dass sich andere Kinder lustig machen (r=.-111*).

In Bezug auf das *Verhalten der Lehrperson* und den Eindruck, sich dabei angenommen zu fühlen, formulieren 95% der befragten Kinder, Hilfe zu bekommen, wenn sie welche brauchen. 90% erleben, dass Lehrkräften ihre Meinung wichtig ist. 88% geben an, dass ihre Lehrkräfte sie mögen. Weitere 81% äußern, dass Lehrer sich gerecht ihnen gegenüber verhalten. Demgegenüber berichten somit 5-19% der Kinder von eher negativen Erfahrungen mit ihren Lehrkräften. Insgesamt stehen diese vier Fragen in einem Zusammenhang. Dies bedeutet, dass Kinder, die auf eine Frage positiv antworten, sich in hohem Maße auch bei den anderen Fragen bestätigend äußern. Der stärkste Zusammenhang existiert diesbezüglich zur Kategorie Geschlecht: Jungen sagen seltener „Meine Lehrer mögen mich.“ (r=.194**). Kinder mit Migrationsgeschichte äußern seltener, dass Lehrer gerecht sind (r=-.156**) und dass Lehrer sie mögen (r=-.105*). Darüber hinaus liegen Zusammenhänge zur finanziellen Situation der Kinder vor: Je prekärer die finanziellen Verhältnisse sind, desto seltener geben sie an „Meine Lehrer mögen mich.“ (r=.183**), dass Lehrkräften ihre Meinung wichtig ist (r=.151**), dass sie gerecht zu ihnen sind (r=.132*) und dass Lehrer helfen, wenn Hilfe gebraucht wird (r=.115*).

Die Analyse der *Zusammenhänge des schulischen Wohlbefindens mit den verschiedenen schulbezogenen Dimensionen* zeigt, dass schulisches Wohlbefinden den stärksten Zusammenhang mit dem Klassenklima aufweist (r=.510**), das Verhalten der Lehrkräfte liegt ähnlich hoch (r=.480**). Darüber hinaus besteht ein starker positiver Zusammenhang zur Frage „Mir macht Schule Spaß." (r=.513**). Demgegenüber ist die Verknüpfung mit der Einschätzung der eigenen schulischen Leistung zwar deutlich, allerdings geringer (r=.325**).

In einem weiteren Analyseschritt wurde genauer beleuchtet, welche *Fachpersonen Kinder bei bestimmten Problemen als hilfreich* erleben (Abbildung 35). Im Hinblick auf die Frage „Wer hilft dir in der Schule, wenn du Ärger hast"[1] zeigt sich, dass die meisten Kinder die Klassenlehrkraft und ihre Mitschüler*innen als Ansprechpersonen wahrnehmen. Aber auch Fachlehrkräfte werden hier genannt, und seltener, vermutlich in Abhängigkeit der Verfügbarkeit, die sonderpädagogischen Lehrkräfte, die Assistenzkräfte und die Fachkräfte der „Jugendhilfe in der Schule".

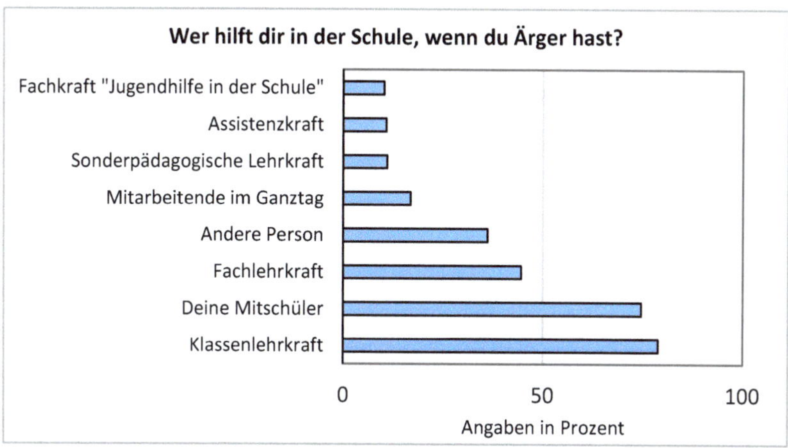

Abbildung 35: Hilfe bei Ärger in der Schule (Kinder)

[1] In der Umsetzung der Befragung wurden im Vorfeld der Untersuchung für jede Klasse die Namen derjenigen Lehr- und Fachkräfte erfasst, für die davon ausgegangen werden konnte, dass ihre Berufsrollenbezeichnung den Kindern nicht bekannt ist. Bei der Befragung wurde dann die vorgelesene Berufsrollenbezeichnung mit dem konkreten Namen in Verbindung gebracht, so dass die Kinder die vorgegebenen Berufsrollen ankreuzen konnten.

Wird darüber hinaus die Anzahl potenzieller Unterstützungspersonen aus den unterschiedlichen Berufsgruppen in Betracht gezogen (Abbildung 36), so fällt auf, dass ein geringer Teil der Kinder 5-7 Berufsgruppen benennt. Die Mehrheit liegt zwischen 1 und 4, mit einem Schwerpunkt bei 2-3 angegebenen Unterstützungsquellen. Somit beträgt die durchschnittliche Anzahl 2,8.

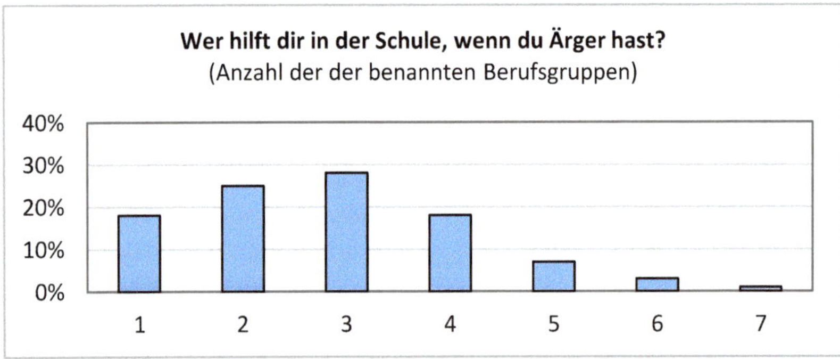

Abbildung 36: Anzahl der Hilfepersonen bei Ärger (Kinder)

In Bezug auf die Frage nach Unterstützung, wenn eine Aufgabe im Unterricht nicht verstanden wird (Abbildung 37), zeigt sich die gleiche Rangfolge wie bei der Frage zuvor. Allerdings liegen die Klassenlehrkräfte hier mit 90% der Antworten deutlich vor den anderen Personengruppen.

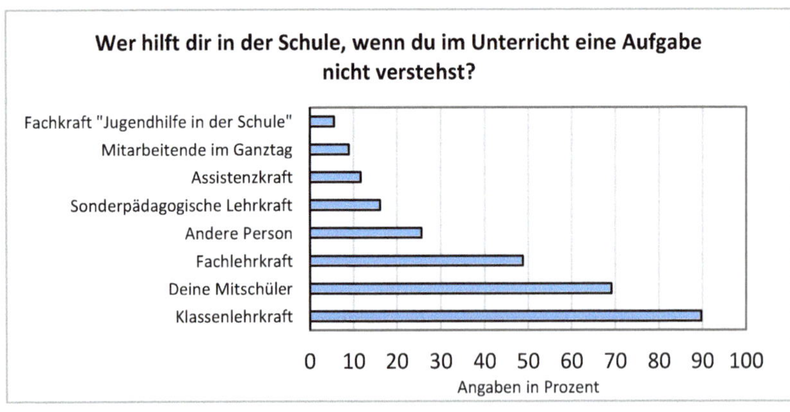

Abbildung 37: Hilfe bei Aufgaben im Unterricht (Kinder)

Auch hier rangieren Mitschüler*innen mit 69% an zweiter Stelle. Fachlehrkräfte werden von der Hälfte der Kinder benannt. Sonderpädagogische Lehrkräfte (16%) und Assistenzkräfte (12%) werden in diesem Zusammenhang ebenfalls genannt: sie werden offensichtlich nicht nur von Schüler*innen mit sonderpädagogischem Förderbedarf als Unterstützungsressource genutzt. Mitarbeitende des Ganztags und Fachkräfte der Jugendhilfe in der Schule liegen bei dieser im engeren Sinne unterrichtsbezogenen Fragestellung unter 10%.

Die Anzahl der benannten Berufsgruppen liegt ebenfalls ähnlich hoch wie bei der Frage zuvor (Abbildung 38): Eher selten werden 5-7 Unterstützungsquellen formuliert, der deutliche Schwerpunkt liegt bei 2-3. Die durchschnittliche Anzahl beträgt 2,75.

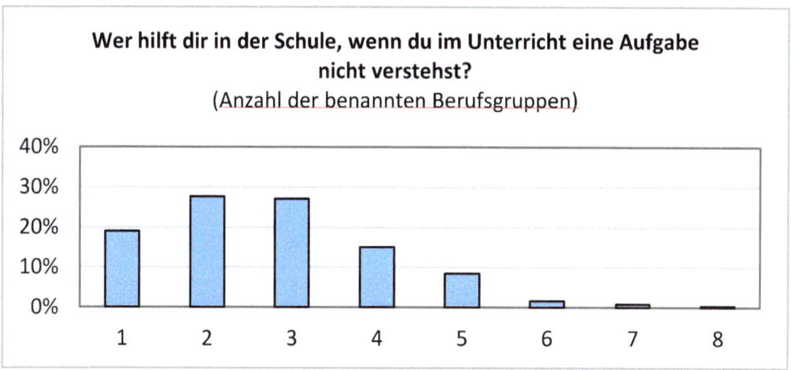

Abbildung 38: Anzahl der Hilfepersonen bei Aufgaben im Unterricht (Kinder)

Neben der Unterstützung der Kinder durch Lehr- und Fachkräfte in der Schule ist auch der *Rückhalt durch die Eltern* eine wesentliche Facette des Wohlbefindens von Kindern. Nahezu alle Kinder geben an, dass ihre Eltern ihnen helfen, wenn sie Hilfe brauchen. Nur auf 12 Kinder trifft dies (eher) nicht zu. Die Frage nach der zeitlichen Verfügbarkeit von Eltern liegt etwas darunter: 84% geben an, dass ihre Eltern (eher) Zeit für sie haben, demgegenüber äußern 16%, dass Eltern eher keine Zeit für sie haben.

Insgesamt verteilt sich die wahrgenommene Verfügbarkeit der Eltern unterschiedlich: je prekärer die finanzielle Situation der Familie, desto seltener sagen Kinder „Meine Eltern helfen mir, wenn ich Hilfe brauche.“ (r=.192**) und „Meine Eltern haben Zeit für mich.“ (r=.331**). Kinder mit einem familiären Migrationshintergrund bekunden ebenfalls etwas seltener, dass ihre Eltern helfen, wenn sie Hilfe brauchen (r=-.121*) und dass ihre Eltern für sie Zeit haben (r=-.154**).

Unterstützung durch Eltern					
	stimmt nicht	stimmt kaum	stimmt ziemlich	stimmt genau	Gesamt
Meine Eltern helfen mir, wenn ich Hilfe brauche.	1%	2%	10%	87%	100%
	5	7	38	329	379
Meine Eltern haben Zeit für mich.	3%	13%	34%	50%	100%
	13	48	130	187	378

Tabelle 19: Unterstützung durch Eltern

Im Rahmen von kindlichem Wohlbefinden sind auch die Gestaltung von *Kontakten zu Gleichaltrigen und die Einbindung in einen Freundeskreis* als soziales Erprobungsfeld von zentraler Bedeutung (Wolfert & Pupeter, 2018, 126ff.). Vor diesem Hintergrund wurde in der vorliegenden Befragung eine Einschätzung zur Größe des Freundeskreises und die Zufriedenheit damit abgefragt (Tabelle 20). Außerdem gibt die Häufigkeit von Einladungen zu Kindergeburtstagen Hinweise auf die soziale Einbindung mit Gleichaltrigen.

	viele	eher viele	eher wenige	keine	Gesamt
Wie viele Freunde hast du?	65%	22%	12%	1%	100%
	246	84	45	2	377
	sehr zufrieden	eher zufrieden	eher nicht zufrieden	nicht zufrieden	Gesamt
Wie zufrieden bist du mit deinem Freundeskreis?	68%	26%	5%	2%	100%
	255	97	19	6	377
	sehr oft	eher oft	eher selten	sehr selten/nie	Gesamt
Wirst du eher oft oder eher selten zu Kindergeburtstagen eingeladen?	35%	37%	20%	8%	100%
	131	138	77	32	378

Tabelle 20: Einbindung in den Freundeskreis (Kinder)

Insgesamt weist auch hier die überwiegende Mehrheit der Kinder positive Werte auf: 87% gibt an, viele oder eher viele Freunde zu haben; 94% äußert sich sehr oder eher zufrieden mit dem Freundeskreis; 72% werden sehr oder eher oft zu Kindergeburtstagen eingeladen. Demgegenüber geben 12% an, eher wenige und 1% keine Freunde zu haben; 5% sind eher nicht, 2% nicht zufrieden mit dem Freundeskreis; 20% werden eher selten und 8% sehr selten bzw. nie zu Kindergeburtstagen eingeladen. Damit kommen die negativen Antworten in Bezug auf die Freundschaften mit Gleichaltrigen eher in geringem Umfang vor, gleichwohl sind wenige Kinder diesbezüglich vorhanden.

Alles in allem fällt dabei auf, dass soziale Benachteiligung mit der Gestaltung von Freundschaftsbeziehungen variiert: Je prekärer die finanzielle Situation von Kindern ist, desto seltener geben sie an, viele Freunde zu haben (r=-.159**) oder mit ihrem Freundeskreis zufrieden zu sein (r=-.140**). Zum familiären Bildungshintergrund zeigen sich ähnliche Tendenzen. Außerdem werden sie seltener zu Kindergeburtstagen eingeladen (r=-.189**). Auch Kinder, bei denen familiäre Migrationserfahrung vorliegt, sagen seltener, dass sie mit ihrem Freundeskreis zufrieden sind (r=.116*) und dass sie zu Kindergeburtstagen eingeladen werden (r=.143**). In unserer Stichprobe hängt die Einschätzung der finanziellen Situation der Kinder mit einem familiären Migrationshintergrund zusammen, d.h. Familien, bei denen ein Elternteil im Ausland geboren wurde, weisen häufiger eine schlechte finanzielle Lage auf. Vor diesem Hintergrund ist hier – in Analogie zu anderen Studien – davon auszugehen, dass sich im Rahmen des Migrationshintergrundes schichtspezifische Unterschiede bemerkbar machen (Wolfert & Pupeter, 2018, S. 141).

Bei der Prüfung möglicher Zusammenhänge zwischen dem Wohlbefinden und verschiedenen Charakteristika der Schüler*innen fand der *sonderpädagogische Förderbedarf* keine Berücksichtigung, da insgesamt nur zehn Kinder mit diagnostiziertem Förderbedarf befragt werden konnten. Vor diesem Hintergrund sind statistische Auswertungen hierzu nur eingeschränkt aussagekräftig. Dennoch können Aussagen über diese zehn Kinder getroffen werden: So fühlen sich alle Kinder mit Förderbedarf in der Schule sehr oder eher wohl und sie haben alle Spaß in der Schule. Ferner geben sie an, dass den Lehrkräften ihre Meinung sehr oder eher wichtig ist und sie fühlen sich sowohl von Lehrkräften als auch von ihren Eltern sehr oder eher unterstützt. Von daher kann auf dieser Basis tendenziell von einem hohen Wohlbefinden der Kinder mit Förderbedarf ausgegangen werden.

Werden die verschiedenen soziodemografischen Merkmale noch einmal gesondert in den Blick genommen, so zeigt sich im Hinblick auf die *Kategorie Geschlecht*, dass Mädchen in Bezug auf spezifische Dimensionen tendenziell ein höheres Wohlbefinden erleben. Sie sagen eher, dass sie gerne in ihre Klasse gehen (r=.132*), dass die Lehrkräfte sie mögen (r=.194**) und dass sie bei Ärger in der Schule Unterstützung durch die Klassenlehrkraft bekommen (r=.150**).

Darüber hinaus berichten Kinder mit einem *familiären Migrationshintergrund*, dass sie sich in der Schule weniger wohl fühlen (r=.119) und ihre Leistungen schlechter einschätzen (r=.123*). Deutlich wird auch ein Zusammenhang zum Klassenklima in der Hinsicht, dass sich andere Kinder verstärkt über sie lustig machen (r=.213**). In Bezug auf das Verhalten der Lehrkräfte erleben Kinder mit Migrationshintergrund seltener, dass Lehrer sie mögen und gerecht zu ihnen sind. Sie fühlen sich ferner von ihren Eltern weniger unterstützt (r=.121*) oder erfahren seltener, dass ihre Eltern Zeit für sie haben (r=-.154**). Auch der Zusammenhang zur Einbindung in eine Gleichaltrigengruppe zeigt, dass sie weniger zufrieden sind (r=.116*) und seltener zu Kindergeburtstagen eingeladen werden (r=.143**).

Die stärksten und meisten Zusammenhänge ergeben sich zwischen einzelnen Dimensionen und der *finanziellen Situation der Familie*. Je prekärer die finanziellen Verhältnisse eines Kindes, desto niedriger ist vor allem das allgemeine (r=.224**) aber auch das schulische Wohlbefinden (r=.109*). Tiefer liegt ebenfalls der allgemeine Selbstwert (r=.240**). Auch ihre schulische Selbstwirksamkeit ist geringer (r=.170**) und sie erleben ihre Leistungen als schlechter (r=.292**). Beide Zusammenhänge bestehen entsprechend auch zum Bildungshintergrund der Eltern. Sie berichten tendenziell von einem schlechteren Klassenklima („Ich gehe gerne in meine Klasse: r=.108*, „In meiner Klasse machen sich andere Kinder lustig über mich.“: r=.-111*). Darüber hinaus wird ein negativeres Lehrkraftverhalten erlebt: Lehrer erscheinen seltener als gerecht (r=.132*), weniger bereit zu helfen, wenn Hilfe gebraucht wird (r=.115*), Kinder fühlen sich weniger gemocht (r=.183**) und erleben ihre Meinung seltener als wichtig (r=.151**). Ein deutlicher Zusammenhang besteht ferner zur Unterstützung durch die Eltern: je prekärer die finanzielle Situation, umso seltener fühlen sich Kinder unterstützt (r=192**) und haben Eltern Zeit (r=.331**). Und schließlich existieren auch Zusammenhänge zur Einbindung in den Freundeskreis: Sie geben an weniger Freunde zu haben (r=-.159**), weniger zufrieden (r=-.140**) und seltener zu Kindergeburtstagen eingeladen zu werden (r=-.189**). Die niedrigere Anzahl der Freunde und die seltenere Einladung zeigt sich auch bei einem niedrigen Bildungshintergrund der Eltern.

Zusammenfassend lässt sich also festhalten (Tabelle 21), dass in Bezug auf die Kategorie Geschlecht ein Zusammenhang zum wahrgenommenen Lehrkraftverhalten besteht. Im Hinblick auf einen familiären Migrationshintergrund zeigt sich eine erlebte geringere Unterstützung durch die Eltern, ein schlechteres Klassenklima und die Wahrnehmung einer geringeren Wertschätzung und Unterstützung durch die Lehrkräfte. Die familiäre finanzielle Situation schlägt sich in einer niedrigeren Unterstützung durch Eltern, einer schlechteren Einbindung in eine Gleichaltrigengruppe, einem schlechteren

Klassenklima und einem negativeren Verhalten durch Lehrkräfte nieder. In die gleiche Richtung – wenngleich weniger stark – zeigen sich Zusammenhänge zum familiären Bildungshintergrund.

	Unterstützung durch Eltern	Einbindung in den Freundeskreis	Klassen-klima	Lehrkraftver-halten
Geschlecht	,087	,044	,068	,177**
familiärer Migrations-hintergrund	-,165**	,082	-,160**	-,129*
finanzielle Situation der Familie	,313**	-,210**	,138**	,205**
familiärer Bildungshin-tergrund	,103*	-,147**	,118**	,063

Tabelle 21: Zusammenhänge - Wohlbefinden und soziodemografische Merkmale (Kinder)

Vor diesem Hintergrund wurden die befragten Kinder in einem nächsten Analyseschritt in Gruppen aufgeteilt, und zwar im Hinblick auf schulische Wertschätzung (Wohlbefinden, Klassenklima, Lehrkraftverhalten), Unterstützung durch Eltern und die Einbindung in den Freundeskreis. Hierbei konnten empirisch trennscharf drei Gruppen unterschieden werden:

- Gruppe 1, die zahlenmäßig am größten ist (241 Kinder), weist eine eher durchschnittliche schulische Wertschätzung auf, hat eine überdurchschnittlich hohe Einbindung in einen Freundeskreis und eine vergleichsweise gute Unterstützung durch ihre Eltern.
- Gruppe 2 mit 48 Kindern äußert demgegenüber eine im Vergleich deutlich geringere positive schulische Wertschätzung – die geringste von allen drei Gruppen, hat eine durchschnittliche Einbindung in einen Freundeskreis und im Vergleich weniger Unterstützung durch ihre Eltern.
- Gruppe 3 mit insgesamt 90 Kindern formuliert eine eher unterdurchschnittliche schulische Wertschätzung, eine vergleichsweise geringe Einbindung in einen Freundeskreis – im Vergleich zu den anderen Gruppen die niedrigste – bei hoher Unterstützung durch die Eltern.

Insgesamt verteilen sich diese Gruppen auf alle beteiligten Schulen. Jene Gruppe mit (über)durchschnittlich positiven Werten stellt von der Anzahl her auch die größte Gruppe dar (Gruppe 1). Dennoch findet sich eine kleinere Gruppe (Gruppe 2), die in Schule und Elternhaus deutlich weniger Wertschätzung und Unterstützung erfährt, darüber hinaus eher wenig finanzielle Ressourcen in der Familie vorzeigen kann und eher einen Migrationshintergrund aufweist. Auch die dritte Gruppe, die vergleichsweise sehr wenig Einbindung in einen Freundeskreis und eher wenig schulische Wertschätzung erlebt, äußert eher prekäre finanzielle Verhältnisse. Geschlechterunterschiede zeigen sich in den gebildeten Gruppen nicht. Hingegen befinden sich die zehn Kinder mit Förderbedarf ausschließlich in Gruppe 1 und 3. 6 Kinder sind in Gruppe 1 mit dem höchsten Wohlbefinden, sowohl bezogen auf die Schule als auch das Leben allgemein. 4 Kinder mit Förderbedarf sind in Gruppe 3, die bei vergleichsweise geringer Wertschätzung und Einbindung in Schule und Freundeskreis dennoch hohe Unterstützung durch die Eltern erfährt.

Gruppe 2 erfährt insgesamt in doppeltem Sinne, sowohl durch die Schule als auch durch das Elternhaus, eine geringere Wertschätzung und Unterstützung. Diese umfasst Kinder aus prekären finanziellen Verhältnissen sowie mit Migrationshintergrund deutlich häufiger. Gruppe 3 zeichnet sich eher durch eine geringere Einbindung in Gleichaltrigengruppen aus und weist im Vergleich auch schwierigere familiäre finanzielle Verhältnisse auf. Von daher kumulieren hier mehrfache Benachteiligungen.

5.3.2 Interviews zur Schüler*innenperspektive auf den schulischen Alltag in inklusiven Settings

Im Rahmen der Interviews wurde versucht, die Antworten der Kinder aus der umfassenden Fragebogenerhebung mit qualitativen Daten zu vertiefen. Bei Fragen nach dem allgemeinen Wohlbefinden in der Schule stellte sich vor allem die hohe Bedeutung der peer-Beziehung für das Erleben des schulischen Alltags heraus. Bemerkenswert sind aber auch die hierbei getroffenen Aussagen der Schüler*innen, wie sie ihr Verhältnis zu den Erwachsenen in der Schule wahrnehmen und welche Bedeutung sie bestimmten Formaten der Unterrichtsgestaltung, insbesondere den Maßnahmen innerer und äußerer Differenzierung, zuschreiben.

Allgemeines Wohlbefinden der Kinder in Schulen und Klassen

Die Kinder wurden im Verlauf der Interviews gefragt, wie es ihnen in der Schule und ihrer Klasse gehe; welche Gefühle sie mit der Schule und ihrer Klasse verbinden. Die große Mehrzahl der von uns interviewten Kinder äußerte sich hierzu zwar nur kurz, aber eindeutig positiv:

> *S: Ich freu mich, wenn ich hier reinkomme und ich wünschte, ich wäre ein Jahr noch hinten. Ich möchte gerne hier in der Schule bleiben. (KF11: 49)*

> *I: Wie fühlst du dich hier in der Schule?*
> *S: Gut ich fühl mich gut dann ... ich fühl mich einfach so gut also ich vermisch äh ich vermiss einfach bisschen Spanien aber ich fühl mich einfach so gu- irgendwie gut. (VM34: 141-142)*

> *I: Ähm wie fühlst'n du dich hier in der Schule?*
> *S: Also ich fühl mich gut. Ich hab auch noch Freundinnen aus anderen Klassen, weil ich diese Klasse ja wiederhole, die dritte. Und ich war ja vorher in einer anderen, da hab ich auch ganz viele Freundinnen noch, die sind jetzt in der vierten. Also die verlassen bald die Schule, das find ich zwar doof, aber man kann ja nichts dafür. Und ich kann sie auch immer wieder sehen und ja. (SPF28: 128-129)*

> *I: Is auch ganz schön groß hier ne. (*Also mir gefällt diese Schule eigentlich nur die Toiletten gefallen mir nich.) Okay. Fühlst dich wohl hier?*
> *S: Ja ich fühl mich wohl.*
> *I: Und in deiner Klasse auch?*
> *S: Ja schon. Ich bin froh das ich in dieser Klasse gelandet bin. (*Okay) Aber ich glaube wenn ich in einer anderen Klasse gelandet wär wär ich auch froh. (*Wahrscheinlich) Aber man weiß ja nie. (KF21: 171-174)* [1]

Während sich die meisten der von uns interviewten Kinder ähnlich zu dem ersten Zitat äußerten und ein eindeutig positives Gefühl zu ihren Klassen und Schulen kund taten, geht das letzte Zitat über diese grundlegende Bewertung hinaus, indem die Bewertung selbst reflektiert wird. Damit wird zum einen auf die Bedeutung der Aussagen von Kindern hingewiesen, deren Aussagekraft nicht zuletzt auch in methodischer Hinsicht noch immer regelmäßig angezweifelt wird. Zum anderen wird bereits an dieser Stelle darauf hingewiesen, dass die von uns interviewten Kinder eine grundlegende Akzeptanz der schulischen Situation zeigten.

> *S: Ja, öh manschma wenn ich irgendwie total müde bin würde ich auch mal lern gerne bisschen ausschlafen [lachend] (KF3: 67)*

Wie in diesem Zitat deutlich wurde, gab es auch bei den von uns interviewten Kindern Äußerungen, die auf mögliche Verbesserungen ihrer schulischen und möglicherweise auch außerschulischen bzw. familiären Situation hinwiesen. Neben der im vorigen Zitat angesprochenen Müdigkeit und vergleichbaren Punkten wie z.B. zum Schulweg, spielte insbesondere auch die soziale

---

[1] Die Quellenangaben der Interviewzitate gibt zunächst an, ob das interviewte Kind einen sonderpädagogischen Förderbedarf hat (SPF), vorbeugende Maßnahmen oder andere Fördermaßnahmen erhält (VM), oder keine solche Förderung (KF), danach die Nummer des Interviews und zuletzt den Absatz im Interview. Um einen umfassenden Überblick zu geben, wird dann, wenn es sinnvoll und möglich ist, zu den Aspekten ein Zitat aus allen der drei genannten Schülergruppen anzuführen.

Situation mit den Mitschüler*innen in den Antworten zum Wohlbefinden eine immer wiederkehrende Rolle.

S: Ähm... äh ich fühl' mich sehr gut und ähm ich fühl' mich sehr gut und das ist sehr äh cool in der Klasse. Ich finde die ganze Schule sehr schön, aber die Jungs, die rasten immer aus und das finde ich dann nicht schön. Und dann tun die den anderen immer weh, obwohl die nichts getan haben. (KF14: 177)

I: Wie gefällts dir dass du in deiner Klasse bist oder wärst du lieber in ner anderen?
*S: Also ich finde diese Klasse schön weil ähm mein Lehrer immer nett is (*mmh) und mein andere Lehrerin auch deswegen mag ich diese Schule auch.*
I: Ah okay. Toll. Hast du den Eindruck ihr seid eine gute Klasse alle zusammen?
S: Ja aber wenn die mich beleiden nein. (mmh) (VM46: 178-181)

Eine Einschränkung des Wohlbefindens stellten in den Interviewaussagen Streitigkeiten der Kinder untereinander dar, deren Verursachung, wie in den beiden zitierten Aussagen, häufig einer bestimmten Gruppe (Jungs, Viertklässler, etc.) oder aber auch bestimmten Kindern zugeschrieben wurde. Die Streitigkeiten unter den Kindern, insbesondere in den Pausenzeiten, stellten auch das Thema dar, das von den Kindern in den Interviews am ausführlichsten ohne Nachfragen ausgebreitet wurde. Es ist daher davon auszugehen, dass dies für die alltägliche Auseinandersetzung mit dem Thema Schule das für die Kinder bedeutendste Thema ist.

Um ein umfassenderes Bild vom Wohlbefinden der Kinder in den Schulen und im Unterricht zu bekommen, wurden in den Interviews auch mögliche Ängste thematisiert. Die meisten interviewten Kinder äußerten dazu, dass sie keine Ängste hätten und sich auch grundsätzlich in der Schule emotional gut aufgehoben fühlen. Allerdings gab es auch einige Kinder, die in den Interviews von Ängsten in der Schule berichteten. Eine mehrfach berichtete Angst ist die vor schlechten Noten bzw. vor Klassenarbeiten:

S: Ich hab aber nur Angst, dass meine Schlä- meine Sozialverhalten, meine Arbeitsverhalten schlecht wird (...) letztes hat mein Lehrerin gesagt eine zwei aber ich weiß nicht ob sich's geändert hat (ok) und da hab ich richtig Angst (KF36: 157)*
I: Gibts manchmal auch Sachen vor denen du Angst hast?
S: Arbeit. (VM46: 170-171)
I: [...] (...). Und das äh, schreibt ihr auch Arbeiten, ne?
S: Ja, von die hab ich ganz Angst (...) (SPF44: 44-45)

Wobei die Angst vor schlechten Noten dann im weiteren Verlauf der Interviews nicht mit der schlechten Note an sich oder dem Verhalten der Lehrkräfte bei schlechten Noten in Verbindung gebracht wurde, sondern eher mit der Reaktion der Eltern auf die schlechten Noten.

Die sozialen Reaktionen auf bestimmte Verhaltensweisen stellen auch den Grund für weitere Ängste und verwandte Gefühle der Kinder dar:

> *S: Ja, weil jetzt ähm, weil jetzt is das Ende von den dritten Schuljahr, also bekomm wir sehr viele und (...) immer und immer mehr Hausaufgaben (*mhm [bestätigend]) immer, immer mehr kapiere ich es nicht.*
> *I: Ahh, okay (...) Und in der Schule selber, also im Unterricht kapierst du da was so gemacht wird?*
> *S: Mmso, bissch'n aber (?sie) hat halt, wir ham (?dekapiert) äh (?mach die Hand hoch) ich, ich hab mich manchmal bei immer ich mich melde und da manchmal lachen sie mich (?auch) bisschen aus, die grinsen. Ich schäm' mich immer so da, einmal hab' ich (?schertgelassen) sonst (...) (*okay). Weil, ich hab mich geschämt hab' dann hab' ich (...).*
> *I: Weil du dich schämst, wenn du sagts: Ich hab's noch nicht kapiert?*
> *S: Ja ich sag's immer (*mhm [bestätigend]) aber ich schäm' mich (uv:---) (?irgendwas) zu sagen (*okay). Ich kapier' es nicht (...). (SPF44: 49-53)*

> *S: Aber ich mag nicht, dass wenn ich etwas Falsches sage und die anderen mich auslachen, weil kann ich nicht mehr rechnen, dann bin ich traurig.*
> *I: Mmh das versteh ich gut. Lachen die dann manchmal über über dich oder auch über andere?*
> *S: Ähm also ähm ... lachen manchmal über andere und aber am meisten bei mir. (*Okay) Das find ich blöd. (*Okay)*
> *I: Mmh. Was machst du dann wenn die lachen?*
> *S: Mmh dann sag ich es meine Lehrerin ähm dann mache ähm dann sagt sie hört auf ihr könnt es auch nicht hier ist zum lernen. (VM46: 93-97)*

> *I: (...) so eigentlich schon eine meiner letzten Fragen. Ähm, wie fühlst'n du dich so eher insgesamt in der Schule? Fühlst du dich wohl, oder wird's manchmal auch stressig?*
> *S: Also ich fühl mich eigentlich wohl. Halt außer, wenn dieses Mädchen mich ärgert, da es mich nicht so mag. (KF40: 174-175)*

In den beiden ersten Zitaten wird deutlich, dass es die Reaktionen der Mitschüler*innen auf Nachfragen oder falsche Antworten im Unterricht sind, die bei den interviewten Kindern Gefühle der Beschämung und Demütigung auslösen. Auch wenn diese beiden Zitate die einzigen dokumentierten Äußerungen in diese Richtung waren, so ist wohl kaum davon auszugehen, dass nicht andere Kinder ähnliche Erfahrungen gemacht haben werden.

Bedeutung der Freunde

Die große Bedeutung der sozialen Interaktionen mit den Mitschüler*innen, der Auseinandersetzungen und auch des emotionalen Potenzials dieser Interaktionen, wurde zuvor schon angeführt. Um dies noch weiter zu vertiefen, sollen an dieser Stelle noch einige andere Zitate angeführt werden, die stellvertretend auf bedeutsame Aspekte dieses Themenbereichs in den Interviews hinweisen.

> *I: Ah okay. ... Mmh ... mmh helfen dir manchmal auch andere Kinder in im Unterricht?*
> *S: Ähm ja wenn mein ähm beste Freundin neben mir sitzt die hilft mir. (*ah okay) Und ich helfe die. Einmal hab ich ähm etwas in meine Hand geschrieben und danach sie oben gehaltet so und dann hat sie abgeschreibt. (VM46: 162-163)*

> *I: Okay. Wie verstehst'n du dich, wenn... mit den anderen Kinder aus deiner Klasse?*
> *S: Also ich versteh mich schon mit einer... mit einem Mädchen sehr gut. Die ähm war auch in meinem Kindergarten (*Aha.) und halt ähm ein Mädchen find ich bisschen zickig, weil die ähm mich immer so ähm Scherze macht und das mag ich nicht so. Und wir ham halt jetzt auch noch ein neues Mädchen in der Klasse, die versteht zwar fast kein Deutsch, aber die sagt zu jedem 'Nein.' Das ist auch nervig. (SPF28: 126-127)*

> *Und eigentlich ist der Schulalltag sehr okee, wenn meine Freunde da sind. (KF1: 5)*

> *In der Pause ist mir manchmal langweilig, da hab ich niemand zum Spiel. Manchmal sind die Freunde irgendwo anders beschäftigt, aber ich kann das verstehen, sie wollen ja auch mal mit anderen Freunden spielen, nicht die ganze Zeit mit den gleichen. (KF11: 19)*

Insbesondere die beiden letzten Zitate verdeutlichen noch einmal sehr eindrücklich, dass die positive Stimmung gegenüber der Schule und Klasse sehr von der Beziehung zu den anderen Kindern geprägt ist. Nur wenn die Freunde da sind, ist der Schultag gut, und die Pause ist nur dann nicht langweilig, wenn die Freunde Zeit haben zum gemeinsamen Spiel.

Wie schon angedeutet wurde, stellen einzelne Kinder aber auch eine emotionale Herausforderung für ihre Mitschüler*innen dar:

> *I: Ja. Magst du die ander'n Kinder oder mögen die dich?*
> *S: Ja, ich mag... ich mag alle Kinder, aber manche nicht, weil... weil zum Beispiel ähm manche Kinder, die sind auch... die schlagen und ähm ja,*

die beleidigen und ähm manch... zum Beispiel wie R, sie hört nicht auf uns, sie macht einfach nur, was sie möchte (KF27: 234-235)

Die Rolle der Erwachsenen

Neben dem sozialen Miteinander mit den Mitschüler*innen wurden in den Interviews auch die erwachsenen Personen im Unterricht thematisiert. In allen Interviews wurde von den Kindern die Klassenlehrkraft als sehr positiv und unterstützend dargestellt. Von Bedeutung war aber auch die Frage nach den weiteren erwachsenen Personen, die in fast allen Klassen neben der Klassenlehrkraft zeitweise auch im Unterricht waren. Zu nennen sind hier insbesondere Förderschullehrkräfte, Schulbegleiter*innen und sozialpädagogische Fachkräfte, die mehr oder weniger regelmäßig und in unterschiedlichem Umfang mit den Klassen- und Fachlehrkräften im Unterricht sind.

*S: Frau S. [Nennt Namen der erwachsenen weiblichen Person] ist manchmal da, mit Frau F. (*mhm [bestätigend]).*
I: Und was macht ihr dann, wenn die da ist?
*S: Die helft ma, die, wenn wir Hilfe brauchen dann, nach melden wir uns, dann kommt sie und (*mhm [bestätigend]) hilft uns (*mhm [bestätigend]) (...).(KF5: 103-105)*

Für alle interviewten Kinder war klar, dass die erwachsenen Personen im Klassenraum immer dafür da sind, der Klasse zu helfen. Eine Beschränkung auf einzelne Kinder gab es dabei in der Wahrnehmung der interviewten Schüler*innen nur sehr selten. Welche Funktion bzw. Rolle diese erwachsenen Personen in der Klasse tatsächlich bzw. formal innehatten, war den wenigsten interviewten Kindern weniger deutlich. Eine Ausnahme bildete dabei die Funktion der Integrationskraft bzw. Schulbegleiter*in, bei denen die primäre Zuordnung zu einem Kind häufig bekannt war.

I: Des glaub ich auch genau. Habt ihr manchmal auch mehrere Erwachsene im Unterricht?
S: Ja also ähm in unsere Klasse is ... eine I Helferin immer da.
I: Ah okay. Was macht die so?
S: Die hilft ... auch und hilft einem bestimmtem Kind.
I: Einem Kind oder auch allen andern?
*S: Auch allen anderen aber einem bestimmtem Kind (*Okay) tatsächlich.*
I: Weil es mehr Probleme hat oder warum hilft die dem einen Kind?
S: Weil ich kenn mich da nicht aus. Ich glaube deswegen ja (KF21: 155-162)
*S: Also wir ham jetzt eine Begleiterin von einem Junge, weil er braucht sie halt und die ist halt auch jeden Tag da. (*Ja.) Und wenn, dann ham wir manchmal Praktikanten (*Okay) oder so.*
I: Und was macht die Begleiterin?

S: Ähm die hilft ihm auch ein bisschen, unterstützt ihn und ich weiß halt nicht so viel (SPF28: 121-123)

Auch in diesen Zitaten wurde deutlich, dass zwar die Bezeichnung der Person und ihre grundsätzliche Zuordnung zu einer Person klar war, warum es dieser Rolle aber bedarf, war auch hier nicht wirklich erkennbar. Diese Unklarheit zeigte sich in vielen anderen Interviews, in denen z.B. Förderschullehrkräfte als Nachhilfelehrer*innen oder häufig auch als Praktikant*innen bezeichnet wurden.

I: Ähm ich, ich wollte auch nur nochmal fragen, ähm eben in deiner Klasse war ja noch ne Lehrerin dabei oder?
*S: Ja, das is eine Hilfestellung, weil ähm momentan eine Lehrerin fehlt (*ahh, okee). Und ähm, die macht halt mit den Kindern die nicht so weit voran kommen, macht sie Nachhilfeunterrricht im Unterricht (*mhm [bestätigend]). Und sie hilft auch und so, wir haben halt auch (?Wagenschickmal) Praktikanten. (KF1: 52-53)*
S: Ja (...) die Frau B [nennt den Namen einer Lehrerin] die macht manchmal das fördern (...) guckt sich die Schule auch so'n bisschen an soweit ich weiß (...) ich glaube die will auch Lehrerin werden (...) bin mir aber nicht sicher und die macht so `ne (...) ich glaube so `ne Art Praktikum (mhm [bejahend]) und die macht halt das Fördern mit den (?manchen Kindern) (KF3: 49)*

Abschließend kann zur Wahrnehmung der erwachsenen Personen im Unterricht noch darauf hingewiesen werden, dass in vielen Interviews mehrfach nachgefragt werden musste, ob überhaupt manchmal mehrere Erwachsene gleichzeitig im Unterricht anwesend sind. Offenbar scheint zumindest den interviewten Kindern dieser Sachverhalt häufig gar nicht wirklich bewusst gewesen zu sein bzw. hat er keine relevante Rolle in der Wahrnehmung ihres schulischen Alltags gespielt.

Innere und äußere Differenzierung als erlebte Normalität
Ähnliches zeigte sich im Zusammenhang mit sonderpädagogischen Fördermaßnahmen, die außerhalb der Klassengemeinschaft aber parallel zum Unterricht stattfinden, wie bei der Lerninsel oder ähnlichen Formaten. Befragt nach solchen Situationen, in denen Kinder während einzelner oder mehrerer Unterrichtsstunden die Klasse verlassen, gaben viele der interviewten Kinder zunächst an, dass es solche Situationen gar nicht gäbe. Benannt wurden dann meist erst andere Zusammenhänge wie AGs oder Ähnliches:

I: Okay. Schön. Ähm gibts irgendwann Unterricht wo du oder jemand anderes aus der Klasse raus gehen und was anderes machen als die anderen alle?

*S: Ja. Also es gibt im Chor haben wir eine Stunde immer dienstags (*Okay) da geh ich in die Lego AG (*mmh) andere zwei gehen ins Theater manche gehen ins Ensemble (*mmh) und im Chor halt. (*mmh okay)*
*I: Aber so Deutsch oder Mathe Förderung oder Lerninseln (*Gibt's auch) oder sowas gibt auch*
S: Ja gibts auch. Machen auch manche. Ja. (KF21: 145-147)

I: Und gehn manchmal andere Kinder raus aus der Klasse?
*S: Aujajaja ähm (*uv:-) wir geh'n manchmal raus, wenn wir auf Toilette müssen oder wenn wir (*ja) flitzen dürfen. (*ahh, ha). Eine Runde um die (?PMB). Dann wieder zurück (*um die, um die was?) Äh, um das Haus da vorne, dieses lange Haus.*
I: Wie heißt das?
*S: PMB (*PM), aber das ist die PMB (*PMB) und das da hinten ist die ESB (...)*
I: PM, Pause und Mittagsbetreuung? Zufällich? Nein. (...) Wasn PMB?
*S: Weis ich nich (*weiste auch nicht, okay) so genau.*
I: Macht nix, macht nix, macht nix. Und andere Kinder aus der Klasse, gehn die manchmal auch alleine irgendwo raus, für `ne Stunde, oder so, oder?
S: Nä, das dürfen wir eigentlich nicht, wir ham nur .
I: Ich mein zum Unter- also, das die irgendwie anderen Unterricht haben, als ihr (?kann).
*S: Ähh, ja (*gibts sowas?) ähm manche Kinder, die müssen halt noch lernen. Die gehn dann in die Lerninsel (uv:-) (KF38: 108-117)*

Vergleichbar zur Wahrnehmung der zusätzlichen Erwachsenen durch die interviewten Kinder scheinen Situationen, in denen einzelne Kinder außerhalb der Klassengemeinschaft unterrichtet/gefördert werden, keine große Bedeutung für die anderen Kinder zu haben. Es ist daher davon auszugehen, dass beide Punkte für die Kinder die Normalität ihres Unterrichtsalltags darstellen und daher auch nicht mit besonderer Aufmerksamkeit bedacht werden. Befragt nach den Gründen dieses Förderunterrichts außerhalb der Klasse, wurde dieser sowohl durch die geförderten Kinder selbst als auch durch ihre Mitschüler*innen zutreffend benannt:

*S: Also (uv - -) es gibt eine Frau, d- die Frau D heißt (*Ja) und die nimmt mmh die nimmt äh eine Mädchen die die Frau E heißt des meine beste Freund (*Ja) und noch die ein Junge die Name F und Name G heißen äh die können auch noch nicht Deutsch die sind auch noch neu (*Ja) die nimmt uns daneben gibt (uv - - -) (*Ja) und gibt ein Raum (*Ja) und dann gehen wir da rein und dann müssen wir noch deutsch üben (*Ah ja okay) und so.*
I: Findest du's gut?

S: Ja. Dann kann ich noch deutsch besser üben. (VM34: 120-122)
S: Nee, es gibt's dann wenn schon dann... in der Unterricht haben zwei, ein Mädchen und ein Junge, haben dann so eine Deutsch-Förder, also nein... ja, so ähnlich. Und dann also... und da lernen die Deutsch, weil ähm der Syr-..., von der Syrien, der T, der kann nicht ein bisschen Deutsch und deswegen geht der da und deswegen, ja. (KF15: 85)

Damit und darüber hinaus wird der außerhalb der Klassengemeinschaft stattfindende Förderunterricht von den interviewten Kindern ausschließlich positiv bewertet. So stellt er einerseits eine gute Möglichkeit dar, die schulischen Fähigkeiten zu verbessern und wird darüber hinaus auch mit positiven Gefühlen bzw. Spaß verbunden.

*I: Ja. (*Ja.) Und andere Kinder aus deiner Klasse, gehen die manchmal raus, woanders hin was anderes machen?*
*S: Ja, zum Beispiel Y, Z. Das sind eben Kinder, die können noch nicht so gut Deutsch (*Ah.) oder auch ham wir Q und R, ja die können alle noch nicht so gut Deutsch und ja.*
I: Ah, okay. Wie finden die des, was glaubst du? Dass die da woanders hingehen?
S: Ich glaub, die ham Spaß, also zumindest... ja, also ich glaub die ham Spaß. (KF25: 138-141)

I: Gehen manchmal Kinder raus und ham noch extra Unterricht oder sowas?
*S: Hm, hm (verneinend). Ja, manche. Manche Leute bei DAZ, die gehen raus und Deutsch-Förder, die gehen... manchmal bei DAZ gehen sie raus und spielen (*Ja.) und.*
I: Oder auch in einen anderen Raum oder so?
S: Ja, mhm (bejahend). #
I: Und ist gut? Würdest du da auch gern hingehen oder...?
S: Ja, aber ich kann schon Deutsch.
I: Okay, und ist es gut für die Kinder, dass die da hingehen oder eher doof? Was denken sie da drüber? Was glaubst du?
S: Ich weiß es nicht.
I: Macht's den eher Spaß oder würden die eher sagen...?
S: Ich glaub, das macht den Spaß.
I: Okay.
*S: Weil sie... weil sie frei haben und manchmal... manchmal können sie... manchmal müssen sie auch lernen, manchmal frei (*Mhm (bejahend)) und ja man kann auch rausgehen (KF27: 184-195)*

Schließlich wird auch das Setting des Förderunterrichts positiv bewertet, indem sowohl die geringe Anzahl an teilnehmenden Kindern als auch die dadurch herrschende geringe Lautstärke als positiv herausgestellt wird.

I: Und wie findest du das, dass du dann manchmal ins Fördern musst? (...) Ist das blöd, oder ist das, freust du dich da drauf, oder?
S: Is mir egal.
I: (lacht) Okay.
*S: Aber wäh-, ich mag auch Fördern, weil dann is auch so leise un' so (*mhm [bestätigend]). Da ist man auch ne-, da sin auch nicht, dann sin dann nur fünf Kinder oder so (*mhm [bestätigend]) (...) (VM47: 12-15)*

Neben diesen von den interviewten Kindern als normal und förderlich beschriebenen besonderen Förderangeboten für Kinder mit sonderpädagogischem Förderbedarf bzw. allgemeinem zusätzlichen Förderbedarf, berichteten einzelne Kinder auch von zusätzlichen ‚herausfordernden' Aufgaben. Da die Auswahl der interviewten Kinder vorrangig darauf ausgerichtet war, Kinder mit sonderpädagogischem Förderbedarf oder vorbeugenden Maßnahmen zu interviewen, gab es nur wenige Kinder, die darüber berichten konnten.

Ah so ich hab so'n Forderheft (mhm [bejahend]) und da (...) ha- gibt Frau A [nennt den Namen der Lehrerin] mir manchmal schon Sachen auf (...) die dann später drankommen (...) wie zum Beispiel Sachrechnen das hab ich dann schon gemacht (...) (* ok), also mir gefällt der Unterricht. Ich lerne gern. (KF3: 31)*

Dieses Zitat stellt einerseits eine Differenzierung anhand des Unterrichtsmaterials (Forderheft) dar, macht darüber hinaus aber auch deutlich, dass diese Form der Herausforderung im normalen Unterricht für das interviewte Kind eine positive Unterstützung darstellt. Die Aussage: „Ich lerne gern" wird von sehr vielen interviewten Kindern geteilt, die sich darüber freuten, wenn sie neue Inhalte lernen konnten und nicht zu lange bei dem Gleichen bleiben mussten. Das Neue und die Herausforderung wurde von den meisten Kindern als etwas Positives und nicht etwa Beängstigendes dargestellt. Neben dieser im Zitat beschriebenen Möglichkeit der Herausforderung berichtete ein anderes Kind von weitergehenden organisatorischen Maßnahmen:

*S: Ähm, also in Deutsch bin ich eigentlich fast immer fertig. Ähm in Mathe in der letzten Zeit, da geh ich ja in die Vierte, aber die Vierte macht jetzt hier die letzten Wochen aufräumen und alles aus der Ersten so abheften und sowas, weil die ja bald nur noch zwei Tage haben (*Stimmt), ja. Also muss ich zu... in der Klasse bleiben, da machen die was, was ich schon gemacht habe (*Okay.) und deswegen langweile ich mich dort. Dann bin ich in Deutsch sehr oft schon fe-... viel schneller fertig, eigentlich in sehr vielen Fächern, aber nicht so in Kunst, Sport und Schwimmen. Da kann man ja jetzt nicht so (*Ja, ja.) leicht sofort fertig sein.*
I: W-... was.... Was e-... Dann sitzt du da in Mathe und hast das schon gemacht, was die machen und guckst dann zu oder was darfst du dann machen?

S: Nee, ich darf knobeln. Aber bei den Knobelsachen hab' ich auch schon die meisten Sachen gemacht. (KF25: 91-93)

Das hier zitierte Kind bekam die Möglichkeit, im Mathematikunterricht der nächsten (vierten) Klasse teilzunehmen, was offenbar auch seinen selbst wahrgenommenen Fähigkeiten entsprach.

5.3.3 Zusammenfassung der Ergebnisse zur Schüler*innenperspektive

Zu den zentralen Befunden der vorliegenden Untersuchung zum Wohlbefinden in inklusiven Settings aus Schüler*innensicht gehört, dass es dem allergrößten Teil der Kinder sowohl allgemein als auch in zahlreichen Einzelaspekten dort gut geht. Gleichzeitig finden sich auch deutliche Differenzen zwischen den Schüler*innen. Insgesamt machen die Befunde der Evaluation deutlich, wie lohnenswert es ist, Kinder nach ihren Erfahrungen zu befragen und sie mit ihren Perspektiven ernst zu nehmen: Die befragten Schüler*innen verfügen über eine eigene Wahrnehmung, ein spezifisches Wissen über ihren schulischen Alltag, das keineswegs trivial ist. Dementsprechend bedürfen die vorliegenden Daten einer weiterführenden, differenzierten Betrachtung und Diskussion ihrer Implikationen.

Im Detail zeigen die empirischen Ergebnisse zu der Frage, wie es Schüler*innen in den inklusiven Settings der Modellregion geht, wie sie unterschiedliche Aspekte des schulischen Alltags erleben, welche Unterstützungen sie dabei wahrnehmen und welche Schwierigkeiten sie benennen: Auf der einen Seite gestaltet sich sowohl das allgemeine als auch das schulische Wohlbefinden überwiegend positiv, wie es auch in anderen empirischen Studien zu finden ist (vgl. u.a. Andresen et al., 2018). Schulisches Wohlbefinden wird dabei u.a. mit der Wahrnehmung des Verhaltens der Klassenlehrkraft und dem Klassenklima sowie der Qualität der Peer-Beziehungen in Verbindung gebracht. Ein großer Teil der Kinder berichtet hier in Bezug auf die abgefragten Aspekte von positiven Erfahrungen. Dieses Ergebnis ist eine wichtige und erfreuliche Rückmeldung über einzelne Schulen der Modellregion. Gleichzeitig gilt es darauf hinzuweisen, dass dies nicht bedeutet, dass diese Kinder in der Schule keine negativen Erfahrungen machen, sei es Kränkungen oder Beschämungen erfahren, Ängste haben oder Demütigungen und Unrecht erleben.

Ferner gibt es in Bezug auf die unterschiedlichen Dimensionen auch jeweils eine kleinere Anzahl von Kindern, die explizit schlechte Erfahrungen benennt. So zeigen sich beispielsweise negative Emotionen in Bezug auf Leistungsbewertung in Klassenarbeiten, bestimmte schulische Inhalte nicht zu verstehen und im Hinblick auf Peer-Kontakte. Eine vertiefende Analyse hinsichtlich der Frage danach, welche Kinder dies insbesondere betrifft, macht – wie andere Schulstudien auch – auf die Bedeutung einer Geschlechterdimension hinsichtlich schulischen Wohlergehens aufmerksam: Mädchen erleben das Verhalten und die Unterstützung durch Lehrkräfte positiver als Jungen. Darüber hinaus erweisen sich auch andere Differenzkategorien insofern als bedeutsam, wie sich systematische Zusammenhänge zur sozialen Lage von Kindern und zu einem familiären Migrationshintergrund zeigen. Benachteiligungen im schulischen Wohlbefinden kumulieren hier vielmehr mit einer geringeren Unterstützung durch Eltern und einer geringeren sozialen Einbindung in Freundschaftsbeziehungen.

Vor diesem Hintergrund lässt sich festhalten, dass es Schule nicht oder nur sehr begrenzt gelingt, psychosozialen Folgen materieller Not auszugleichen, sondern dass sie vielmehr bereits vorliegende Benachteiligungsprozesse reproduziert und verstärkt (Grundmann, Bittlingmayer, Dravenau & Groh-Samberg, 2004). Wenngleich die Fallzahl von Kindern mit sonderpädagogischem Förderbedarf sehr gering ist, sprechen die empirischen Befunde der Evaluation der Modellregion Inklusive Bildung dagegen nicht für einen entsprechenden Zusammenhang zwischen schulischem Wohlbefinden und sonderpädagogischem Förderbedarf. Vielmehr fühlen sich diese von uns befragten Kinder in der Schule alle ausgesprochen wohl. Diese Ergebnisse verweisen insgesamt darauf, dass unterschiedliche Kinder – hier in erster Linie anhand der Kategorien Geschlecht, mit/ohne Migrationserfahrung und anhand ungleicher familiärer Lebenslagen betrachtet und relevant gezeigt – das schulische Setting auch unterschiedlich erleben und einschätzen. Diesem unterschiedlichen Erleben gilt es, in der Gestaltung pädagogischer Situationen weiterführend Beachtung zu schenken. Inklusive Schule bringt hierzu notwendige Ausgangsbedingungen mit, gleichzeitig gilt es, im Sinne eines breiten Inklusionsverständnisses, verschiedene Merkmale von Kindern neben dem sonderpädagogischen Förderbedarf zu berücksichtigen.

In Bezug auf die Wahrnehmung des inklusiven Settings im Unterricht zeigt sich, dass Kinder eine differenzierte, auch eigene, unter Umständen von der Erwachsenenperspektive abweichende Sicht besitzen. Mit Blick auf die Gestaltung von Unterricht mithilfe äußerer Differenzierung wird ersichtlich, dass es für Kinder Teil ihres schulischen Alltags ist, in unterschiedlichen Kleingruppenkonstellationen zusammenzuarbeiten und dabei auch den regulären Unterricht im Klassenzimmer zu verlassen. Trotz aller Kritik an dieser Form der Differenzierung in Bezug auf inklusiven Unterricht (Kullmann, Lütje-Klose & Textor, 2014) wird dabei in unseren Befunden deutlich, dass dies aus Sicht der befragten Kinder keine Besonderung darstellt, die mit dem Merkmal des sonderpädagogischen Förderbedarfs assoziiert ist, sondern vielmehr für alle Kinder in den unterschiedlichen Varianten praktiziert ist und damit eine Form der Normalität abbildet. Grundsätzlich stellt im Kontext des

Unterrichts die Klassenlehrkraft die Hauptbezugsperson dar. Die spezifische Rolle weiterer, im Unterricht der Kinder präsenter Fachpersonen scheint Kindern keinesfalls immer klar. In einer positiven Lesart kann diese Unbestimmtheit dazu genutzt werden, den Kindern gegenüber gerade keine Besonderung und Differenz zu konstruieren, um Stigmatisierungen zu vermeiden. Umgekehrt kann die Intransparenz aber auch als Ausdruck unklarer Rollenaufteilungen in der Zusammenarbeit gedeutet werden.

Es sind genau solche Ergebnisse, die offensichtlich werden lassen, wie notwendig es ist, die Perspektive von Kindern wahr- und ernst zu nehmen. Die Perspektive von Kindern in die Forschung über Kinder und ihre Umwelten einzubeziehen, ist mittlerweile nahezu unbestritten. Insbesondere die neuere sozialwissenschaftliche Kindheitsforschung betont dabei die Notwendigkeit Kinder nicht nur als Forschungsobjekte, sondern als Subjekte mit eigenen Erfahrungen und Wissensformen zu betrachten (Bock, 2014). Die Perspektive von Kindern im Alltag pädagogischer Institutionen ernst zu nehmen, erscheint demgegenüber noch deutlich herausfordernder.

6. Zusammenfassende Diskussion der Ergebnisse und Ausblick

„Vom Kind aus denken“ war das zentrale Leitmotiv der wissenschaftlichen Evaluation der Modellregion Inklusive Bildung Frankfurt am Main. Aus diesem Grund bildete die Frage, wie die Schülerinnen und Schüler ihren Alltag an Schulen wahrnehmen, die sich in der Gestaltung des schulischen und unterrichtlichen Alltags an programmatischen und normativen Zielen „inklusiver Bildung“ orientieren sollen bzw. sich dazu handelnd in ein Verhältnis setzen müssen, einen zentralen Bezugspunkt der Untersuchungen. Auch wenn wir versucht haben, den schulischen Alltag in der Perspektive der Schüler*innen in den Blick zu nehmen, Schüler*innen in diesem Sinne also eine „Stimme *gegeben*“ haben, ist zu berücksichtigen, *wer* im Rahmen generationaler Ordnungen jeweils *spricht* (Mey, 2003, S. 23). Dies gilt gerade auch hinsichtlich der Darstellung und Diskussion der Ergebnisse.

Die Perspektiven der Lehrkräfte und pädagogischen Fachkräfte (Grundschullehrer*innen, Sonderpädagog*innen, Sozialpädagog*innen) haben wir erhoben, um Aufschluss über die Gestaltung der Zusammenarbeit zu erhalten. Dies erforderte, auch die organisatorischen Rahmenbedingungen von Kooperation, Arbeitsteilung und Formen der Handlungskoordination in den Blick zu nehmen.

An der Studie beteiligt waren 18 Grundschulen, darunter alle Grundschulen der Bildungsregion West sowie fünf ausgewählte Grundschulen der Bildungsregion Süd. Zu den drei genannten Schwerpunkten der Untersuchung (1) Organisationale Rahmung, (2) Fachliche Kooperation und (3) Perspektive der Schüler*innen wurden Daten in insgesamt fünf Erhebungsschritten erhoben:

(1) Einleitend wurden Expert*inneninterviews mit den Schulleitungen, den Leitungen des Beratungs- und Förderzentrums West und des Zentrums für Erziehungshilfe und mit der Regionalleitung der Caritas geführt, um einen Überblick über die organisatorischen Rahmenbedingungen und deren Ausgestaltung zu gewinnen.

(2a) In einer Fragebogenerhebung, die die Befunde der Expert*inneninterviews aufgegriffen hat und die sich an alle Grundschullehrkräfte, Sonderpädog*innen und die Mitarbeiter*innen des Ganztags und der Jugendhilfe in der Schule richtete, wurde nach den Erfahrungen in der multiprofessionellen und interinstitutionellen Zusammenarbeit gefragt.

(2b) Zu den hier gewonnenen Erkenntnissen wurden vertiefende Interviews an fünf ausgewählten Schulen mit den jeweiligen Fachkräften (Grundschullehrkräfte, Sonderpädog*innen und die Mitarbeiter*innen der Jugendhilfe in der Schule) geführt.

(3a) In einer weiteren Fragenbogenerhebung wurden die Schüler*innen aller 3. Klassen der beteiligten Grundschulen zur Wahrnehmung ihres schulischen Alltags befragt und

(3b) es wurden auch hier vertiefende Interviews mit Schüler*innen aus den ausgewählten Schulen geführt (zu den Details des Untersuchungsdesigns siehe oben Kapitel 3).

Als zentrale Befunde unserer Untersuchungen zur *Perspektive der Schüler*innen auf ihren schulischen Alltag* können festgehalten werden:

- Die überwiegende Mehrheit der Schüler*innen (über 90%) berichten, sich in der Schule wohl zu fühlen, erfahren von ihren Lehrer*innen Unterstützung und Wertschätzung und kommen mit ihren Mitschüler*innen gut aus.
- Es gibt allerdings auch eine beachtliche Zahl von Schüler*innen, auf die das nicht zutrifft. Knapp 10% der befragten Kinder geben dagegen an, sich in der Schule nicht oder eher nicht wohl zu fühlen, ungern in ihre Klasse zu gehen und sich von ihren Lehrer*innen nicht gut unterstützt und wenig anerkannt zu fühlen.
- Es wurden weder in der Fragebogenerhebung noch in den Interviews Zusammenhänge zwischen dem schulischen Wohlbefinden und dem Status sonderpädagogischer Förderbedarf festgestellt. Die von uns befragten Kinder mit sonderpädagogischem Förderbedarf berichten von einem durchschnittlichen bis hohen schulischen Wohlbefinden.
- Signifikante Zusammenhänge bestehen stattdessen zwischen dem schulischen Wohlbefinden und der Kategorie ‚Geschlecht' (Mädchen fühlen sich insgesamt wohler in der Schule als Jungen) sowie familiärer Migrationserfahrung und vor allem mit der sozio-ökonomischen Lage der Kinder und ihrer Familien.
- Der Umstand, eine inklusive Klasse zu besuchen, spielt in der Wahrnehmung der Kinder eine untergeordnete Rolle. Es gehört für sie zum normalen schulischen Alltag, dass Kinder auf unterschiedlichen Niveaus lernen und dass sie oder ihre Mitschüler*innen für besondere Förderangebote den Unterricht zeitweise verlassen.
- Genauso wird die zeitweise und dauerhafte Anwesenheit weiterer Erwachsener im Unterricht nicht als etwas Besonderes wahrgenommen, auch wenn die Funktion dieser Erwachsenen den Kindern nicht immer klar ist.
- Insgesamt kann in diesem Sinne davon berichtet werden, dass die Tatsache, eine inklusive Klasse zu besuchen, für die von uns befragten Schüler*innen eine nahezu selbstverständliche Normalität darstellt, die von ihnen selbst nicht als problematisch erlebt wird.

Wie sind diese, hier nur summarisch dargestellten Ergebnisse (zu den Details vgl. oben Kap. 5.3), auch vor dem Hintergrund des Forschungsstands zu bewerten? Zunächst deckt sich der Befund des prinzipiell hohen schulischen Wohlbefindens einer großen Zahl von Grundschulkindern mit den Ergebnissen anderer Untersuchungen (Andresen et al., 2018).

Im vorliegenden Zusammenhang ist allerdings bemerkenswert, dass diese Selbstwahrnehmung auch durchgängig von den von uns befragten Schüler*innen mit sonderpädagogischem Förderbedarf geteilt wird. In älteren Untersuchungen (eine zusammenfassende Darstellung findet sich oben Kap. 4.5) wurde in der Regel festgestellt, dass sich Schüler*innen mit sonderpädagogischem Förderbedarf in Integrations-/Inklusionsklassen vermehrt in Außenseiterpositionen wiedergefunden haben und hieraus häufig die Bedeutung der Förderschule als unverzichtbarer Rückzugsort und Schonraum abgeleitet.

Nun sind unsere Befunde, auch wenn sie im Einklang mit den Ergebnissen anderer aktueller Studien stehen (BiLieF, EIBiSch, vgl. oben Kap. 4.1), aufgrund der geringen Fallzahlen[1] mit äußerster Vorsicht zu interpretieren. Zudem ist die Gruppe der Schüler*innen mit sonderpädagogischem Förderbedarf in sich alles andere als homogen. Hierauf bezogene Differenzierungen können wir hier, wiederum aufgrund der geringen Fallzahlen (aber auch, weil uns aus Datenschutzgründen die Erhebung der Art des sonderpädagogischen Förderbedarfs gar nicht erlaubt war), nicht abbilden.

Zu bedenken ist außerdem, dass wir mit den 10 an der Fragebogenerhebung beteiligten Kindern mit sonderpädagogischem Förderbedarf jenen Ausschnitt von Schüler*innen erfasst haben, die sich von ihren Eltern gut unterstützt fühlen. Kindern, denen diese Unterstützung fehlt, fühlen sich auch in der Schule deutlich weniger wohl, worauf unsere Daten ja auch verweisen. Es steht also zu vermuten, dass viele der Kinder mit geringer häuslicher Unterstützung an der Befragung gar nicht teilgenommen haben. Dies gilt natürlich gleichermaßen für Kinder mit und ohne Förderbedarf. Es ist aber nicht auszuschließen, dass dies dennoch zu einer systematischen Verzerrung der Befunde geführt haben kann.

Grundsätzlich ist an die Befunde noch einmal die Frage zu stellen, welcher Stellenwert schulischem Wohlbefinden in der Auseinandersetzung um die Qualität von Schule und Unterricht zukommt oder vielmehr zukommen soll. Schließlich, so kann man mit guten Gründen argumentieren, ist nicht

[1] Zum Zeitpunkt der Befragung besuchten 962 Schüler*innen die 3. Klassen der teilnehmenden Schulen, davon hatten 29 Schüler*innen einen diagnostizierten sonderpädagogischen Förderbedarf. An der Befragung teilgenommen hatten knapp 40% aller Schüler*innen, also 379 Kinder. Von ihnen hatten – nur – 10 Kinder einen sonderpädagogischen Förderbedarf, sie waren damit in der Stichprobe, allerdings nur geringfügig, unterrepräsentiert (die Stichprobenbeschreibung findet sich oben in Kap. 3.3.1).

Wohlbefinden, sondern Bildung und Erziehung der Auftrag von Schule. Und da Lernen nun einmal ein auch krisenanfälliges Geschehen ist, das zumindest phasenweise mit Erfahrungen der Zumutung, des Scheiterns, der Angst und der Beschämung einhergehen kann, Peerinteraktionen als belastend wie unterstützend erlebt werden können, wäre es zumindest eine fragwürdige Erwartung an Schule, dass sie „Wohlfühlen" gleichsam herzustellen habe. Gleichwohl kann sich die Orientierung an dem immer auch individuell und gleichzeitig sozial kontextualisiert zu betrachtenden *Wohlergehen* von Schüler*innen in der Schule als bedeutsames normatives Korrektiv pädagogischen Handelns und berufsethischer Orientierungen erweisen (Rathmann & Hurrelmann, 2018b).

So zielen gerade die Fragen nach der Unterstützung und der Wertschätzung durch die Lehrer*innen und andere in das schulische Geschehen involvierte Personen darauf, wie mit der prinzipiellen Krisenanfälligkeit des Lernens, Krisen des Erziehungsgeschehens und Selbstkrisen von Schüler*innen umgegangen wird. Und hier berichten die befragten Schüler*innen, dass sie sich vertrauensvoll an die Fachpersonen und auch an ihre Mitschüler*innen wenden können.

Schüler*innen scheinen mit den unterrichtsbezogenen Maßnahmen innerer und äußerer Differenzierung in der Form umzugehen, dass diese für sie zur schulischen Realität gehören. Die von Lehrkräften und weiteren pädagogischen Fachkräften befürchteten stigmatisierenden Effekte – vor allem von Maßnahmen äußerer Differenzierung – bilden sich in unseren Befragungen nicht ab. Möglicherweise hängt die Aneignung entsprechender Differenzierungsformen auch davon ab, wie diese pädagogisch eingeführt und begleitet werden. In den Interviews mit den Fachkräften fand diese Thematik durchgängig eine hohe Aufmerksamkeit, was für einen reflektierten und sensiblen Umgang mit der Problematik spricht.

Allerdings sind auch hier wiederum Einschränkungen vorzunehmen. Denn zum einen berichten einzelne Schüler*innen durchaus von beschämenden und kränkenden Erfahrungen durch ihre Mitschüler*innen (vgl. oben Kap. 5.3.2, S. 153). Zum anderen bewegen wir uns hier ausschließlich auf der Ebene der expliziten Selbstauskunft. Neuere Ergebnisse der interpretativen Unterrichtsforschung, in der verschiedene Differenzlinien und die „Ambivalenzen und Widersprüchlichen unterrichtlicher Praktiken" (Rabenstein, Schäffer, Gerlach & Steinwand, 2017, S. 265) eines „inklusiven Unterrichts" in den Blick rücken, zeigen, wie Differenzen und damit immer auch Positionierungen und Hierarchien im Rahmen individualisierender Unterrichtsarrangements zwischen Peers und in Lehrer-Schüler-Interaktionen hergestellt werden (vgl. ebd.; siehe u.a. auch Bender & Heinrich, 2016; Blasse et al., 2015;

Herzmann, Merl, Panagiotopoulou, Rosen & Winter, 2017). Als Reflexionsangebote können diese Forschungsergebnisse insbesondere dazu beitragen, den Blick für Uneindeutigkeiten und Ambivalenzen – gegenüber einseitig auf „positive“ bzw. produktive Wirkungen inklusiver Unterrichtsarrangements setzenden Diskurslinien – zu öffnen. Praktiken der „Fürsorge“ durch Lehrkräfte können nämlich durchaus „marginalisierende Effekte“ bei Schüler*innen hervorbringen (Fritzsche, 2014).

Damit kann für eine breitere, ungleichheitssensible Bestimmung reflexiver Inklusion plädiert werden, wie sie u.a. auch im Förderprogramm Jugendhilfe in der Schule grundgelegt ist (Dill, Strauss & Weinhandl, o.J.). Reflexive Inklusion zielt dabei „sowohl auf das Wahrnehmen und Ernstnehmen von Differenzen und das Sichtbarmachen von darin eingeschriebener Benachteiligung, als auch auf den Verzicht auf Festschreibung und Verlängerung impliziter Normen durch deren Dekonstruktion“ (Budde & Hummrich, 2013, o.S.). Im Sinne eines reflexiven Verständnisses von Inklusion wäre es für die schulische Praxis nach unserer Einschätzung zielführend, wenn verschiedene Differenzkategorien und ihre Verschränkung in den Blick rücken. Diese Differenzen werden von den Akteur*innen in der Schule immer wieder relevant und damit auch hervorgebracht. Dabei gilt es, (wieder) stärker die Dimension soziale Klasse bzw. Milieu zu berücksichtigen und damit Unterstützungsbedarfe von Schüler*innen aufzuzeigen, die (mehrfache) soziale Marginalisierungserfahrungen machen und deren Lebenswelten mit entsprechenden Benachteiligungen und Teilhabebarrieren verbunden sind – die schulorganisatorische Kategorie des sonderpädagogischen Förderbedarfs stößt hier an mehr als eine Grenze und vermag diese Dimensionen nicht abzubilden. Anders formuliert: Die Reduktion des Inklusionsbegriffs auf die Kategorie Behinderung und/oder sonderpädagogischen Förderbedarf greift nicht nur zu kurz, sondern läuft Gefahr, unter der Hand, unterhalb der Aufmerksamkeitsschwelle, Risiken des Ausschlusses hervorzubringen.

Die Befunde aus der Befragung der Fachkräfte, i.e. der Grundschullehrer*innen, der Sonderpädagog*innen und der Sozialpädagog*innen zu den Möglichkeiten und Hindernissen ihrer Zusammenarbeit ergeben folgendes Bild:

- Grundsätzlich wird häufig von Kooperationsbeziehungen mit den innerschulischen und außerschulischen pädagogischen Fachkräften und Institutionen berichtet und diese Kooperation wird von den Grundschullehrkräften überwiegend als unterstützend wahrgenommen.
- Die Notwendigkeit von Kooperation führt zu einem erhöhten Koordinationsaufwand und zu vermehrten Aushandlungsprozessen. Die notwendigen Abstimmungserfordernisse sind mit einem erheblichen Zeitaufwand verbunden.

- Als Reibungspunkte in der berufsgruppenübergreifenden Zusammenarbeit werden unter anderem genannt: (1) Die Schieflagen, z.B. in Bezahlung und in Arbeitszeitregelungen oder auch der Verantwortungsübernahme, (2) das Ringen um die Definition von „gelungener" Inklusion und um den jeweiligen Expertenstatus und (3) Fragen des fachlichen „Mandats" im Unterstützungssystem.

Diese hier knapp skizzierten Befunde lassen sich folgendermaßen weiter ausbuchstabieren: Erweiterte und zum Teil neue Akteurskonstellationen gehören an vielen Schulen inzwischen zum beruflichen Alltag, dabei ist Kooperation innerhalb der Organisation, aber auch interinstitutionelle und bereichsübergreifende Kooperation offenbar zu einer beruflichen Anforderung für Sozialpädagog*innen, Förder- und Regelschullehrkräfte geworden. Mit der Ausdifferenzierung pädagogischer Berufsrollen, Professionen und personenbezogener Dienstleistungen verbunden ist die Herausforderung einer Fragmentierung arbeitsteiliger Problembearbeitungen bzw. von Unterstützungsleistungen entgegenzuwirken; auch deshalb wird Kooperation etwa von Bauer als „unabdingbare Anforderung an eine professionelle sozialpädagogische Problem- und Fallbearbeitung" (Bauer, 2011, S. 341) interpretiert.

In unserer Untersuchung ging es uns auf einer deskriptiven Ebene darum, überhaupt erst einmal nach Vernetzungen in den Sozialraum und nach Kontakten mit anderen pädagogischen Fachpersonen innerhalb und außerhalb von Schule zu fragen. Weder folgen wir dabei einem in programmatischen Diskursen geteilten Verständnis von „gelungener Kooperation", die per se positive „Wirkungen" auf die Gestaltung inklusiver Arrangements hat noch gehen wir davon aus, dass die Anzahl oder Kontakthäufigkeit diesbezüglich Indikatoren sind. Auch ist einschränkend darauf hinzuweisen, dass wir weder im Unterricht Formen der Zusammenarbeit noch andere Formate der Zusammenarbeit, etwa Arbeitsgruppensitzungen, Förderplangespräche o.ä. beobachtet und analysiert haben.

Die Ergebnisse der Fragenbogenerhebung zeigen, dass Schulen und je konkrete Lehrkräfte und Sozialpädagog*innen in deutlich unterschiedlichem Ausmaß in Kooperationen und Netzwerke involviert sind, und dass auch die jeweiligen Anlässe nicht auf einen Nenner zu bringen sind. Es sind jedoch offenbar jene Personen, die die innerschulischen Rahmenbedingungen, wie vorhandene Zeitfenster und Unterstützung durch Schulleitungen, als positiv einschätzen, die häufiger entsprechende Kontakte aufweisen. Aussagen über die Wirkungsrichtungen dieser Zusammenhänge können wir an dieser Stelle nicht ableiten, jedoch zeigen sich diese Zusammenhänge insbesondere mit Blick auf die Kooperation mit der Jugendhilfe in der Grundschule, was sich mit den Ergebnissen aus anderen Studien deckt (Dill et al., o.J.). Es ist kein neuer und schon gar kein überraschender Befund, dass an Kooperationen einerseits hohe Erwartungen gerichtet werden, andererseits aber der damit verbundene zeitliche Mehraufwand gerade von Lehrkräften thematisiert wird. Die Erwartungen an Formen der Zusammenarbeit sind durchgehend hoch und beziehen sich bei Lehrkräften darauf, Unterstützung im Sinne arbeitsteiliger Bearbeitung beruflicher Anforderungen zu erhalten wie auch durch einen anderen Spezialisierungsgrad und erwartete Expertise von Förderschullehrkräften fachlich in Fragen von Diagnostik und spezifischer sonderpädagogischer Förderung beraten und mithin entlastet zu werden. Mitunter ist damit die – auch von einigen Förderschullehrkräften geteilte – Erwartung verbunden, dass erst qua äußerer Differenzierung und Klein(st)gruppenförderung deutlichere Lernfortschritte der Schüler*innen zu erzielen seien.

Insgesamt wird problematisiert, dass die personelle Unterstützung durch Förderschullehrkräfte jedoch häufig nicht ausreichend sei, um bestimmte Vorstellungen inklusiver Unterrichtsarrangements realisieren zu können. Während Förderschullehrkräften nur eine partielle Verantwortungsübernahme in der „Fallarbeit“ zukomme, diese über räumliche, zeitliche und inhaltliche Distanzierungsmöglichkeiten verfügen, obliege Grundschullehrkräften die Hauptverantwortung für alle Schüler*innen. Bedeutsam erscheint uns zudem der Befund, dass Förderschullehrkräften die Funktion zugewiesen wird, eine potenzielle Unterstützung für alle Lehrkräfte zu sein, um fachlichen Rat zu geben, unabhängig davon, ob Schüler*innen mit sonderpädagogischem Förderbedarf in der Klasse sind oder nicht.

Auch Förderschullehrkräfte problematisieren, dass ihre zeitlichen Ressourcen für eine umfassende und unterrichtsintegrierte Förderung nicht ausreichend seien. Für sie ist der Austausch mit Assistenzkräften bzw. Schulbegleiter*innen überdies relevant, was es zukünftig im Diskurs über Kooperation ebenso stärker zu berücksichtigen gilt wie die Zusammenarbeit von Förderschullehrkräften mit Sozialpädagog*innen.

Die von uns befragten Sozialpädagog*innen sehen Hürden für von ihnen geschätzte, aber selten realisierbare, Formen der Zusammenarbeit in den Zeitkorridoren der Förderschullehrkräfte. In den Selbstpositionierungen von Sozialpädagog*innen markieren diese eine Nähe zu Förderschullehrkräften hinsichtlich gemeinsamer pädagogischer Grundüberzeugungen und Vorstellungen von „richtiger“ Inklusion.

Inwieweit Schulsozialarbeit an Grundschulen das ihr mitunter zugeschriebene Potenzial der Integration differenter Perspektiven und Bearbeitungsweisen in der kooperativ bearbeiteten Fallarbeit entfalten kann (Fabel-Lamla, Haude & Volk, 2018, S. 120) und inwieweit sich die Jugendhilfe in den Dienst des Schulischen stellt und von entsprechenden Zuständigkeitszuweisungen vereinnahmen lässt, scheint eine weitere Reflexionsanforderung für alle schulischen Akteure zu sein. Fruchtbar zu machen wären in der Deutung und Bearbeitung von pädagogischen Problemstellungen deshalb gerade auch je differente Perspektiven, die durchaus auch berufsgruppenintern variieren können.

Greifen wir Befunde anderer Untersuchungen zur schulinternen Kooperation pädagogischer Berufsgruppen in diesem Zusammenhang auf und fokussieren auf Analyseergebnisse zu Selbst- und Fremdpositionierungsbewegungen pädagogisch Tätiger in der Schule, so ist auf ein je spezifisch akzentuiertes Problem pädagogisch Tätiger hinzuweisen. Dieses hängt mit der „Nicht-Entscheidbarkeit“ bestimmter Fälle aufgrund der Überschneidungen von Zuständigkeitsbereichen zusammen (Kunze & Silkenbeumer, 2018). Außerdem sind „Fälle“ in der Pädagogik nicht immer schon gegeben, sondern werden als solche markiert und mithin hergestellt. Zugleich geht damit die Unsicherheit in der Frage „Was ist wessen Fall“ einher, denn diese Frage kann nicht über äußere Kriterien (wie sonderpädagogischer Förderbedarf, Schulabsentismus etc.), sondern immer wieder nur im praktischen Handeln entschieden werden (ebd.).

Ein Analyseergebnis deutet darauf hin, dass sich Förderschullehrkräfte durchaus in einer den Lehrkräften zuarbeitenden Funktion sehen, wenn es um die Realisierung „inklusiver“ Unterrichtsarrangements geht. Die damit einher gehenden Asymmetrien scheinen jedoch eher mit einem Strukturproblem unterrichtlicher Kooperation als mit berufskulturellen Selbstverständnissen oder Asymmetrien auf der Ebene der Kooperationsbeziehung verbunden (Bender & Heinrich, 2016) zu sein.

Bemerkenswert ist schließlich die Vielfalt der Ausgestaltung der Organisationsformen der sonder- und sozialpädagogischen Angebote an der Einzelschule. Zwar bestehen sie im Wesentlichen aus den gleichen Komponenten (Co-Teaching, Einzel-/Kleingruppenförderung, Beratung, Diagnostik, außerunterrichtliche Gruppenangebote, Elternarbeit, unterrichtliche Angebote, etc.), scheinen aber an jeder Schule bzw. von den unterschiedlich pädagogisch Tätigen anders gewichtet und zusammengesetzt. Das muss man nicht zwangsläufig problematisieren. Es ist zum einen eine Reaktion auf die unterschiedlichen Ausgangslagen und Bedingungen der jeweiligen Einzelschule. Zum anderen ist aus einer Governance-Perspektive ohnehin eine gewisse Skepsis gegenüber administrativen Top-Down-Steuerungsmöglichkeiten angeraten (vgl. oben Kap. 4.2). Auf der anderen Seite scheint es aber auch wenig sinnvoll, einer völligen Beliebigkeit das Wort zu reden. Pijl und Frissen ziehen aus ihrer internationalen Studie zu den Prozessen inklusiver Schulentwicklung den Schluss, dass die beste Unterstützung, die Bildungsverwaltung und Bildungsadministration geben, darin besteht, klar zu definieren, was von den Schulen erwartet wird, ohne den Schulen vorzuschreiben, wie sie das tun (Pijl & Frissen, 2009, S. 373). Das wiederum verweist auf die Notwendigkeit

von Dialog und Aushandlung, sowohl innerhalb der Einzelschule als auch zwischen den verschiedenen Hierarchiestufen des Mehrebenensystems Schule.
Anschließend an die Befunde unserer Untersuchung und unsere dargestellten fachlichen Überlegungen zur Gestaltung inklusiver schulischer Settings können aus unserer Sicht folgende Empfehlungen auf den Ebenen der Schuladministration und Schulentwicklung, der Lehrer*innenbildung, der inter- und multiprofessionellen Zusammenarbeit und der Gestaltung von Unterricht formuliert werden:

(1) Schuladministrative Rahmung für inklusive Schulen:

Auf der überschulischen Steuerungsebene wurde das Konstrukt der Modellregionen durch das Kultusministerium durch die Einführung der Inklusiven Schulbündnisse in § 52 des Hessischen Schulgesetzes abgelöst. Die Aufgaben der Schulbündnisse sind dabei sehr weit gefasst, die Rahmenvorgaben durch das HKM sind dagegen eher lose gehalten. Die Maßgabe, den Akteur*innen vor Ort einen möglichst großen Gestaltungsspielraum zu belassen, entspricht Erkenntnissen der Schulentwicklungsforschung.

⇒ Es wird weiter zu beobachten sein, welche Formen der Organisation und Verfahren in den jeweiligen Schulen mit welchen ‚Effekten' bzw. auch Folgen für welche Schüler*innen entwickelt werden und inwiefern diese an den Zielvorgaben der UN-BRK ausgerichtet werden. Dies gilt auch und gerade für das besonders sensible Thema der Ressourcensteuerung.

⇒ Im Zeitraum der Evaluation sind die Schülerzahlen in der inklusiven Bildung stetig gestiegen und es kam zu einem Rückgang der Schülerzahlen an den Förderschulen. Allerdings zeigt sich dieser Rückgang nur im Bereich der Förderschwerpunkte Lernen und Sprache, und auch hier nicht an allen Schulstandorten. Zudem ist es zu einem massiven Anstieg der Schülerzahlen im Förderschwerpunkt Geistige Entwicklung gekommen. Ein kontinuierliches Monitoring sollte Aufschluss über die künftige Entwicklung der Schülerzahlen an Förderschulen und in der Inklusiven Bildung geben. Es wird dabei zu beobachten sein, ob der politische gewollte Erhalt der Förderschulangebote sich nicht langfristig zu einem Hindernis im Ausbau inklusiver Strukturen entwickelt.

(2) Inklusive Schulentwicklung:

Die Realisierung inklusiver Bildung kann nicht von den einzelnen Lehrkräften individuell bewältigt werden, sondern verlangt tiefgreifende Veränderungen der Strukturen und Praktiken der ganzen Schule und des Schulsystems bzw. deren Bedingungen. Unsere Untersuchung hat gezeigt, dass sich viele Akteur*innen in den Schulen angesichts der Vielzahl aktueller Entwicklungsaufgaben vor kaum noch zu bewältigende Anforderungen gestellt sehen.

⇒ Hier ist in Hinblick auf die Entwicklung inklusiver Settings in Schulen weiter zu beobachten, inwieweit die Akteur*innen an den Schulen bestimmte Schwerpunkte fokussieren (müssen) und dadurch andere Zielsetzungen aus dem Blick geraten können.

⇒ Aufgrund der Komplexität der anstehenden Schulentwicklungsprozesse wäre weiter darüber nachzudenken, wie Reflexivität in der Organisation durch Prozessbegleitung moderiert und unterstützt werden kann, die anstehenden Aufgaben zu ordnen, Prioritäten zu setzen und planvoll abzuarbeiten und damit bearbeitbar zu machen. Der Fokus richtet sich damit nicht auf Reflexionsprozesse einzelner Akteur*innen mit der Problematik, personalisierende Verantwortungszuschreibungen für die Umsetzung programmatischer Ziele vorzunehmen, sondern auf die Organisation Schule und das Prozessieren von Entscheidungen insgesamt.

(3) Lehrerbildung und Inklusion:

Auch zehn Jahre nach Ratifizierung der UN-Behindertenrechtskonvention berichten Lehrkräfte, sich nicht hinreichend auf die mit der inklusiven Bildung verbundenen Aufgaben vorbereitet zu fühlen.

⇒ Das Themenfeld Inklusion und Exklusion, Diversität und Differenz wäre in der ersten und zweiten Phase der Lehrerbildung für alle Lehrämter verbindlich zu verankern.

⇒ Vorhandene Konzepte für die Weiterbildung der bereits im Schuldienst befindlichen Lehrkräfte sind weiter zu erproben und weiterzuentwickeln. Auch berufsgruppenübergreifend gilt es Regelschulehrkräfte, Förderschullehrkräfte und Sozialpädagog*innen für das Thema Inklusion zu sensibilisieren. Das Qualifizierungsnetzwerk Inklusive Bildung hat hier bereits wichtige Impulse gesetzt.

(4) Inklusive Bildung und multiprofessionelle und interinstitutionelle Kooperation:

Auch unsere Studie hat gezeigt, dass Formate des Zusammenwirkens für die Gestaltung inklusiver Settings als bedeutsam beschrieben werden. Dabei haben wir eine hohe Varianz sowohl der Intensität wie auch der Formate der berufsgruppenübergreifenden Zusammenarbeit beobachtet. In Übereinstimmung mit anderen Untersuchungen ist hier der Schluss zu ziehen, dass sich die Art und Weise der Zusammenarbeit zwischen Regelschul- und Förderschullehrer*innen und Sozialpädagog*innen nur begrenzt durch administrative Vorgaben bestimmen lässt. Dies verweist auf die Notwendigkeit von Aushandlungsprozessen zwischen den Akteur*innen vor Ort. Diese können aber nur dann produktiv gestaltet werden, wenn dafür die entsprechenden Rahmenbedingungen vorgehalten werden:

⇒ Berufliche Kooperation basiert auf Vertrauen zwischen den Beteiligten, dieses wiederum basiert auf Kontinuität der Kooperationsbeziehungen, konfrontiert die Akteur*innen aber auch damit, zwischen Einmischung und Nichteinmischung in die professionelle Handlungsautonomie der jeweiligen Kolleg*innen zu balancieren. Multiprofessionelle Kooperation und Lehrer*innenkooperation ist nicht per se gut oder wünschenswert, sondern stärker hinsichtlich des Anforderungsgeflechts und struktureller Spannungen, welche von den Akteur*innen zu bearbeiten sind, in den Blick zu nehmen.

⇒ In diesem Zusammenhang ist die Entscheidung der grundsätzlichen Verortung der Förderschullehrkräfte an den Beratungs- und Förderzentren hinsichtlich damit verbundener Wirkungen weiter zu beobachten. Grundsätzlich stellt sich weiterhin die Frage nach der institutionellen Einbindung und organisationalen Anbindung von Förderschullehrkräften; Modelle, in denen ein Großteil der Förderschullehrkräfte an den Regelschulen als Stammschule beschäftigt ist, aber zugleich weitere Förderschullehrkräfte am BFZ verbleiben, sind ebenfalls hinsichtlich damit verbundener Folgen und entstehender Handlungsmöglichkeitsräume auf den verschiedenen Ebenen in den Blick zu nehmen.

⇒ In der Einzelschule wird die Kooperation und Koordination der pädagogischen Fachkräfte inzwischen vielerorts schon institutionell verankert. Dazu müssen verbindliche Vereinbarungen getroffen werden, welche Besprechungen, wann, wie oft, mit wem, wozu stattfinden, und die dafür notwendigen Zeitfenster eingerichtet werden. In diesem Rahmen kann die Arbeitsteilung und Zusammenarbeit besprochen werden: wer ist wofür zuständig, wo gibt es Überschneidungen, wie lassen sich Aufgabenfelder „zuschneiden" und verzahnen, wie wird das arbeitsteilige Vorgehen auch wieder zusammengeführt? Allerdings handelt es sich nicht um Fragen, die sich qua äußerer Vorgaben einfach regeln lassen. Vielmehr ist von komplexen Aushandlungsnotwendigkeiten auszugehen, die auf Dauer gestellt sind und den oben angesprochenen strukturellen Spannungen in Kooperationskonstellationen mehr Aufmerksamkeit zu schenken.

⇒ Da Kooperation und Austausch Zeit benötigen, sind hierzu Regelungen unter Berücksichtigung des hierfür benötigten Zeitaufwands auszuhandeln und hinsichtlich damit verbundener Implikationen zu beleuchten.

(5) Inklusive Bildung und „differenzsensibler" Unterricht:

Inklusiver Unterricht verlangt dem programmatischen Anspruch nach einen auf die individuellen Ausgangslagen der Schüler*innen abgestimmten Unterricht. Dies verlangt eine hohe Sensibilität und Aufmerksamkeit für Beschämungs- und Ausgrenzungsprozesse von den Lehrkräften und Professionellen der Sozialen Arbeit. Außerdem braucht es ein Wissen darum, dass es aufgrund der Verfasstheit von Schule und Unterricht zu Formen von „Exklusion" und Diskriminierung kommt, die unter der Aufmerksamkeitsschwelle der Beteiligten liegen. Dies kann jedoch reflexiv bearbeitet werden; entsprechende Formate wären weiterzuentwickeln und hinsichtlich damit verbundenen Erfahrungen auszuwerten; nicht zuletzt scheint es uns geboten, unterschiedliche fachliche Perspektiven auf das Gegenstandsfeld inklusiver Bildung fruchtbar zu machen.

⇒ Dies verweist zurück auf die Gestaltung von Kooperation und Kollegialität der verschiedenen Berufsgruppen: Die Perspektivenverschränkung von Regelschullehrkräften, Förderschullehrkräften und

Sozialpädagog*innen kann die Aufmerksamkeit auch für subtil wirkende Exklusionsmechanismen stärken. Umgekehrt kann eine Arbeitsteilung zwischen den Fachkräften, die primär auf Abgrenzung und Absicherung eigener Kompetenzbereiche zielt, derartige Prozesse noch verstärken.

(6) Inklusive schulische Bildung und Exklusionsrisiken:

Unsere Untersuchung liefert, im Einklang mit ähnlichen aktuellen Untersuchungen, Hinweise darauf, dass der Status „sonderpädagogische Förderbedarf" nicht prinzipiell ein erhöhtes Risiko im Hinblick auf das schulische Wohlbefinden birgt. Grundsätzlich berichtet die Mehrzahl aller Schüler*innen, sich in der Schule wohl zu fühlen und sich von ihren Lehrer*innen geachtet und unterstützt zu fühlen. Aber es gibt auch eine beachtliche Anzahl von Schüler*innen, auf die das nicht zutrifft. Dies sind vermehrt Schüler*innen die primär von sozio-ökonomischen Marginalisierungsrisiken betroffen sind.

⇒ Die Fokussierung inklusiver Bildung auf Schüler*innen mit sonderpädagogischem Förderbedarf als eigene, feststehende Gruppe ist daher zu überdenken. Vielmehr sind intersektionale Überkreuzungen zu berücksichtigen und zu reflektieren. Auch gilt es die schuladministrativ praktizierte Aufteilung von Unterstützungssystemen in verschiedene Ressorts (individuelle Förderung, Deutsch als Zweitsprache, sonderpädagogische Förderung) zu verknüpfen, denn wird diese Aufteilung an der Einzelschule reproduziert, so droht dies die Entwicklung eines umfassenden Förderkonzepts und Unterstützungsarrangements eher zu behindern als zu befördern.

7. Literaturverzeichnis

Altrichter, H. & Feyerer, E. (2017). Schulentwicklung und Inklusion in Österreich. In B. Lütje-Klose, S. Miller, S. Schwab & B. Streese (Hrsg.), *Inklusion: Profile für die Schul- und Unterrichtsentwicklung in Deutschland, Österreich und der Schweiz. Theoretische Grundlagen - Empirische Befunde - Praxisbeispiele* (S. 31–42). Münster: Waxmann.

Andresen, S. & Hurrelmann, K. e. a. (Hrsg.). (2010). *Kinder in Deutschland 2010. 2. World Vision Kinderstudie. Orig.-Ausg.* Frankfurt, Main: Fischer-Taschenbuch-Verl.

Andresen, S. & Hurrelmann, K. e. a. (Hrsg.). (2013). *»Wie gerecht ist unsere Welt« Kinder in Deutschland 2013. 3. World Vision Kinderstudie*. Weinheim: Beltz.

Andresen, S., Neumann, S. & Public, K. (Hrsg.). (2018). *Kinder in Deutschland 2018. 4. World Vision Kinderstudie*. Weinheim: Beltz.

Arndt, A.-K. & Werning, R. (2013). Unterrichtsbezogene Kooperation von Regelschulen und Lehrkräften für Sonderpädagogik. Ergebnisse eines qualitativen Forschungsprojektes. In A.-K. Arndt & R. Werning (Hrsg.), *Inklusion: Kooperation und Unterricht entwickeln* (S. 12–40). Bad Heilbrunn: Klinkhardt.

Bauer, P. (2011). Multiprofessionelle Kooperation in Teams und Netzwerken - Anforderungen an Soziale Arbeit. *Zeitschrift für Sozialpädagogik, 9*(4), 341–360. https://doi.org/10.3262/ZFSP1104341

Bauer, P. (2014). Kooperation als Herausforderung in multiprofessionellen Handlungsfeldern. In S. Faas & M. Zipperle (Hrsg.), *Sozialer Wandel. Herausforderungen für Kulturelle Bildung und Soziale Arbeit* (Aufl. 2014, S. 273–284). Wiesbaden: Springer Fachmedien Wiesbaden.

Bayerisches Staatsinstitut für Unterricht und Kultus. (2012). *Profilbildung inklusive Schule- Ein Leitfaden für die Praxis*. München.

Bender, S. & Heinrich, M. (2016). Alte schulische Ordnung in neuer Akteurkonstellation? Rekonstruktionen zur Multiprofessionalität und Kooperation im Rahmen schulischer Inklusion. *Zeitschrift für Pädagogik, 62*(Beiheft 62), 90–104.

BiLieF-Team. (2012-2015). *Skalendokumentation zu den Befragungen von Schüler/innen, Lehrkräften und Eltern. Bielefelder Längsschnittstudie zum Lernen in inklusiven und exklusiven Förderarrangement (BiLieF)* (Unveröffentlichte Projektdokumentation). Bielefeld: BiLieF.

Blanck, J. M. (2014). *Organisationsformen schulischer Integration und Inklusion. Eine vergleichende Betrachtung der 16 Bundesländer* (Discussion paper / Wissenschaftszentrum Berlin für Sozialforschung, Forschungsschwerpunkt, SP I 2014-501). Berlin: WZB.

Blanck, J. M. (2015). Schulische Integration und Inklusion in Deutschland. Eine vergleichende Betrachtung der 16 Bundesländer. In P. Kuhl, P. Stanat, B. Lütje-Klose, C. Gresch, H. A. Pant & M. Prenzel (Hrsg.), *Inklusion von Schülerinnen und Schülern mit sonderpädagogischem Förderbedarf in Schulleistungserhebungen* (S. 153–177). Wiesbaden: Springer VS. Verfügbar unter http://link.springer.com/chapter/10.1007/978-3-658-06604-8_6

Blasse, N., Budde, J., Hinrichsen, M., Hummrich, M., Niemeyer-Jensen, B. & Thon, C. (2015). Die Exklusivität des Inklusiven. In C. Siedenbiedel & C. Theurer (Hrsg.), *Grundlagen inklusiver Bildung. 2. Entwicklung zur inklusiven Schule und Konsequenzen für die Lehrerbildung* (Theorie und Praxis der Schulpädagogik#Bd.#29, S. 137–161). Immenhausen bei Kassel: Prolog-Verl.

Boban, I. & Hinz, A. (Hrsg.). (2015). *Erfahrungen mit dem Index für Inklusion. Kindertageseinrichtungen und Grundschulen auf dem Weg* (Diskurs inklusive Schule Schulentwicklung inklusiv). Bad Heilbrunn: Klinkhardt.

Bock, K. (2014). Perspektiven der Kindheitsforschung. In R. Braches-Chyrek, H. Sünker, C. Röhner & M. Hopf (Hrsg.), *Handbuch Frühe Kindheit* (S. 275–288). Opladen [u.a.]: Budrich; Barbara Budrich-Esser.

Bolz, P., Jacobs, H. & Lubinski, N. (Die Dezernentin für Soziales, Senioren, Jugend und Recht, Hrsg.). (2017). *Monitoring 2017. Zur Sozialen Segregation und Benachteiligung in Frankfurt am Main. Teil 1.* Materialienreihe Jugend und Soziales: Band 8.1. Verfügbar unter https://frankfurt.de/sixcms/media.php/738/Sozialmonitoring2017-1.pdf

Booth, T. & Ainscow, M. (2017). *Index für Inklusion. Ein Leitfaden für Schulentwicklung* (Schriftenreihe der Bundeszentrale für politische Bildung, Band 10098, Lizenzausgabe für die Bundeszentrale für Politische Bildung). Bonn: Bundeszentrale für Politische Bildung.

Börner, J. A. (2014). *Das subjektive Wohlbefinden von Kindern mit und ohne Behinderung. Eine quantitative Studie in Anlehnung an die Konzeption und Methodik der 2. World Vision Kinderstudie*. Universität Frankfurt, Frankfurt.

Böttinger, T. (2017). *Exklusion durch Inklusion? Stolpersteine bei der Umsetzung. 1. Auflage* (Inklusion praktisch. 2). Stuttgart: Verlag W. Kohlhammer. Verfügbar unter http://www.kohlhammer.de/wms/instances/KOB/appDE/nav_product.php?product=978-3-17-031793-2

Braches-Chyrek, R., Fischer, C., Mangione, C., Penczek, A. & Rahm, S. (Hrsg.). (2015). *Herausforderung Inklusion. Schule - Unterricht - Profession* (Forum Erziehungswissenschaft und Bildungspraxis. 5). Bamberg: University of Bamberg Press. Verfügbar unter http://nbn-resolving.de/urn:nbn:de:bvb:473-opus4-264458

Breuer, A. (2015). *Lehrer-Erzieher-Teams an ganztägigen Grundschulen. Kooperation als Differenzierung von Zuständigkeiten* (Schule und Gesellschaft, Bd. 59). Zugl.: Berlin, Humboldt-Univ., Diss., 2014. Wiesbaden: Springer VS. https://doi.org/10.1007/978-3-658-09491-1

Budde, J. & Hummrich, M. (2013). Reflexive Inklusion. *Zeitschrift für Inklusion*, (4). Zugriff am 11.01.2019. Verfügbar unter https://www.inklusion-online.net/index.php/inklusion-online/article/view/193

Degener, T. (2015). Die UN-Behindertenrechtskonvention. Ein neues Verständnis von Behinderung. In T. Degener & E. Diehl (Hrsg.), *Handbuch Behindertenrechtskonvention. Teilhabe als Menschenrecht - Inklusion als gesellschaftliche Aufgabe* (Schriftenreihe / Bundeszentrale für Politische Bildung, Bd. 1506, S. 55–74). Bonn: bpb Bundeszentrale für politische Bildung.

Deppe-Wolfinger, H., Prengel, A. & Reiser, H. (1990). *Integrative Pädagogik in der Grundschule. Bilanz und Perspektiven der Integration behinderter Kinder in der Bundesrepublik Deutschland ; 1976 - 1988* (DJI-Materialien Reihe). München: DJI-Verl. Dt. Jugendinst.

Dietze, T. (2011). Sonderpädagogische Förderung in Zahlen. Ergebnisse der Schulstatistik 2009/10 mit einem Schwerpunkt auf der Analyse regionaler Disparitäten. *Zeitschrift für Inklusion*, (2). Verfügbar unter http://www.inklusion-online.net/index.php/inklusion-online/article/view/88/88

Dill, H., Strauss, F. & Weinhandl, K. (o.J.). *Förderprogramm Jugendhilfe in der Schule Frankfurt am Main. Abschlussbericht der Evaluation*.. Erste Ergebnisse. München: IPP. Insstitut für Praxisforschung und Projektberatung. Zugriff am 11.01.2019. Verfügbar unter https://www.isep.frankfurt-macht-schule.de/sites/default/files/mediathek/kurzfassung_erste_ergebnisse.pdf

Ellger-Rüttgardt, S. (2008). *Geschichte der Sonderpädagogik. Eine Einführung ; mit 12 Tabellen* (utb, Bd. 8362). München: E. Reinhardt.

Euen, B., Vaskova, A., Walzebug, A. & Bos, W. (2015). Armutsgefährdete Schülerinnen und Schüler mit einem Förderbedarf im Förderschwerpunkt Lernen am Beispiel von PARS-F und KESS-7-F. In P. Kuhl, P. Stanat, B. Lütje-Klose, C. Gresch, H. A. Pant & M. Prenzel (Hrsg.), *Inklusion von Schülerinnen und Schülern mit sonderpädagogischem Förderbedarf in Schulleistungserhebungen* (S. 101–128). Wiesbaden: Springer VS.

European Agency for Special Needs and Inclusive Education (Hrsg.). (2018). *EASIE - European Agency Statistics on Inclusive Education. 2014 Dataset Cross-Country Report.* Zugriff am 05.09.2018. Verfügbar unter https://www.european-agency.org/sites/default/files/EASIE%202014%20Dataset%20Cross-Country%20Report_1.docx

Fabel-Lamla, M., Haude, C. & Volk, S. (2018). Kooperation mit Lehrpersonen und multiprofessionelle Zusammenarbeit. In S. Ahmed, F. Baier & M. Fischer (Hrsg.), *Schulsozialarbeit an Grundschulen. Konzepte und Methoden für eine kooperative Praxis mit Kindern, Eltern und Schule* (S. 111–122). Opladen: Verlag Barbara Budrich.

Fend, H. (2008). *Schule gestalten. Systemsteuerung, Schulentwicklung und Unterrichtsqualität*. Wiesbaden: VS Verlag für Sozialwissenschaften / GWV Fachverlage GmbH Wiesbaden. https://doi.org/10.1007/978-3-531-90867-0

Fickermann, D. & Fuchs, H.-W. (2018). Editorial zum Schwerpunktthema: Inklusive Bildung in Schulen. *DDS - Die Deutsche Schule*, (110 (2)), 105–108.

Fritzsche, B. (2014). Inklusion als Exklusion. Differenzproduktionen im Rahmen des schulischen Anerkennungsgeschehens. In A. Tervooren, N. Engel & M. Göhlich (Hrsg.), *Ethnographie und Differenz in pädagogischen Feldern. Internationale Entwicklungen erziehungswissenschaftlicher Forschung* (Pädagogik, S. 329–345). Bielefeld: Transcript.

Gasterstädt, J. (2019). *Der Komplexität begegnen und Inklusion steuern. Eine Situationsanalyse zur Umsetzung von Artikel 24 der UN-BRK in zwei Bundesländern*. Wiesbaden: Springer VS.

Gräsel, C., Fußangel, K. & Pröbstel, C. (2006). Lehrkräfte zur Kooperation anregen - eine Aufgabe für Sisyphos? *Zeitschrift für Pädagogik*, *52*(2), 205–219. Verfügbar unter http://nbn-resolving.de/urn:nbn:de:0111-opus-44535

Grundmann, M., Bittlingmayer, U. H., Dravenau, D. & Groh-Samberg, O. (2004). Die Umwandlung von Differenz in Hierarchie? Schule zwischen einfacher Reproduktion und eigenständiger Produktion sozialer Bildungsungleichheit. *ZZSE: Zeitschrift für Soziologie der Erziehung und Sozialisation*, *24*(2), 124–145.

Gysin, S. (2017). *Subjektives Wohlbefinden von Schülerinnen und Schülern.* Weinheim: Beltz Juventa.

Haas, B. & Arndt, I. (Hrsg.). (2017). *Auf dem Weg zur inklusiven Schule. Die Bedeutung von Teamarbeit und Kooperation für die Umsetzung der schulischen Inklusion in Bremen*. Frankfurt am Main: Gewerkschaft für Erziehung und Wissenschaft. Verfügbar unter https://www.gew.de/index.php?eID=dumpFile&t=f&f=63906&token=84dc89bf0dbce9508cd128ab7a62d74d35d43890&sdownload=&n=Lehrer_innenbildung_Auf_dem_Weg_zur_inklusiven_Schule.pdf

Haeberlin, U., Bless, G., Moser, U. & Klaghofer, R. (1991). *Die Integration von Lernbehinderten. Versuche, Theorien, Forschungen, Enttäuschungen, Hoffnungen* (Vierteljahresschrift für Heilpädagogik und ihre Nachbargebiete Beiheft, Bd. 9, 2., erw. Aufl., erg. mit einem neuen Kap. zum Schicksal von begabten Kindern in Integrationsklassen und mit einem Bericht über eine Vergleichsuntersuchung in Deutschland). Bern: Haupt.

Hänsel, D. & Schwager, H.-J. (2003). *Einführung in die sonderpädagogische Schultheorie* (Beltz Studium). Weinheim: Beltz.

Hascher, T. (2017). Die Bedeutung von Wohlbefinden und Sozialklima für Inklusion. In B. Lütje-Klose, S. Miller, S. Schwab & B. Streese (Hrsg.), *Inklusion: Profile für die Schul- und Unterrichtsentwicklung in Deutschland, Österreich und der Schweiz. Theoretische Grundlagen - Empirische Befunde - Praxisbeispiele* (S. 69–79). Münster: Waxmann.

Hascher, T., Morinaj, J. & Waber, J. (2018). Schulisches Wohlbefinden: Eine Einführung in Konzept und Forschungsstand. In K. Rathmann & K. Hurrelmann (Hrsg.), *Leistung und Wohlbefinden in der Schule: Herausforderung Inklusion* (66-82). Weinheim: Beltz Juventa.

Herzmann, P., Merl, T., Panagiotopoulou, A., Rosen, L. & Winter, J. (2017). »Auszeit« vom inklusiven Unterricht. Erste Ergebnisse zu differenzkonstruierenden Praktiken aus ethnographischen Feldstudien in Nordrhein-Westfalen. In J. Budde, A. Dlugosch & T. Sturm (Hrsg.), *(Re-)Konstruktive Inklusionsforschung. Differenzlinien - Handlungsfelder - empirische Zugänge* (Studien zu Differenz, Bildung und Kultur, v.5, 1st ed., S. 261–271). Opladen: Verlag Barbara Budrich.

Hessisches Kultusministerium. (2012). Verordnung über Unterricht, Erziehung und sonderpädagogische Förderung von Schülerinnen und Schülern mit Beeinträchtigungen oder Behinderungen. VOSB. *ABl. 2012 S. 230 vom 15.06.2012.*

HKM. (2011). Hessisches Schulgesetz. HSchG. In Hessischer Landtag (Hrsg.), *Gesetzes- und Verordnungsblatt für das Land Hessen. Landtaginformationssystem.*

HKM. (2016). *Checkliste Inklusion. Leitfaden zur Verständigung für die Bestandsaufnahme.* Zugriff am 29.12.2018. Verfügbar unter https://lehrkraefteakademie.hessen.de/sites/lehrkraefteakademie.hessen.de/files/content-downloads/05a_Checkliste_Inklusion_1.doc

Holtappels, H. G. (2013). Innovation in Schulen - Theorieansätze und Forschungsbefunde zur Schulentwicklung. In M. Rürup & I. Bormann (Hrsg.), *Innovationen im Bildungswesen. Analytische Zugänge und empirische Befunde* (Educational governance, Bd. 21, S. 45–69). Wiesbaden: Springer VS.

Huber, C. (2009). Gemeinsam einsam? Empirische Befunde und praxisrelevante Ableitungen zur sozialen Integration von Schülern mit Sonderpädagogischem Förderbedarf im Gemeinsamen Unterricht. *Zeitschrift für Heilpädagogik*, (7), 242–248.

Hurrelmann, K. & Andresen, S. e. a. (Hrsg.). (2007). *Kinder in Deutschland 2007. 1. World Vision Kinderstudie* (Fischer, Bd. 17720). Frankfurt am Main: S. Fischer. Verfügbar unter http://deposit.d-nb.de/cgi-bin/dokserv?id=2964990&prov=M&dok_var=1&dok_ext=htm

Johnson, M. (2015). Co-Teaching. Voraussetzung und Garant für eine Schule für Alle - Erfahrungen aus den USA. *Zeitschrift für Inklusion*. Verfügbar unter http://www.inklusion-online.net/index.php/inklusion-online/article/view/262/248

Katzenbach, D. & Buchhaupt, F. (06/2014). *Evaluation des Schulversuchs Begabungsgerechte Schule im Landkreis Offenbach*. Projektbeschreibung. Goethe-Universität, Frankfurt am Main. Verfügbar unter https://www.uni-frankfurt.de/61301238/2014-Evaluation-Schulversuch-Begabungsgerechte-Schule.pdf

Katzenbach, D., Klein, A. & Silkenbeumer, M. (06/2016). *Konzept der Evaluation „Modellregion inklusive Bildung"*. Goethe Universität: Goethe Universität; Frankfurt am Main.

Katzenbach, D. & Schnell, I. (2012). Strukturelle Voraussetzungen inklusiver Bildung. In V. Moser (Hrsg.), *Die inklusive Schule. Standards für die Umsetzung* (Schulpädagogik, S. 21–39). Stuttgart: Kohlhammer.

Klemm, K. (Bertelsmann Stiftung, G., Hrsg.). (2018). *Unterwegs zur inklusiven Schule. Lagebericht 2018 aus bildungsstatistischer Perspektive,* Bertelsmann Stiftung. Zugriff am 05.09.2018. Verfügbar unter https://www.bertelsmann-stiftung.de/fileadmin/files/BSt/Publikationen/GrauePublikationen/Studie_IB_Unterwegs-zur-inklusiven-Schule_2018.pdf

Köpfer, A. & Mejeh, M. (2017). Inklusive Schulentwicklung in der Schweiz im Spannungsfeld proaktiver und reaktiver Steuerung. Ein Beitrag zur Handlungspraxis von Schulleitungen unter Berücksichtigung ihrer formalen Rolle. *Sonderpädagogische Förderung heute*, (2), 168–179. https://doi.org/10.3262/SOF1702168

Kreis, A., Wick, J. & Kosorok Labhart, C. (Hrsg.). (2016). *Kooperation im Kontext schulischer Heterogenität* (Netzwerke im Bildungsbereich, Band 9, 1. Aufl.). Münster: Waxmann.

Külker, A., Dorniak, M., Geist, S., Kullmann, H., Lutter, N., Lütje-Klose, B. et al. (2017). Schulisches Wohlbefinden als Qualitätsmerkmal inklusiver Schulen. Unterrichtsentwicklung im Rahmen eines Lehrer-Forscher-Projekts an der Laborschule Bielefeld. In A. Textor, S. Grüter, I. Schiermeyer-Reichl & B. Streese (Hrsg.), *Leistung inklusive? Inklusion in der Leistungsgesellschaft* (S. 48–59). 2. Unterricht, Leistungsbewertung und Schulentwicklung. Bad Heilbrunn: Verlag Julius Klinkhardt.

Kullmann, H., Geist, S. & Lütje-Klose, B. (2015). Erfassung schulischen Wohlbefindens in inklusiven Schulen. Befunde zur Erprobung eines mehrdimensionalen Konstrukts in fünf Jahrgängen der Sekundarstufe I an der Laborschule Bielefeld. In P. Kuhl, P. Stanat, B. Lütje-Klose, C. Gresch, H. A. Pant & M. Prenzel (Hrsg.), *Inklusion von Schülerinnen und*

Schülern mit sonderpädagogischem Förderbedarf in Schulleistungserhebungen (S. 301–333). Wiesbaden: Springer VS. https://doi.org/10.1007/978-3-658-06604-8_11

Kullmann, H., Lütje-Klose, B. & Textor, A. (2014). Eine allgemeine Didaktik für inklusive Lerngruppen–fünf Leitprinzipien als Grundlage eines Bielefelder Ansatzes der inklusiven Didaktik. In B. Amrhein & M. Dziak-Mahler (eds.), *Fachdidaktik inklusiv. Auf der Suche nach didaktischen Leitlinien für den Umgang mit Vielfalt in der Schule* (S. 89–103). Münster: Waxmann.

Kunze, K. (2015). Kooperation, Kollegialität und funktionale Differenzierung. Strukturprobleme der multiprofessionellen Zusammenarbeit im Jahrgangsteam. In *Brennpunkt(-)Schule : zum Verhältnis von Schule, Bildung und urbaner Segregation* (S. 169–185). Opladen: Verlag Barbara Budrich.

Kunze, K. (2016). ultiprofessionelle Kooperation – Verzahnung oder Differenzierung? Einige Einwände gegen die Polarisierungstendenz einer Diskussion. In T.-S. Idel, F. Dietrich, K. Kunze, K. Rabenstein & A. Schütz (Hrsg.), *Professionsentwicklung und Schulstrukturreform. Zwischen Gymnasium und neuen Schulformen in der Sekundarstufe* (Studien zur Professionsforschung und Lehrerbildung, S. 261–277). Bad Heilbrunn: Verlag Julius Klinkhardt.

Kunze, K. (2017). (Multi-)Professionelle Kooperation - (k)ein Thema der Lehrerbildung. *journal für lehrerInnenbildung*, (1), 7–12.

Kunze, K. & Silkenbeumer, M. (2018). Institutionalisierungsbedingte Herausforderungen der berufsgruppenübergreifend verantworteten pädagogischen Arbeit an inklusiven Schulen. In M. Walm, T. Häcker, F. Radisch & A. Krüger (Hrsg.), *Empirisch-pädagogische Forschung in inklusiven Zeiten: Konzeptualisierung, Professionalisierung, Systementwicklung* (S. 131–145). Bad Heilbrunn: Verlag Julius Klinkhardt.

Landwehr, N. (2012). *Bewertungsraster zu den schulischen Integrationsprozessen an der Aargauer und der Solothurner Volksschule* (3. Auflage). Zugriff am 29.12.2018. Verfügbar unter https://www.schulen-aargau.ch/kanton/Dokumente_offen/externe%20schulevaluation%20bewertungsraster%20schuliintegration.pdf

Laubenstein, D., Lindmeier, C., Guthöhrlein, K. & Scheer, D. (2015). *Auf dem Weg zur schulischen Inklusion. Empirische Befunde zum gemeinsa-*

men Unterricht in rheinland-pfälzischen Schwerpunktschulen (Perspektiven sonderpädagogischer Forschung, Perspektiven sonderpädagogischer Forschung). Bad Heilbrunn: Verlag Julius Klinkhardt.

Lütje-Klose, B. (2018). Überlegungen zur Konzeptualisierung von Inklusion. Einordnungen, Ansätze, Hinweise zur Operationalisierung. In M. Walm, T. Häcker, F. Radisch & A. Krüger (Hrsg.), *Empirisch-pädagogische Forschung in inklusiven Zeiten: Konzeptualisierung, Professionalisierung, Systementwicklung* (S. 27–50). Bad Heilbrunn: Verlag Julius Klinkhardt.

Lütje-Klose, B., Miller, S., Schwab, S. & Streese, B. (Hrsg.). (2017). *Inklusion: Profile für die Schul- und Unterrichtsentwicklung in Deutschland, Österreich und der Schweiz. Theoretische Grundlagen - Empirische Befunde - Praxisbeispiele*. Münster: Waxmann.

Lütje-Klose, B., Neumann, P., Gorges, J. & Wild, E. (2018). Die Bielefelder Längsschnittstudie zum Lernen in inklusiven und exklusiven Förderarrangements (BiLieF). Zentrale Befunde. *DDS - Die Deutsche Schule, 110*(2), 109–123. https://doi.org/10.31244/dds.2018.01.02

Lütje-Klose, B. & Urban, M. (2014). Professionelle Kooperation als wesentliche Bedingung inklusiver Schul- und Unterrichtsentwicklung. Teil 1: Grundlagen und Modelle inklusiver Kooperation -. *Vierteljahresschrift für Heilpädagogik und ihre Nachbargebiete*, (2), 112–123. Verfügbar unter http://dx.doi.org/10.2378/vhn2014.art09d

Lütje-Klose, B., Wild, E., Schwinger, M., Yotyodying, S. & Gorges, J. (2015). Schülerinnen und Schüler mit dem Förderschwerpunkt Lernen in inklusiven und exklusiven Förderarrangements:. Erste Befunde des BiLief-Projektes zu Leistung, sozialer Integration, Motivation und Wohlbefinden. *Unterrichtswissenschaft*, *43*(01), 7–21.

Maykus, S. (2004). Kooperation von Lehrern und Sozialpädagogen - regulierte Machtverhältnisse als Voraussetzung und Ergebnis einer funktionalen Kooperationsstruktur und -kultur? In B. Hartnuß & S. Maykus (Hrsg.), *Handbuch Kooperation von Jugendhilfe und Schule. Ein Leitfaden für Praxisreflexion, theoretische Verortungen und Forschungsfragen // Ein Leitfaden für Praxisreflexionen, theoretische Verortungen und Forschungsfragen* (Hand- und Arbeitsbücher, Bd. 9, S. 349–370). Gelsenkirchen: VSTP Verlag Soziale Theorie & Praxis; Dt. Verein für öffentliche und private Fürsorge.

Maykus, S. (Hrsg.). (2011). *Kooperation als Kontinuum. Erweiterte Perspektive einer schulbezogenen Kinder- und Jugendhilfe* (1. Aufl.). Wiesbaden:

VS Verlag für Sozialwissenschaften / Springer Fachmedien Wiesbaden GmbH Wiesbaden.

Maykus, S. & Beck, A. (2016). Interprofessionalität als Voraussetzung einer inklusiven Schule? Empirische Befunde und theoretische Differenzierungen zur Bedeutung externer Kooperationsbeziehungen für schulische Entwicklungsprozesse. In S. Maykus, A. Beck, G. Hensen, A. Lohmann, H. Schinnenburg, M. Walk et al. (Hrsg.), *Inklusive Bildung in Kindertageseinrichtungen und Grundschulen. Empirische Befunde und Implikationen zur Praxis* (Inklusive Bildung, S. 173–208). Weinheim: Beltz Juventa.

Maykus, S., Beck, A., Hensen, G., Lohmann, A., Schinnenburg, H., Walk, M. et al. (Hrsg.). (2016). *Inklusive Bildung in Kindertageseinrichtungen und Grundschulen. Empirische Befunde und Implikationen zur Praxis* (Inklusive Bildung). Weinheim: Beltz Juventa. Verfügbar unter https://content-select-com.proxy.ub.uni-frankfurt.de/de/portal/media/view/552557c7-4664-4ed6-9445-4cc3b0dd2d03

Mayring, P. (2015). *Qualitative Inhaltsanalyse. Grundlagen und Techniken* (Beltz Pädagogik, 12., überarb. Aufl.). Weinheim: Beltz.

McCoy, S. & Banks, J. (2012). Simply academic? Why children with special educational needs don't like school. *European Journal of Special Needs Education*, *27*(1), 81–97. https://doi.org/10.1080/08856257.2011.640487

Mey, G. (2003). *Zugänge zur kindlichen Perspektive. Methoden der Kindheitsforschung*. Forschungsbericht. Technische Universität Berlin, Berlin. Zugriff am 11.01.2019. Verfügbar unter http://hdl.handle.net/20.500.11780/917

Moser, V. (2013). Kontroversen behindertenpädagogischer Geschichtsschreibung. In O. Musenberg (Hrsg.), *Kultur - Geschichte - Behinderung. Die kulturwissenschaftliche Historisierung von Behinderung* (1. Aufl., 83-99). Oberhausen: ATHENA Verlag.

Moser, V. (2017). Schulentwicklung Inklusion: Konzepte und Befunde. In V. Moser & M. Egger (Hrsg.), *Inklusion und Schulentwicklung. Konzepte, Instrumente, Befunde* (1. Auflage, 127-143). Stuttgart: Verlag W. Kohlhammer.

Olde, V., Kauz, O. & Katzenbach, D. (2009). Sonderpädagogische Beratungszentren im Spannungsfeld von Kooperation und Delegation. *Gemeinsam leben : Zeitschrift für integrative Erziehung*, *17*(2), 84–92. https://doi.org/10.3262/GL0902084

Olk, T. & Speck, K. (2009). Was bewirkt Schulsozialarbeit? Theoretische Konzepte und empirische Befunde an der Schnittfläche zwischen formaler und non-formaler Bildung. *Zeitschrift für Pädagogik*, *55*(6), 910–926. https://doi.org/10.3262/ZP0906910

Olk, T., Speck, K. & Stimpel, T. (2011). Professionelle Kooperation unterschiedlicher Berufskulturen an Ganztagsschulen. Zentrale Befunde eines qualitativen Forschungsprojektes. In L. Stecher, H.-H. Krüger & T. Rauschenbach (Hrsg.), *Ganztagsschule - Neue Schule? Eine Forschungsbilanz* (Zeitschrift für Erziehungswissenschaft, Band 14, Ausgabe 3 Zusatz, Oktober 2011, S. 63–80). Wiesbaden: VS Verl. Verfügbar unter http://dx.doi.org/10.1007/s11618-011-0228-x

Otto, H.-U. & Thiersch, H. (Hrsg.). (2011). *Handbuch Soziale Arbeit. Grundlagen der Sozialarbeit und Sozialpädagogik* (4., völlig neu bearbeitete Auflage). München: Ernst Reinhardt Verlag.

Pijl, S. J. & Frissen, P. H.A. (2009). What Policymakers Can Do to Make Education Inclusive. *Educational Management Administration & Leadership*, *37*(3), 366–377. https://doi.org/10.1177/1741143209102789

Preuß, B. (2018). *Inklusive Bildung im schulischen Mehrebenensystem. Behinderung, Flüchtlinge, Migration und Begabung* (Research). Wiesbaden: Springer VS. https://doi.org/10.1007/978-3-658-20558-4

Rabenstein, K., Schäffer, M., Gerlach, J. & Steinwand, J. (2017). Hierarchisierungen unter Peers. Reflexionsangebote ethnographischer Forschung zu Beschämungspotenzialen inklusiven Unterrichts. In B. Lütje-Klose, S. Miller, S. Schwab & B. Streese (Hrsg.), *Inklusion: Profile für die Schul- und Unterrichtsentwicklung in Deutschland, Österreich und der Schweiz. Theoretische Grundlagen - Empirische Befunde - Praxisbeispiele* (S. 265–276). Münster: Waxmann.

Rathmann, K. & Hurrelmann, K. (2018a). Die inklusive Schule als Herausforderung und Perspektive. In K. Rathmann & K. Hurrelmann (Hrsg.), *Leistung und Wohlbefinden in der Schule: Herausforderung Inklusion* (S. 398–416). Weinheim: Beltz Juventa.

Rathmann, K. & Hurrelmann, K. (Hrsg.). (2018b). *Leistung und Wohlbefinden in der Schule: Herausforderung Inklusion*. Weinheim: Beltz Juventa.

Rathmann, K. & Hurrelmann, K. (2018c). Leistung und Wohlbefinden in inklusiven Schulen: Eine Einführung. In K. Rathmann & K. Hurrelmann (Hrsg.), *Leistung und Wohlbefinden in der Schule: Herausforderung Inklusion* (S. 10–32). Weinheim: Beltz Juventa.

Rathmann, K., Vockert, T., Herke, M., Jochmaring, J., Hurrelmann, K. & Richter, M. (2018). Lebenszufriedenheit von Schülerinnen und Schülern mit sonderpädagogischem Förderbedarf. Gibt es Unterschiede zwischen der Beschulungsart? *Diskurs Kindheits- und Jugendforschung*, *13*(2), 129–144.

Reh, S. & Breuer, A. (2012). Positionierungen in interprofessionellen Teams. Kooperationspraktiken an Ganztagsschulen. In S. G. Huber & F. Ahlgrimm (eds.), *Kooperation. Aktuelle Forschung zur Kooperation in und zwischen Schulen sowie mit anderen Partnern* (S. 185–201). Münster: Waxmann.

Sauer, S., Ide, S. & Borchert, J. (2007). Zum Selbstkonzept von Schülerinnen und Schülern an Förderschulen und in integrativer Beschulung: Eine Vergleichsuntersuchung. *Heilpädagogische Forschung*, (3), 135–142.

Schnell, I. (2003). *Geschichte schulischer Integration. Gemeinsames Lernen von SchülerInnen mit und ohne Behinderung in der BRD seit 1970*. Weinheim: Juventa.

Schuck, K. D. & Rauer, W. (2018a). Die Entwicklung schulfachlicher Kompetenzen und der emotional-sozialen Schulerfahrungen in der inklusiven Schule Hamburgs. Ausgewählte Ergebnisse der quantitativen EiBiSch-Studie. *DDS - Die Deutsche Schule*, *110*(2), 153–168.

Schuck, K. D. & Rauer, W. (2018b). Teilprojekt 2. In K. D. Schuck, W. Rauer & D. Prinz (Hrsg.), *EiBiSch - Evaluation inklusiver Bildung in Hamburgs Schulen. Quantitative und qualitative Ergebnisse* (HANSE Hamburger Schriften zur Qualität im Bildungswesen, Band 17, 1. Auflage). Münster: Waxmann.

Schuck, K. D., Rauer, W. & Prinz, D. (Hrsg.). (2018). *EiBiSch - Evaluation inklusiver Bildung in Hamburgs Schulen. Quantitative und qualitative Ergebnisse* (HANSE Hamburger Schriften zur Qualität im Bildungswesen, Band 17, 1. Auflage). Münster: Waxmann. Zugriff am 19.12.2018. Verfügbar unter https://www.waxmann.com/?eID=texte&pdf=3922Volltext.pdf&typ=zusatztext

Schumann, B. (2007). *"Ich schäme mich ja so!". Die Sonderschule für Lernbehinderte als "Schonraumfalle"* (Klinkhardt-Forschung). Zugl.: Berlin, Techn. Univ., Diss., 2006. Bad Heilbrunn: Klinkhardt. Verfügbar unter http://www.socialnet.de/rezensionen/isbn.php?isbn=978-3-7815-1514-7

Schwab, S. (2014). *Schulische Integration, soziale Partizipation und emotionales Wohlbefinden in der Schule. Ergebnisse einer empirischen Längsschnittstudie* (Bd. 4). Wien: LIT.

Schwab, S., Rossmann, P., Tanzer, N., Hagn, J., Oitzinger, S., Thurner, V. et al. (2015). Schulisches Wohlbefinden von SchülerInnen mit und ohne sonderpädagogischen Förderbedarf. Integrations- und Regelklassen im Vergleich. *Zeitschrift für Kinder- und Jugendpsychiatrie und Psychotherapie, 43*(4), 265–274.

Schwinger, M., Wild, E., Lütje-Klose, B., Grunschel, C., Stranghöner, D., Yotyodying, S. et al. (2015). Wie können motivationale und affektive Merkmale bei Kindern mit sonderpädagogischem Förderbedarf valide erfasst werden? Erste Befunde der Bielefelder Längsschnittstudie BiLieF. In P. Kuhl, P. Stanat, B. Lütje-Klose, C. Gresch, H. A. Pant & M. Prenzel (Hrsg.), *Inklusion von Schülerinnen und Schülern mit sonderpädagogischem Förderbedarf in Schulleistungserhebungen* (S. 273–300). Wiesbaden: Springer VS.

Spies, A. & Pötter, N. (2011). *Soziale Arbeit an Schulen. Einführung in das Handlungsfeld Schulsozialarbeit* (Lehrbuch, Bd. 1 // 1, 1. Aufl.). Wiesbaden: VS-Verl.; VS Verlag für Sozialwissenschaften / Springer Fachmedien Wiesbaden GmbH Wiesbaden. https://doi.org/10.1007/978-3-531-92770-1

Staatliches Schulamt für die Stadt Frankfurt am Main (Hrsg.). (09/2015). *Gesamtkonzeption Modellregion Inklusive Bildung Frankfurt am Main. Inklusion gelingt gemeinsam*. Frankfurt am Main.

Steinert, B., Klieme, E., Maag Merki, K., Döbrich, P., Halbheer, U. & Kunz, A. (2006). Lehrerkooperation in der Schule: Konzeption, Erfassung, Ergebnisse. *Zeitschrift für Pädagogik, 52*(2), 185–204.

Steinmayr, R., Crede, J., McElvany, N. & Wirthwein, L. (2016). Subjective Well-being, test anxiety, academic achievement: Testing for reciprocal effects. *Frontiers in Psychology*, (6).

Thieme, N. (2018). Vermittlung und Hilfe. Zuständigkeiten der Lehrerprofession und der Profession Sozialer Arbeit. *Lernende Schule*, (81), 12–15.

Thiersch, H. (2011). Bildung. In H.-U. Otto & H. Thiersch (Hrsg.), *Handbuch Soziale Arbeit. Grundlagen der Sozialarbeit und Sozialpädagogik* (4., völlig neu bearbeitete Auflage, S. 162–173). München: Ernst Reinhardt Verlag.

UN-BRK. (2006). Übereinkommen der Vereinten Nationen vom 13. Dezember 2006 über die Rechte von Menschen mit Behinderungen. *Bundesgesetzblatt, 2008, Teil II* (Nr. 35), 1419–1457. Zugriff am 16.11.2018. Verfügbar unter www.bundesgesetzblatt.de

UNESCO (Ed.). 2008. *Inclusive Education: The Way Of The Future. International Conference on Education.* 48th session reference document. Genf. Accessed 16.11.2018. Retrieved from http://www.ibe.unesco.org/fileadmin/user_upload/Policy_Dialogue/48th_ICE/CONFINTED_48-3_English.pdf

Venetz, M. (2015). Schulische Integration und Wohlbefinden von Kindern und Jugendlichen mit sonderpädagogischem Förderbedarf. *Vierteljahresschrift für Heilpädagogik und ihre Nachbargebiete, 84*(1), 57–59.

Venetz, M., Tarnutzer, R., Zurbriggen, C. & Sempert, W. (2010). *Die Qualität des Erlebens von Lernenden in integrativen und separativen Schulformen. Eine Untersuchung mit der Experience Sampling Method (ESM). Forschungsbericht.* Zürich: Interkantonale Hochschule für Heilpädagogik.

Venetz, M., Tarnutzer, R., Zurbriggen, C. & Sempert, W. (2012). *Emotionales Erleben im Unterricht und schulbezogene Selbstbilder. Vergleichende Analysen von Lernenden in integrativen und separativen Schulformen* (Bd. 32). Bern: SZH-Ed.

Werning, R. & Mackowiak, K. (2017). *Wissenschaftliche Begleitung der inklusiven Bildung in Niedersachsen. Abschlussbericht.* Hannover: Leibniz Universität Niedersachsen. Zugriff am 19.12.2018. Verfügbar unter https://www.mk.niedersachsen.de/download/136075/Wissenschaftliche_Begleitung_der_inklusiven_Bildung_in_Niedersachsen.pdf

Werning, R., Mackowiak, K., Rothe, A. & Müller, C. (2018). Inklusive Grundschulen in Niedersachsen. Ergebnisse der wissenschaftlichen Begleitung. *DDS - Die Deutsche Schule, 110*(2), 138–152. https://doi.org/10.31244/dds.2018.01.04

Wild, E., Schwinger, M., Lütje-Klose, B., Yotyodying, S., Gorges, J., Stranghöner, D. et al. (2015). Schülerinnen und Schüler mit dem Förderschwerpunkt Lernen in inklusiven und exklusiven Förderarrangements: Erste Befunde des BiLief-Projektes zu Leistung, sozialer Integration, Motivation und Wohlbefinden. In P. Kuhl, P. Stanat, B. Lütje-Klose, C. Gresch, H. A. Pant & M. Prenzel (Hrsg.), *Inklusion von Schülerinnen und Schülern mit sonderpädagogischem Förderbedarf in Schulleistungserhebungen* (Bd. 43, S. 7–21). Wiesbaden: Springer VS.

Wirthwein, L., Steinmayr, R. & Bergold, S. (2018). Schulleistung und subjektives Wohlbefinden. In K. Rathmann & K. Hurrelmann (Hrsg.), *Leistung und Wohlbefinden in der Schule: Herausforderung Inklusion* (S. 105–120). Weinheim: Beltz Juventa.

Wolfert, S. & Pupeter, M. (2018). Freundschaften: Soziales Erprobungsfeld für Kinder. In S. Andresen, S. Neumann & K. Public (Hrsg.), *Kinder in Deutschland 2018. 4. World Vision Kinderstudie* (S. 126–147). Weinheim: Beltz.

Zurbriggen, C. (2018). Schulklasseneffekte auf Schulleistung und akademisches Selbstkonzept. In K. Rathmann & K. Hurrelmann (Hrsg.), *Leistung und Wohlbefinden in der Schule: Herausforderung Inklusion* (S. 287–299). Weinheim: Beltz Juventa.